# 成为公关高手

BECOME A PROFESSIONAL PUBLIC RELATIONS MANAGER

## 我在奥美、联想、美团的15年公关经验总结

吴加录 著

### 图书在版编目（CIP）数据

成为公关高手：我在奥美、联想、美团的 15 年公关经验总结 / 吴加录著 . —北京：机械工业出版社，2019.10（2025.4 重印）

ISBN 978-7-111-63875-9

I. 成… II. 吴… III. 公共关系学 IV. C912.31

中国版本图书馆 CIP 数据核字（2019）第 219784 号

# 成为公关高手
## 我在奥美、联想、美团的 15 年公关经验总结

出版发行：机械工业出版社（北京市西城区百万庄大街 22 号 邮政编码：100037）
责任编辑：孙海亮
责任校对：李秋荣
印　　刷：北京建宏印刷有限公司
版　　次：2025 年 4 月第 1 版第 6 次印刷
开　　本：147mm×210mm　1/32
印　　张：10
书　　号：ISBN 978-7-111-63875-9
定　　价：89.00 元

客服电话：(010) 88361066　68326294

版权所有·侵权必究
封底无防伪标均为盗版

# 前言

## 升级公关思维，加速职业成长

这两年，我通过知识共享平台"在行"约见了数百位对公关感兴趣的同学。同时，我也在互联网大学"三节课"分享在线课程。在解决问题之余，他们往往让我推荐公关的书籍，但市场上让我满意的公关新书的确很少。从传统媒体到新媒体，我们需要一本系统总结公关工作方法并与时俱进的新书。1年前，机械工业出版社找到我，我们一拍即合，于是，本书诞生了。

我的公关生涯已经超过15年，在这期间，我经历了奥美、联想、华夏幸福、美团、百度等不同的公司和不同业务领域，这是特别可贵的工作经历。从乙方到甲方、从外企到民企，以及在世界500强公司、创业公司、头部互联网公司间的变换，让我亲眼见证了公关为这些公司创造的巨大价值。15年间，我也认识了业界许多优秀的公关人，亲身感受到他们成长为"公关大牛"的艰辛和愉悦。

坦白讲，公关这个职业入门很容易，但要成为大牛很难。15年中，我也看到很多人因为好奇而加入，又因为缺乏系统的方法引导、抓不住工作重点而离开。在本书中，我想展示我和我认识的公关大牛成长的路径和拥有的能力，帮你看懂公关，理解公关这个职业的底层逻辑，系统提升作为一名专业的公关人员应该具备的内容写作能力、媒体沟通能力、项目运营能力、创意策划能力和危机处理能力。

系统翔实的技能指导加上贴近实战的案例，是本书的特色。你要自己系统掌握这些东西，需要储备很多知识，在职场上摸爬滚打很久。这期间你会浪费大量的时间做无用功，会走很多弯路，而今天你面对的这些，我同样遇到过，因此在本书中我会教你怎么做。

同时新媒体时代很多旧的公关方法已经失效，我们需要面对未来用全新的公关思维来解决问题。所以我希望从自己 15 年的工作心得、亲身经历的数百个案例，以及华为、阿里、腾讯、头条、小米等公司的"公关牛人"的经历中，总结出最新的公关理念、技能和方法论，帮你摆脱外部喧嚣的裹挟，在新媒体时代工作做到游刃有余。

如果你是新入行的"菜鸟"，本书将给你一个"全景图"，让你看清公关工作的真相，把握职业发展的脉络。如果你已经工作了一段时间，却因为没有一个牛人带而屡屡受挫，本书将会带给你可直接上手的经典做法。本书披露了诸多大公司公关部门内部"硬核"的工具模板，同时给你讲透公关常用的核心技能，让你用更好的方式处理手头的事情。如果你是从其他行业转行过来做公关的，那么本书将为你提供实用的干货和职业发展指导。

在每个章节中，你还可以在微信公众账号"公关高手"中通过搜索相关关键词获得更多额外的案例、模板和分析文章，该平台也将是你获取书本之外知识的社区。

本书内容的完善离不开"在行""三节课"等网络平台上众多小伙伴的反馈和建议，在此也感谢杜嘉伟、钱一多、倪燕对本书内容的特别贡献。

这是一个变革的年代，让我们一起升级公关思维，加速职业成长。

# 目录

前言

## 第 1 章　公关职业规划　001

### 1.1　企业为什么要做公关　002
### 1.2　你为什么要做公关　005
#### 1.2.1　公关对个人职业的价值　005
#### 1.2.2　公关的工作内容　007
### 1.3　去甲方好还是乙方好　010
#### 1.3.1　在甲方工作的特点　010
#### 1.3.2　在乙方工作的特点　013
#### 1.3.3　甲乙方双向选择　015
#### 1.3.4　公关简历撰写要点　019
### 1.4　公关的能力要点　020
#### 1.4.1　公关的 4 大知识结构　020
#### 1.4.2　公关的 3 类业务技能　021

|  |  |  |
|---|---|---|
| 1.4.3 | 公关的 3 大底层能力 | 023 |
| 1.4.4 | 故事思维 | 027 |
| 1.4.5 | 职业发展的 3 个策略 | 028 |
| 1.4.6 | 公关职业长跑 | 031 |

## 第 2 章　内容生产　　　　　　　　　　033

### 2.1　核心信息梳理的方法和工具　　　　034

|  |  |  |
|---|---|---|
| 2.1.1 | 信息搜集 | 035 |
| 2.1.2 | MECE 法则 | 039 |
| 2.1.3 | 归类角度 | 039 |
| 2.1.4 | 屋顶图 | 042 |
| 2.1.5 | 雷达图 | 053 |
| 2.1.6 | 蜂巢图 | 056 |

### 2.2　新闻稿撰写的方法与技巧　　　　　059

|  |  |  |
|---|---|---|
| 2.2.1 | "问题"新闻稿 | 059 |
| 2.2.2 | 新闻稿按结构详解 | 064 |
| 2.2.3 | 不同类型的新闻稿 | 072 |
| 2.2.4 | 修改和优化 | 076 |
| 2.2.5 | 配图和排版 | 078 |
| 2.2.6 | 提高新闻稿阅读体验 | 080 |
| 2.2.7 | 提高可见度 | 083 |

### 2.3　演讲稿撰写的方法与技巧　　　　　087

|  |  |  |
|---|---|---|
| 2.3.1 | 演讲稿准备和撰写流程 | 087 |
| 2.3.2 | 演讲稿的结构 | 089 |
| 2.3.3 | 3个写作注意事项 | 097 |
| 2.3.4 | 完美演讲要做好现场管理 | 099 |

## 2.4 深度稿撰写的方法与技巧 100

| | | |
|---|---|---|
| 2.4.1 | 深度稿的类型 | 100 |
| 2.4.2 | 好选题的4大要求 | 101 |
| 2.4.3 | 如何得到好选题 | 103 |
| 2.4.4 | 常用的3种结构 | 104 |
| 2.4.5 | 加强稿件文采的3种方法 | 107 |

# 第3章 关系维护 113

## 3.1 新时代的媒体关系 114

| | | |
|---|---|---|
| 3.1.1 | 公关和媒体的关系：挑战者和传播者 | 115 |
| 3.1.2 | 媒体的调研适配 | 117 |
| 3.1.3 | 媒体沟通的流程、方法与技巧 | 123 |
| 3.1.4 | 建立媒体资源库 | 128 |
| 3.1.5 | 媒体关系维护的两种实用方法 | 130 |
| 3.1.6 | 合格的媒体关系应该做到什么程度 | 135 |

## 3.2 媒体采访 138

| | | |
|---|---|---|
| 3.2.1 | 梳理采访提要的方法 | 139 |
| 3.2.2 | 做好现场采访必须关注的3个点 | 143 |

         3.2.3  非现场采访的优势与注意事项         144

         3.2.4  常见意外情况的处理方法           145

   3.3  传播跟进和效果评估                    146

         3.3.1  媒体出稿跟进                   147

         3.3.2  效果呈现和分析的3个维度         148

         3.3.3  传播报告的撰写技巧              152

   3.4  需要建立的其他6种关系                 154

         3.4.1  内部沟通                       155

         3.4.2  企业社会责任                   156

         3.4.3  政府关系                       158

         3.4.4  分析师关系                     160

         3.4.5  投资者关系                     162

         3.4.6  客户关系                       163

# 第4章 危机公关                             167

   4.1  公关在危机中的角色和价值               168

         4.1.1  危机公关语录                   168

         4.1.2  危机来源和公关成败标准          170

   4.2  危机公关策略                          172

         4.2.1  舆情监控和判断                 172

         4.2.2  负面舆情管理                   181

         4.2.3  危机应对策略和处置              183

- 4.3 危机声明 ... 187
  - 4.3.1 回应声明 ... 187
  - 4.3.2 CEO 道歉信 ... 195
  - 4.3.3 澄清声明 ... 196
  - 4.3.4 如何应对竞品的攻击 ... 198
  - 4.3.5 如何应对公司业绩下滑 ... 198
  - 4.3.6 声明的风格 ... 199
- 4.4 新闻发言人制度 ... 200
  - 4.4.1 为什么要建立新闻发言人制度 ... 200
  - 4.4.2 新闻发言人培训 ... 201
  - 4.4.3 扎克伯格的谈话技巧 ... 204
  - 4.4.4 为什么要说"不" ... 208
  - 4.4.5 注意肢体语言 ... 209
  - 4.4.6 发言人着装 ... 211
  - 4.4.7 发言人简历 ... 212
- 4.5 危机公关体系升级和声誉重建 ... 213
- 4.6 从传播和故事两个角度重新看危机公关 ... 218
- 4.7 三个危机案例完整分析 ... 219
  - 4.7.1 通过美剧《纸牌屋》看危机公关全过程 ... 220
  - 4.7.2 L 公司的恶意谣言类危机 ... 223
  - 4.7.3 J 电商平台的非谣言类危机 ... 226

## 第 5 章　活动管理　　233

### 5.1　发布会　　234

#### 5.1.1　会前，准备流程和清单　　234
#### 5.1.2　会中，点燃现场气氛　　246

### 5.2　不同类型的活动　　253

#### 5.2.1　活动的四种类型　　253
#### 5.2.2　中小预算活动策划　　255
#### 5.2.3　会后，如何做好传播　　259

### 5.3　活动效果评估　　266

#### 5.3.1　复盘总结　　266
#### 5.3.2　赢得国内外奖项　　269

## 第 6 章　传播策划　　273

### 6.1　什么是传播策划？　　273
### 6.2　目标的确定　　277
### 6.3　策略的推导　　283

#### 6.3.1　核心信息三角形　　284
#### 6.3.2　SWOT 分析　　286
#### 6.3.3　其他分析工具　　287

### 6.4　制定策略　　288
### 6.5　生产创意　　292

#### 6.5.1　头脑风暴　　293

|     |       |                  |     |
| --- | ----- | ---------------- | --- |
|     | 6.5.2 | 公关桥接         | 295 |
|     | 6.5.3 | 进攻性公关策略   | 299 |
| 6.6 | 创意风控 |              | 301 |
| 6.7 | 整合成型 |              | 302 |
| 6.8 | 方案汇报 |              | 303 |

| 第 1 章 |

# 公关职业规划

　　和很多现代职业一样,公关(Public Relation)也是来自美国的"舶来品"。在 19 世纪,美国总统办公室为了应对主流媒体喜欢写政府负面新闻的问题,想出了公开总统特定行程,定期邀请记者来采访报道白宫新闻的点子。持续一段时间后,媒体的议程都被引导至白宫希望讨论的方向,定期的沟通也让白宫和记者们建立了相互的信任。这种通过主动邀请媒体采访,进而达到设定舆论议题的模式,也成为现代公关的基本"套路"。1903 年,美国著名记者艾维·李开办了第一家正式的公共关系咨询事务所,公关正式成为一个行业。

　　近年来,随着互联网和移动互联网的蓬勃发展,公关也进入了新媒体时代。在传播中,不少传统的打法逐渐失效,而新的传播思路、传播方法，也随着新媒体的发展不断涌现。

站在新旧交替的路口，每个公关人都在思考和探索公关如何进化：哪些打法需要随着新媒体发展而变化？哪些仍需保留甚至需要加强？

本书希望通过讨论新媒体时代下被验证的公关工作方法，帮助你更好地理解公关的本质，更好地应对持续的变化。

## 1.1 企业为什么要做公关

我们先从"为什么要做公关"这个问题开始。

假设你在面试一份公关的工作，那么面试官大概率会问你类似的问题：你对公关这份工作怎么理解？

这是一个开放性的问题，比较难答。因为它既考察你对公关工作的总结能力，也考察你对这份工作的想象力。在给出这个问题的答案之前，我先给你看三个小故事。

**【故事1】褚橙的故事**

2015年，一个叫"褚橙"的产品横空出世。当时大家都在想为什么一个农业产品能够一夜之间突然爆红？同样是利用新媒体平台，为什么其他农产品没有火，而褚橙却一鸣惊人？

褚橙呈现在消费者面前的，是褚时健85年沉浮的人生：曾经的"中国烟草大王"72岁再次创业，将昔日种烟的2400亩山地改造成拥有黄金酸甜比例的橙子。从2002年开始到褚橙这个品牌出现，已经历了13年。

有了这个故事，褚橙把第一批传播的群体定位为媒体人、企业家。褚时健的故事容易引发企业家的共鸣，而媒体人具有传播能力。对的故事找到对的人传播，褚橙品牌的成功就变成一个必然。

在新媒体时代，我们有时候会被酷炫的新玩法吸引，但一切成功的营销，都离不开一个伟大的故事。

**【故事 2】星巴克的价值赋能**

为什么星巴克能获得远超其他咖啡连锁公司的品牌美誉度和忠诚度，并在全球拿下超过 40% 的市场份额？

答案是价值赋能。

在星巴克之前，咖啡店都在讲口味、讲咖啡豆的产地等，比拼的是产品的信息。而星巴克在店内营造独特文化氛围，在店外则通过公关，从零到一，把自己打造成了一家和咖啡无关的公司。

注意，这里说与咖啡无关，是指星巴克的公关核心信息不会重点讲咖啡这个产品，而是持续向消费者传递公关信息屋顶图的顶端理念：星巴克是人们在家庭和办公室之外的第三空间。

在品牌传播中，星巴克不做广告，而是通过公关持续让顾客接受星巴克是人们家庭、办公室之外第三个空间的形象，从而在自己和竞争对手之间建立起一条很深的护城河。

另一方面，在面对咖啡致癌、种族歧视、咖啡定价过高、行业垄断等各种危机时，星巴克的公关都表现得近乎完美，有些反而成为增加品牌影响力的营销事件。比如 2018 年 4 月，星巴克在美国被指歧视黑人，星巴克公关让 CEO 亲自登门道歉、全美店面停业一天进行反歧视培训等一系列补救措施，表现出星巴克真诚面对错误、积极改进的态度，最终化危为机。

**【故事3】亚马逊的增长黑客**

亚马逊是互联网界唯一一家市值曾经到达万亿美元的公司（截至2019年，微软、苹果不算互联公司），它每年的增长都非常大，尤其在体量已经达千亿美元巨大规模的时候，增长依然每年超过30%。亚马逊持续爆发式增长的模式被总结为"增长黑客（Grwoth Hack）"。而增长黑客和公关，在理念和逻辑上是一致的，特别是增长黑客强调以市场来指导产品的研发方向，而以市场和客户为中心来进行传播，也正是公关的核心模式。

另外一点相似之处在于，亚马逊大多数优秀的产品，比如电子阅读器Kindle、智能音箱Echo等产品都是发源于亚马逊自己的新闻稿，这在亚马逊叫"新闻稿工作法"。如果产品或研发部门有新想法，先写一份新闻稿，暂时忽略技术障碍，然后根据这份新闻稿再写一份FAQ（在公关领域叫"常见问答"）。

2017年，我去亚马逊总部参观交流。在介绍会议中，亚马逊技术高管告诉我，他们要求亚马逊所有的产品研发人员都要会写新闻稿。同时，对于很多重要的产品，贝索斯都会亲自拿着红笔删改新闻稿，划去所有不能传递简单信息点的内容。接着根据新闻稿去讨论、测试，看方向是对还是错，然后再考虑是否做产品。

为什么新闻稿能够在亚马逊起到战略先导的作用？因为亚马逊认识到，一篇好的新闻稿其实反映了作者对于行业、客户、消费者、竞争对手等利益相关方的全面思考，这些内容凝聚到一篇简洁、逻辑自恰的文章里面，就可以成为产品研发的指南。

一篇看似普通的新闻稿，被增长黑客使用后就变成了神奇的产品开发说明书。平时那些只把公关当作发稿机器的公司，真应该好好反思一下，因为他们都错失了公关给企业带来的重要战略价值。

如果没有公关，褚橙只是一个没有故事、没有情感因素的普通橙子，将在默默无闻中腐烂；如果没有公关，星巴克咖啡和普通咖啡之间不会有本质的区别，星巴克的咖啡馆也不可能人满为患；如果没有公关，亚马逊的工程师可能会开发出一堆不被消费者接受的产品，这些产品囤积在仓库，无人问津。

这三个故事，代表了公关的三大核心价值，也回答了"公关工作如何理解，企业为什么要做公关"的问题：第一个褚橙的故事，你可以看到公关可以帮助企业建立内容体系，进而通过传播获得话语权，而话语权就意味着企业可以在客户/消费者心中产生一定的影响；第二个星巴克的故事，说明公关可以连接用户和企业，为企业品牌赋予人性方面的价值，同时也可以为企业的"名誉"保驾护航；最后的亚马逊的故事，表明公关可以帮助公司梳理战略，甚至在产品规划和研发中，公关思维和模型也可以起到重要作用。

公关如此重要，怪不得知名投资人真格基金创始人徐小平也说："如果只剩下1美元，我会花在PR上。"

随着社会经济的发展，越来越多的企业、机构，开始将公关视为核心竞争力之一，越来越多的公关部成为企业中的一级部门，拥有更大的话语权和可调配的资源。

## 1.2 你为什么要做公关

### 1.2.1 公关对个人职业的价值

公关的日常"一半是海水，一半是火焰"。

虽然公关的朋友圈会比较"精彩"，比如经常有发布会的照片、好玩有趣的观点，甚至有与明星大咖的合影，但公关的日常工作还是一个"体力活"：7×16小时在线、开会、给媒体打电话、处理负面问题、写稿、写邮件、写报告、写策划案、为领导准备PPT……

如果工作让你一直感到轻松，那么说明你一直止步不前。从这个角度来看，公关工作较高的强度及每天要应对的全新的挑战，确实非常有利于个人的成长。

挑战多，意味着机遇也多。比如在一家公司里，有的人可能很多年都没见过CEO，说明他们做着比较"封闭"的工作。而公关是公司营销体系中可以直接向CEO汇报沟通的一群人。无论是和CEO、高层团队沟通，还是和外部媒体、专家打交道，公关的视野注定要比企业里的一般性岗位开阔很多。因此拥有CEO的格局，像CEO一样思考公司的问题，也是公关必须发展的高阶能力。

你可能会说，我只是基层员工，像CEO一样思考没有必要，至少这是做CEO形象包装时才需要考虑的问题。其实，即使你只是基层员工，即使你只负责公司的一个小产品线，你也可以换位思考，多站在领导甚至CEO的角度看问题。比如，从员工角度做传播，往往只考虑传播形式和渠道这些执行层面的内容。但如果是领导，他会怎么看？他一定是看结果。员工看执行，而领导看结果，这就是不同。所以我们在做计划和提案的时候，要从领导角度，先想好结果，以终为始。这种换位的思考方式，能够帮助你更好地理解CEO、高层领导及业务领导的关注点，从而更有效地规划公关项目，做出内部和外部都认可的传播。

我们举个例子：公司战略的制定看似是战略部门的事情，但公关也可以利用自己对行业的洞察，从媒体那边听取建议，从而提出自己的建设性意见。在十几年前，当时某世界500强IT公司的公关负责人朱某，就为公司总结出了"进攻和保卫"的"双拳战略"，该战略指导公司进行了多项成功的业务并购。正因为具备这种能力，他得到了多家公司投来的橄榄枝，最后他选择了某著名互联网公司，目前已经是该公司的高级副总裁，全面负责估值180亿美元的金融集团的工作。

## 1.2.2 公关的工作内容

公关的日常非常忙碌，公关工作看似也千头万绪，但总结起来只有三大类：内容生产、危机防控和关系网络构建维护。

**1. 内容生产**

从确立公司品牌愿景、梳理产品服务价值、建立公司对内对外的话语体系，到稿件、创意、策划等，都属于内容生产的范畴。

要做好内容，除了写作能力之外，更重要的是对业务的了解。无论是传播策划还是稿件写作，只有对业务有深刻理解，才能精准把握方向。比如瓜子二手车的内容，强调"没有中间商赚差价"，消费者能够直接感受到利益点。而人人车的内容，只是单纯强调人人车品牌本身，并没有让消费者感觉到利益点。这两者的背后差异，体现了两者对二手车业务理解的深浅。

对于技术型公司来说，公关还需理解产品技术本身。因技术本身是在持续演进的，且非常复杂，所以对于很多文科出身的公关来说，这是一个很大的挑战，但好的内容生产者一定是所在领域的专家。

公关的日常工作大部分与写作相关，甚至策划和活动部分也与此有很多关联，因此本书会用很大篇幅来介绍与内容生产相关的知识。

**2. 危机防控**

在新媒体时代，用户的情绪更容易在社交网络上宣泄，负面的信息也更容易在网络上传播，企业遭遇负面和危机的频率大大增加。于是在很多人眼中，公关等同于"铲负面"的工作：企业一遇到"负面"问题，公关首当其冲，被要求删除负面信息。同时，某些互联网公司还喜欢在对手发生危机时"推波助澜"，进一步扩大对手的负面影响。其实上述看法是对公关工作的"误解"。因为按照这个方向做公关，不但耗时耗力，也很难取得既定的效果。

要做好危机防控，重点在于"发现和预防"。公关通过为企业建立完善的监控体系、良好的媒体沟通渠道及完备的危机反应机制，可以解决大部分负面问题，实现对危机的防范和控制。

同时，对危机的防控也全面体现了公关的综合素质：危机的发现和鉴别需要快速反应能力，给出应对策略需要全局思考和协调资源的能力，危机声明需要精准写作能力，危机中对内和对外沟通需要强大的抗压能力和表达能力等。

**3. 关系网络**

在市场"丛林"中，公关需要为企业打造"朋友圈"，使企业与利益相关方保持良好沟通关系。公关需要营造的关系大致分为 7 类：

（1）**媒体关系**：媒体是内容传播的主要渠道，因此构建和维护媒体关系也是公关的核心工作。新媒体时代媒体变得更加碎片化，话语权正变得分散，这使得公关的挑战前所未有。以前公关和媒体的沟通方式、渠道都变得不可控。对于企业而言，需要调整媒体关系策略，持续更新新媒体资源，以应对变化。

（2）**客户关系**：在 B2C 领域也叫用户关系或者粉丝关系。好的客户关系，可以持续提高用户和粉丝满意度和忠诚度，从而提升品牌影响力，促进销售。

（3）**分析师关系**：分析师群体包括产业分析师和财经分析师。产业分析师为企业提供行业发展趋势、行业前沿洞察和市场调研数据等信息。财经分析师利用前者的信息，从财务、管理的角度评估公司的业务发展。通过第一时间让分析师了解企业的新闻动态、战略规划、发展走势，可以帮助企业建立良好的分析师关系。对于企业而言，分析师是一个具备行业公信力的群体，可以帮助企业在相关行业报告中输出希望传递的信息，树立行业影响力。

（4）**社群关系**：如果我们把企业经营中发生的资源消耗和社群摩擦看作是持续"作恶"，那么当"作恶"累积到一定程度时就会伤害企业品牌，甚至爆发危机。而企业的社会责任就是一个"反向"工程：通过公益等手段化解企业与社会的矛盾，用企业的产品技术解决社会问题，为企业积累美誉度。

（5）**内部关系**：员工是企业最重要的资产。在振奋员工士气、增强团队凝聚力、打造良好的雇主品牌等方面，公关和 HR 两个部门的协同作用至关重要。

（6）**政府关系**：政府扮演着政策制定者、法规监管者和产业促进者等多重角色。企业和政府的关系非常重要。良好的政府关系可以帮助企业更平稳地发展，避免陷入监管雷区。

（7）**投资者关系**：无论是创业公司还是上市公司，都必须考虑利用公关来增强投资者信心，从而获得更多的投资和增长机会。公关在和投资者及影响投资者的分析师之间，起到了重要的沟通桥梁作用。

总结上述的三类工作可以得出，写好稿件、做好传播始终是公关工作的核心。正如前苹果公关总监 Natalie Kerris 总结的那样，做好公关永远是"Big Story, Tier 1 Media"（做出有影响力的内容和用一线渠道传播）。

## 1.3　去甲方好还是乙方好

本节我们讨论你该去甲方还是乙方。

### 1.3.1　在甲方工作的特点

我们先从甲方说起。甲方公司分两种：

（1）**营销导向的公司**。这种公司面向普通大众销售产品或服务。他们很注重消费者的需求，喜欢利用 4P [一] 或者 STP [二] 等经典品牌模型来整合市场营销以满足消费者的体验需求，营造好的消费者关系。我们也称这类公司为 B2C 的公司。

（2）**产品导向的公司**。这种公司注重研发和销售，他们的核心目标就是研发出比竞争对手更好的产品，从而获得市场份额和利润。他们的客户大多是企业和机构。我们也称这类公司为 B2B 的公司。

B2C 的公司往往需要投入大量的推广资源来推动业务的增长。以汽车行业 MINI Cooper 为例。我早年当记者的时候，曾经参观过 MINI Cooper 在英国的工厂，但这个工厂是 20 世纪 50 年代建造的，设备陈旧，和中国国内现代化的工厂相比反差巨大。同时我查了一下 MINI Cooper 这款车在国外的质量排名报告，发现每年都比较靠后，但是 MINI Cooper 在全球的销售却非常好，这很大程度上归功于营销的力量。实际上 MINI Cooper 以营销为导向的战略使这家曾经濒临倒闭的公司起死回生，成为全球车企当中利润率最高的公司之一。与此形成鲜明对比的是甲壳虫的产品线。甲壳虫曾经是一款非常流行的汽车，但是由于公关营销战

---

[一] 4P，即 Product、Price、Promotion、Place。
[二] STP，即市场细分（Market Segmentation）、目标市场（Market Targeting）、市场定位（Market Positioning）。

略的摇摆，销量一直下滑，最后被迫停产。

更极端的例子我们还可以在电影行业看到。比如，2016年有部电影叫《百鸟朝凤》，上映一周票房惨淡。当制片人方立在微博上"下跪"求关注之后，票房飙升，最后《百鸟朝凤》以将近8600万的票房逆袭成功。这也是为什么大多数好莱坞电影在制片和宣传方面的预算都是1∶1进行配置的，即投入1亿元的制片成本就要配1亿元的宣传费用，因为公关营销对于电影的票房能产生重大影响。

相比B2C公司，B2B的公司对于公关的需求就没那么强烈了。比如早期的华为，就是典型的B2B公司，在电信领域竞争，只需要集中精力"搞定"运营商，而不需要太关心大众。而现在的华为，因为终端业务的成功，成为一家B2B和B2C兼备的公司，在吸引大众注意力上也开始投入巨大的资源。

如果公司B2B和B2C业务兼而有之，此时就要看公司是否愿意"高调"、是否愿意向市场营销倾斜了。比如，腾讯虽然有很多C端的服务，但腾讯的游戏业务更多是靠信息流广告传播的。而微信、QQ这样的产品业务体量又足够大，不需要做太多的公关传播，所以腾讯大部分产品的传播都针对B端及G端（政府）的客户来展开。对于腾讯来说，公关主要发挥树立技术品牌及防范危机风险的作用。

跟腾讯相比，阿里虽然也有菜鸟网络、阿里云等大量B端业务，但是阿里的公关部延续了一贯的"高调"作风，公关在B端和C端"两开花"。组织上，阿里公关负责人在内部拥有惊人的话语权，马云本人也是一个"公关驱动"的企业领导人。

综上，如果你喜欢用文字和创意打动大众消费者，希望每天都有内容产出，就去营销为导向（B2C）的公司，比如以饮料食品、汽车、地产等为主营方向的企业；而如果你的专业背景或者兴趣在于某个特定的行业领域，则可以选择去以产品为导向（B2B）的公司，比如IT、制造、金融等类型的企业。

我们再来看一下公关部在甲方公司里的位置。下图所示是一个典型公司的组织架构。

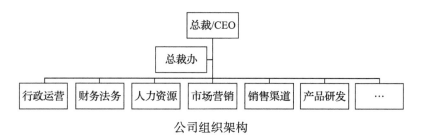

公司组织架构

在上图中，公关部门没有出现，因为其被包含在市场营销部门中。但如果公关部门是一级部门，那么市场营销部门会主要负责销售、流量方面的工作，而公关部门负责内容、关系方面的工作。很多互联网公司都是这么安排的，比如亚马逊、阿里、滴滴、美团。

如果市场营销是一个大部门，我们来看看公关部门在这个大部门当中的位置。

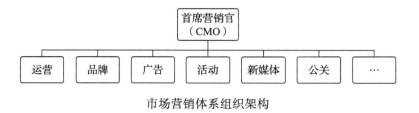

市场营销体系组织架构

由上图我们看到，公关部有很多的"友军"。我们从左向右看：运营部负责与市场营销相关的工作规划、推进和内部沟通；

品牌部负责企业品牌定位以及 CI（企业视觉形象）管理；广告部负责广告创意和媒介资源采买；活动部的工作聚焦于公司内外部线下活动；新媒体部负责新媒体的内容和传播。新媒体部是最近几年发展出来的部门，以前他们的工作由公关部来做，后来因为 OTT（Over the top，过顶传球）效应，也即新媒体发展迅猛，很多老公关人不具备新媒体思维，所以就被"划到"传统公关部门，公关此时就是被边缘化了。但随着公关的发展，在很多公司中这两个部门又重新合成一体（有些公司叫 ePR），以求形成更强的协同效应。

从上图也可以看出，公关这个职业往后有三个发展方向：第一是企业内部转岗去做品牌、广告或活动等；其次是往上发展，就是成为首席营销官，管理更多的职能部门（在公关部是一级部门的公司，就是争取做到公关高级副总裁的位置）；最后一个发展方向是去创业，比如凭借多年的经验和客户资源，成为独立公关顾问甚至成立公关公司。

最后我们来看看：为什么市场体系会有这么多的细分？首先甲方可以精细化运营，多招人，乙方则可以把一个整体服务分成多份进行出售以求"多赚钱"；其次，这样的细分带来了各部门专业性的提升和竞争度的加强。

无论怎么分，在市场体系中，我们需要所有部门都朝向一个目标工作：增加"品牌溢价"，而不是各自为战。如果各系统协同性不佳，这种细分必然"分久必合"，比如奥美公司，以前按市场细分，分成了七八个子公司，在 2018 年时又全部合并。

## 1.3.2　在乙方工作的特点

接下来我们看在乙方公司的职业发展。乙方指为第三方企业提供公关服务的公关公司。总体来说,和甲方公司公关部是"花钱的部门"相反,乙方对接客户的每个部门都是"赚钱的部门"。因此,乙方的职业选择比甲方要宽很多,对人的需求量也大很多。

如果搜索一下公关公司的招聘信息,各种职位立刻迎面而来,从客户经理到媒介经理再到内容策划,所涉及的职位、职级五花八门。

职位这么多,那么我们如何选择公司平台就显得更加重要了。我们来看一下乙方有哪些公司比较强。下图所示是2019年的一个全球公关传播自营收的排行榜(从2014年开始,头部玩家排名几乎没有变化)。

**2019年全球公关公司Top10榜单**[一]

| 全球排名 | 公司名称 | 总部所在地 | 2018营收/百万美元 | 增长率/(%) |
|---|---|---|---|---|
| 1 | 爱德曼(Edelman) | 美国 | 888 | -0.6 |
| 2 | 万博宣伟(Weber Shandwick) | 美国 | 840 | 5 |
| 3 | 博雅凯维(Burson Cohn & Wolfe) | 美国 | 723 | 2 |
| 4 | 福莱国际(Fleishman Hillard) | 美国 | 605 | 6.1 |
| 5 | 凯旋公关(Ketchum) | 美国 | 545 | -0.9 |
| 6 | 明思力(MSL Group) | 法国 | 450 | -2.2 |
| 7 | 伟达公关(Hill Knowlton Strategies) | 美国 | 400 | 0 |
| 8 | 奥美公关(Ogilvy) | 美国 | 388 | 9.6 |
| 9 | 蓝色光标(Blue Focus) | 中国 | 336 | 10.8 |
| 10 | 博然思维(Brunswick) | 英国 | 280 | 7.7 |

在这里面像爱德曼、万博宣伟等企业都排名靠前。他们都是没有广告等其他市场业务的、独立的公关公司。而在表格中蓝色

---

[一] 来源:公关行业咨询机构 The Holmes Report。

光标也排到第九，从 2014 年开始，蓝标一直稳居全球的前十强。

2019 年中国公关传播行业利润 Top10 榜单[一]

| 排名 | 公司名称 | 证券代码 | 净利润/元 | 备注 |
| --- | --- | --- | --- | --- |
| 1 | 蓝色光标 | 300058 | 412 320 177.54 | 深市 |
| 2 | 科达股份（爱创天杰） | 600986 | 286 194 084.28 | 沪市 |
| 3 | 华扬联众 | 603825 | 116 224 715.75 | 沪市 |
| 4 | 中青博联 | 837784 | 84 052 972.58 | 新三板 |
| 5 | 多想互动 | 835212 | 57 020 852.58 | 新三板 |
| 6 | 智者品牌 | 839358 | 41 112 428.20 | 新三板 |
| 7 | 时空视点 | 836416 | 35 491 237.07 | 新三板 |
| 8 | 君信品牌 | 839622 | 29 115 229.83 | 新三板 |
| 9 | 众引传播 | 833402 | 25 535 101.55 | 新三板 |
| 10 | 自在传媒 | 834476 | 25 175 513.78 | 新三板 |

这个榜单是中国排行榜，营收虽然并不能代表这家公司的全部，但是可以证明他们是不是大平台。而一般来说，大平台都可以提供比较好的职业基础保障。更重要的是，大公司服务的客户相对优质。客户的资源多，你入职后获得的锻炼机会就多。另外，你也要看这个职位是不是有机会去实践公关的各项技能，如果能够得到全面锻炼，那么这就是比较好的职位。

## 1.3.3 甲乙方双向选择

在各自讨论完甲方、乙方的问题之后，我们再来讨论：企业公关是自己招人做，还是找外部的公关公司来帮忙？

我的建议是：创业公司可以从外请公关公司帮忙开始，以最

---

[一] 来源：中国国际公共关系协会（CIPRA）。

快的速度获得公关的专业能力和媒体资源；而大公司可以增加公关的编制，因为自己做的优势在于内部信息传递途径最短，同时管理也相对容易。比如，阿里、美团等互联网公司都自己做公关。

**1. 甲方选择乙方的依据**

企业选择公关公司，特别是选一个长期合作伙伴，这个过程有点像"相亲"。一开始企业要考虑是否"门当户对"，比如考虑公司的实力、服务报价、服务过的团队、以前做过的案例、实操人员的能力等。对于创业公司来说，也是如此。如果创业公司选择大的公关公司来服务，往往很难获得对方充分重视，对接的客户经理的级别也不会很高。因此，甲方用匹配自己公司现阶段需求的公关公司是比较明智的选择。

从流程上，甲方考察乙方，最专业的做法就是"比稿"：甲方首先邀请潜在的合作公司参与比稿，乙方根据甲方提出的需求，进行策划和提案。甲方对乙方的提案进行评审，并根据评审结果，最终选定供应商。

在选定供应商之后，甲方还需要和对方商定进一步的合作细节，包括团队人员、服务范围、服务标准及收费标准等。

**2. 乙方选择甲方的依据**

奥美创始人大卫·奥格威当年列出了自己最希望服务的100家客户的名单，最后都实现了。也正因为这些伟大的甲方，成就了奥美这个伟大的乙方。

在客户稀缺的今天，乙方很难用列名单的方式直接选择心仪的甲方。但乙方在面对市场机会时，仍需要做一些调研，并舍弃一些选择。

乙方选择甲方，首先要确定甲方所在的行业、所提供的产品和服务自己是否理解，并确定自己是否善于和这个领域的受众沟通；其次，要了解甲方之前是否有供应商，如果有，要搞清楚甲方再次招标的原因；同时，了解甲方的预算情况以及甲方对供应商的核心期望。

除此之外，乙方还要谨防上当：某些公司没有预算，还进行项目招标（比稿），其实是让乙方免费做策划、给方案。为了防范这些不诚信的甲方，不少乙方甚至喊出了不能免费比稿的要求。因为在准备投标的过程中，乙方花费的精力和时间往往是巨大的。

作为个人，我们虽然不能直接选择甲方客户，但我们可以选择那些为优质客户提供服务的乙方。入职乙方除了看公关公司的品牌外，还要看服务的客户是否优质。因为乙方和甲方很多时候都是"并肩战斗"，优质的客户，意味着有更专业的工作思维方式和更多的资源。

虽然甲方和乙方是两家公司，但其实双方是相互协作、互相成就的关系。几乎所有成功的品牌传播背后，都是甲方和乙方齐心协力的结果。虽然经常听到甲方抱怨乙方出的方案不行，乙方吐槽甲方过于严苛，但是一家企业要想拥有良好的品牌公关形象，必须是甲乙双方共同努力，互相取长补短。

比如杜蕾斯和环时互动这对"甲方乙方"，前者给后者很大的创作自由，后者则深度理解甲方需求，双方相互信任、持续创新，不断做出"刷屏级"传播。现在杜蕾斯已经是互联网上无可争议的头部快消品牌，而它背后的乙方，也成为中国最热的新媒体公关公司。

**3. 公关人员的薪酬**

我们终于要谈一下钱了。

根据互联网招聘网站拉勾网的调研，北京互联网行业公关人员2018年的年薪为：公关专员为10~20万元；公关主管能拿到25~50万元；在一线互联网公司，公关经理（公关专家）最高能拿到80万元；而总监级别的公关人现金股票加期权平均下来，最高一年能达到200万元。从需求量上看，主管和经理这个级别的公关人是需求量最大的。

甲方和乙方相比，同行业的乙方比甲方工资更高。但在创业公司，因为分配了股票和期权的关系，总监以上的公关人整体薪酬都很高。

在互联网行业之外，金融、地产、汽车等行业的公关薪酬（现金部分）和互联网行业持平，而快消、制造业等行业的公关薪酬普遍要低一些。

同时地域对薪酬，甚至工作机会也有很大影响。公关的工作机会大多集中在"北上广深"这样的一线城市。随着经济的发展，成都、杭州、重庆、西安、合肥等二线城市，对公关的需求也变得旺盛起来。

考虑过工作机会和薪酬情况，你到底应该去甲方还是乙方？如果你想去甲方公司，根据拉勾网的数据，2018年，你需要"击败"29个竞争对手，而乙方是12个。这里再补充说明一下，学历可能成为求职中的"陷阱"，因为从统计上看，硕士学位的候选人之间的竞争是最惨烈的，每个要求硕士以上学历的职位平均有207个人投递，而本科27人，大专只有7人。

所以如果你没有一个很好的甲方可选择，去乙方也是完全没有问题的。为什么呢？因为先到乙方能够锻炼你的基本功，乙方或者公关公司就像一个大熔炉，入门的门槛不太高，但是淘汰率和跳槽率很高，最后坚持下来的都是能够独当一面的人。所以很多务实的甲方公司，特别是互联网公司，他们都喜欢从乙方招人,或者要求候选人拥有乙方背景。

## 1.3.4 公关简历撰写要点

不论你去甲方还是乙方,都需要一份好的简历,这里说一下好简历的三个特征。

(1)**结构:倒金字塔,开头三句话说明自己的优势**。倒金字塔是我们写新闻稿采用的经典结构,这个结构最能抓住阅读者的眼球,节省其阅读的时间。而三句话说明自己的优势,与写新闻标题或者标题下面的三句新闻提要类似,你需要反复提炼自己的亮点,在简历的最开始处就呈现最精华的内容。比如:我擅长媒体沟通,曾经沟通央视,让公司上了一次《新闻联播》。

(2)**价值:写出工作中的价值而非罗列职责**。要想写出价值需要回答几个问题,即你做这个工作的难点在哪里?你做出了什么成绩?有什么创新?受到什么表彰?比如你可以采用如下写法。

我负责公司订阅号的运营。最开始每篇文章的阅读量都不到3位数,我总结了标题的写法,调整了内容呈现风格,同时利用公司内部群和外部圈子,广泛扩散。现在每篇文章的阅读量已经稳定在3000左右。

(3)**故事:把自己独特的经历、特殊的心得写出来**。比如我面试过一位之前在西门子公司实习的姑娘。她当时正好遇到"世界杯"举办,于是想到一个创意,把西门子中国总部大楼的夜间灯光摆成"V、GO、+1"等造型为球迷加油。此举在吸引众多媒体报道的同时,也传播了西门子智能楼宇解决方案。

如果你没有实习经验怎么办?那么你可以从学校或者生活中找素材,比如你曾经策划一次特别成功的团队活动,甚至一次集体旅行,因为这也是一个小的项目策划和管理过程。

如果你已经工作了一段时间，但没有亮点故事怎么办？答案就是从现在开始找机会创造，因为从你职业发展的角度看，只有工作中的亮点故事，才能成为你简历中的"里程碑"，不断提升你的身价。

## 1.4 公关的能力要点

### 1.4.1 公关的 4 大知识结构

本节我们来讨论公关需要掌握哪些知识、技能和能力。和大多数职业一样，这三者是递进的关系。首先，在知识层面公关需要拥有通用和专属的知识体系，包括 4 个方面：

（1）**专业**。包括最重要的理论、方法和工具，这些内容是工作的指引和模板。对于这些标准化的内容，你需要理解工具的结构，根据实际工作来更新。

（2）**传播**。要懂得传统媒体和新媒体的运作规律，知道媒体到底想要什么。根据公司的不同，资源的多寡，也应有专业的沟通和关系维护的方案，以此来和媒体建立一种战略性合作伙伴关系。对媒体的思路，也可以应用到对其他利益相关方的关系建立和维护上。

（3）**业务**。首先要了解所在公司的战略和具体的业务；其次是公司所处的市场环境，以及行业的技术趋势；除此之外，还需要了解政治。政治和商业是不分家的。无论是什么行业，创业公司也好大公司也罢，2B 的企业也好 2C 的企业也罢，都需要合规经营，并获得政府的支持，所以宏观经济的走向如何，政府倡导产业向什么方向发展，公关必须清楚。

（4）**社科**。所涵盖的学科包括设计学、法学、历史学、社会学、心理学等，必须了解和公关传播相关的跨界内容。比如商务礼仪,要知道采访的时候发言人应该穿什么衣服,自己应该穿什么衣服,现场怎么主持、怎么互动;比如艺术设计,文字稿怎么排版容易阅读、PPT怎么制作、邀请函怎么做,这类知识懂得越多,就越有可能做出精细化的工作。除了上述内容,作为公关人员,必须知道一些敏感性知识,比如地图使用问题、可能会伤害他人的创意等,要是不注意这些问题,可能反而会引发危机。

### 1.4.2 公关的3类业务技能

在知识系统之上,公关需要具备3类技能,每类又包括2到3种细分技能。

(1)**沟通和协同工作**:包括媒介管理和活动管理,公关新人刚刚参加工作的时候可能会被安排去给媒体打电话,做一些活动管理类的后勤工作,这些工作大多都是日常的事务性工作。

(2)**关于新媒体技术和舆情监测的工作**:比如对AR、H5等新媒体技术要懂,要知道这些内容怎么运用到公关工作当中,这些内容会产生大量的数据,怎么把这些数据背后的价值告诉客户,提炼给老板。舆情监测更是这样,对于负面的问题、舆情的情况、用户的需求画像分析等,要知道怎样通过数据或者是趋势报告反映给客户和老板。

(3)**内容生产和甲乙方的对接**:除了要具备一些沟通和理解能力之外,更需要掌握大量的协同能力和思考能力。最后要强调一点,策略咨询是处于公关工作金字塔顶尖的,这要求你要有更多的知识、思路和方法以及大局观。一个好的策略,能够跳出所在行业或公司的视野局限,为公司的品牌指出发展方向。

对于公关新人来说,先把一个方面做深,在该方面要拥有专业技能,比如先成为媒体关系的专家。再跳出舒适区,横向拓展,变成能写稿、能办活动、能策划的综合型人才。

## 公关工作职责表

| 工作职责 | 媒介管理 | 活动管理 | 设计技术 | 舆情管理 | 内容生产 | 甲方/乙方对接 | 策略咨询 |
|---|---|---|---|---|---|---|---|
| 典型职务 | 媒介经理 | 公关活动经理 | 设计师 | 舆情管理经理 | 撰稿人 | 公关经理/客户经理 | 顾问 |
| 工作内容 | 媒体评估<br>媒体沟通<br>媒体维护<br>媒体采买<br>参会评奖<br>媒体采访 | 主题策划<br>会场设计<br>场地搭建<br>流程管理 | 新媒体技术研发<br>动态页面开发<br>交互内容设计 | 负面通报<br>竞品分析<br>行业分析<br>媒体简报<br>评论区管理<br>用户画像和用户需求分析 | 核心信息<br>新闻稿<br>深度稿<br>评论稿<br>新媒体稿<br>采访提要 | 内外部沟通<br>资源协调<br>流程把控<br>质量审核<br>预算管理 | 品牌定位<br>年度策略<br>危机公关<br>大事件营销<br>外脑智库 |
| 工作成果 | 全媒体传播矩阵 | 活动闪光点 | 多媒体内容 | 舆情大数据 | 公司话语体系 | 无缝对接<br>高效沟通 | 公司战略 |
| 核心技能 | 沟通力和协同力 | 活动力和协同力 | 设计和数据思维 | | 写作和思考力 | | 大局观 |

以上是 3 大业务技能分解到公关的工作职责中的情况。在大型企业及公关公司中，通常按照上述职责来进行公关的分工。

## 1.4.3　公关的 3 大底层能力

从单项技能向综合能力跃升，其实是不断夯实公关底层能力的过程。公关的底层能力，具体来说包括 3 个方面——逻辑、沟通和形象，可以用"理科思维思考，文科思维表达，艺术思维展现"来概括。

下面我们围绕这三大能力来展开说明。

**1. 逻辑体现清晰思考力**

逻辑还可以分为如下 4 个层级。

**形式逻辑**

比如通过一张表格，你填报的内容可以用表格来辅助表达。最终整体内容条目、框架等形式呈现整齐的状态。

**结构化**

这要求你能够对信息归类分组，分清哪些是主要信息，哪些是次要信息，哪些是无用信息。

结构化思维在公关工作中随处可见，比如调研报告、策划方案，都要求结构清晰，重点突出。结构化思维常常用树形思维结构。下面举一个典型的例子来说明什么是结构化思维。

比如开会讨论如何维护媒体。大家开始各自发表意见，有的说请吃饭，有的说送手机，有的说送 U 盘，有的说送电影票，然后上述建议又因为没新意、没时间、没预算等原因被一一否决。

整个会场乱成一锅粥，会议根本开不下去，两小时过去了毫无进展——这就是一群普通人陷入了具体的细节问题纠缠不清的场景。

如果我们进行一个结构化、系统化梳理："现在让我们停止细节争论，看一看这次媒体关系的总部署。"

（1）本次媒体维护的目的：进一步巩固最新建立的核心媒体圈，为3月份的新品发布打好媒体关系基础。

（2）媒体名单：把媒体名单都拿出来，按传统媒体、自媒体分类之后，再按照重要性排序，并统计数量。赠送礼品时，应考虑个别媒体人的特殊喜好，比如，王老师刚休完产假，送小孩的礼品比较合适；张老师刚交女朋友，送音乐会的票比较好。诸如此类的特性喜好，应在礼品申请单上标注出来。

（3）预算：本次礼品的预算是3万，不得超出。平均到每个媒体人身上大概是300元，但可以适当分层调整。

（4）时间安排：所有礼品在情人节之前发送完毕，但不要超过一个星期，否则没法和情人节关联起来。如果客户在外地，可以提前邮寄。

（5）用表格按上面的原则整理出来，交给领导审批。

**内容主线**

在结构化信息的基础上，你还需要找到信息之间的联系，用一条主线，把结构化的信息串联起来。

比如，某银行希望利用人工智能（AI）、区块链（Blockchain）、云计算（Cloud Computing）、大数据（Big Data）四大技术，推动金融数字化转型。因此该战略可以用上述技术的英文首字母"ABCD"作为主线来统领。华为公司面向个人、企业和运营商三类用户提供产品和服务。这三类产品和服务，华为用"构建万物互联的智能世界"这条主线来总结。

通过内容主线，可以让复杂的内容更简单。

**批判和颠覆**

在前面三个层级之上，最后还应对信息进行批判和颠覆，从而发展出新的观点和思路。这个阶段，必须拥有别人不具备的知识，有独立思考的能力，从而发展出新的观点。比如，市面上鼓吹的新零售是否真的是零售业的未来？智能制造对于创业公司到底有多大机会？对于这类问题，必须对现有的说法从不同角度进行批判甚至颠覆，这样才能有新的洞察，才能进一步实现内容创新。

**2. 沟通体现传播影响力**

公关工作中的沟通，包括对内沟通和对外沟通。每一天，公关几乎都在现场或通过电话、邮件、即时通信工具和外界、内部进行各种沟通。

下面举一个我经历的针对负面报道与媒体沟通的例子。

某知名媒体写了一篇企业负面报道，不过还好，报道还没有发布，如果直接发布，将对公司产生巨大影响。于是我第一时间联系记者，约定见面沟通，并提前在心里定好了见面要达成的目标：先压下不发。

我们在咖啡厅见面。我从对方的工作生活开场破冰，建立了友好氛围。之后，我切入所要沟通的话题，记者告诉我，他写这个选题是从客观的角度出发的，也花了很多时间搜集资料。

接着，我从个人角度对他的文章表示了肯定，并具体说了几点好的地方，其中包括文章中分析的整个行业存在的问题。他对我的评价表示认可,并说明当时限于篇幅,有一些采访观点没有写进文章。

在他表述的基础上我接着告诉他,这篇文章也有美中不足之处,那就是质疑企业的创新能力和业绩发展能力,这样写,角度有点偏激。同时我列举了几个对比数据,说明我当时所在的公司只是和以前相比没有那么高的增长速度了,而增长放缓的原因不是缺少创新和发展能力,而是因为公司进入平台期,我们正在孵化新产品,这会成为后期的增长点。

他听完我的介绍,对我提到的新产品非常感兴趣。

最后,我提出,他写的文章确实很深入,但内容都是网上搜集的,有些观点是有问题的,所以我建议他删除此稿,重新写一篇稿子。同时我提出,可以专门约他来公司进行采访,以增加其对产品的体验。他可以提出问题,也可以有自己的质疑,而且都可以写入文章,我们会以行业发展经验来对待。他同意了我的建议。

这就是沟通的价值,经过沟通,稿件最终以较为中性的角度发出,这位记者和公司的关系也更近了一步。

### 3. 形象提升企业品牌溢价

公司形象很大程度上是公司品牌给人的感觉,除了品牌形象本身设计感之外,还包括公司的历史、产品品质、价值观等。

对于形象,我们希望它是有意义的。对于企业来说,意义就是追求社会责任,实现股东利益、员工利益和社会价值的共赢。

为了营造这样的形象,公关往往会把企业的愿景嫁接到一个很伟大的目标上,比如阿里巴巴的"天下没有难做的生意"、苹果的"改变世界"、华为的"奋斗者至上"等。

如果企业还没有上述的"宏伟"目标，公关需要通过策划来提升企业形象，让企业成为行业的标杆。如果找到发力点，策划不一定要花很多钱。比如一家制造行业的公司，经费只有 10 万元，应该如何提升品牌形象？当时的媒体人罗振宇曾经出过这么一个主意：找制造业的大咖，比如杰克·韦尔奇做一次对话。怎么找到他？杰克·韦尔奇会拍卖和他一起午餐的机会，且是明码标价的，折合人民币大约 10 万元。购买成功后找公司 CEO 去和他吃饭。去之前，公关整理出需要和韦尔奇沟通的问题，然后利用吃饭的时间，让 CEO 把问题都问一遍，同时把韦尔奇的回答全部记录下来。回国后，整理记录，加上中国制造及自己公司的实际情况，做成一本书，取名为《十问中国制造——我和杰克韦尔奇的对话》，然后推广这本书即可提升公司形象。

虽然这个创意最终没有被执行，但思路值得借鉴。从这个策划中可以看到，公关要把公司的形象从卖货拉高到卖梦想。梦想、愿景才是吸引人、能传播的核心要素。

### 1.4.4 故事思维

逻辑、沟通和形象是公关的三大核心能力，但它们有一个共同的底层思维——故事思维。公关传播本质上都是围绕故事展开的。

公关故事就像给企业做了一张"定妆照"，内部和外界都可以从这张"定妆照"中看到企业最好的样子。同时，故事讲得好，也会自带传播力，能够在人们心中产生长久的记忆和影响。故事往往包括角色、意外和场景等要素，在设计和包装公关故事时，可以按照上述维度来搜集素材并进行写作。而对于企业被曝出的负面故事，也即企业在品牌、产品上的"事故"，公关也可以分析其中角色、意外和场景等要素的情况，针对故事要素反向操作，从而解构危机，达到阻止其扩散和传播的目的。

比如，小米希望让外界理解小米是"厚道"的品牌。为此雷军讲了一个故事："两周前，我面试了一个人，他的简历接近完美。他接手上家公司的时候，那家公司的营业额是900万美金一年，在他的努力下4年后达到了2亿美金。他和我说自己最大的能力是把稻草卖成金条。听到这里，我直接拒绝了他，并和他说，他的价值观跟我们不符，我们不需要骗用户的人。什么叫真材实料？什么叫和用户做朋友？如果有一天你知道自己的朋友把稻草用黄金价卖给你，他还会是你的朋友吗？"

又比如星巴克希望传递"星巴克是家和办公室之外的第三空间"这个品牌信息，当时的星巴克总裁舒尔茨讲了一个员工的故事："我们在华盛顿州的一位咖啡师，每天都会遇到同一位顾客，后来他们成了朋友。他注意到这位顾客的气色不太好，那位顾客告诉他，他有严重的肾病，必须做肾移植，否则活不了太久。之后，这名咖啡师就去和这位顾客做了肾脏匹配，结果发现他们的肾脏是匹配的。于是他移植了一个肾脏给这位顾客。这听起来不可思议，但这就是发生在星巴克人和顾客之间的真实故事。"

## 1.4.5　职业发展的3个策略

从小白到资深公关人，一般要经历下图所示的3个阶段。

**1. 依赖期**

需要在老员工的指导下完成特定的工作。新人刚入行的时候，可能怎么写邮件、怎么开会都完全不会，因此需要系统学习。

| | | | |
|---|---|---|---|
| 3~8岁的公关 | **协调（Interdependent）**<br>熟悉内容生产、媒体沟通、活动管理、创意策划、危机防范等各项核心技能，综合协调各方资源，独立操盘公关战役 | 洞察受众需求，根据不同阶段，提出匹配的公关战略，利用公关思维，解决问题 | 建立公关思维 |
| 1~3岁的公关 | **独立（Independent）**<br>有内容生产、媒体沟通、活动管理、创意策划、危机防范等其中一项独立工作经验 | 思维方法论 | 掌握核心方法 |
| 0~1岁的公关 | **依赖（Dependent）**<br>能够在老员工的指导下完成特定任务且有一定执行能力，比如搜集某个热点话题的代表性观点 | | 了解工作技能 |

公关能力升级模型：从独立到协调

在这个阶段保质、保量、保时完成手头上的工作最为重要，这一要求看似简单，实际上并不容易达到。这不仅需要你对工作要求有正确的理解，还需要对工作指令进行初步预估和分析，对可能产生的后果进行备选方案的规划，关键一点的是，此时你对公关核心的模型和方法还在熟悉的阶段。这个阶段对每一位公关人而言都是漫长的煎熬，但是只有经历过如此强大的工作的压力洗礼，并从中逐渐学会工作的实用技能（也就是上面我列出的这些项目），才能真正成为一名合格的公关人。

**2. 独立期**

这个阶段是从公关专员向公关经理，或者是从客户经理向客户总监迈进的关键阶段。这个阶段要学会项目管理。

即使你现在刚入行不久，也需要提前站到这个阶段来思考问题。这样你能更好地理解经理给出的任务，也能为你以后的发展打好基础。

独立阶段不但看重专业性，更看中解决问题的能力。处在这个阶段的公关人，只有从简单的、重复性的劳动中抽离出来，用更多的时间了解客户需求、了解市场需求、优化团队、思考行业发展,才能真正实现把控,成为舵手,引领整个团队乘风破浪。

我的团队里曾经有个新人,刚入行时是个新媒体编辑。他在工作中总能提前完成既定的工作,同时还能保证工作质量。后来在跟他交流的过程中,我发现了他高效工作的方法:

(1)文案工作中总有另一套方案备选,让客户做选择题,而非被迫接受已有方案。

(2)将被清洗掉的文案放入素材库,作为之后同类型工作的参考。

(3)工作之余,在新媒体平台上搜集值得关注的账号,时刻关注,并定期整理有趣的传播元素,学习独特的传播思维。

在浏览过他的文案库和传播亮点汇总后,我深感佩服。此时我已明显感觉到他已经不再是一个需要人带的新人了,他甚至可以独立做一些项目创意策划。

如今的他已是一个独当一面的项目经理,过手的大小项目无数。我们都能放心地将他推荐给任何合作伙伴,这得益于他超强的学习能力和适应能力。

**3. 协调期**

到了这个阶段,说明你已经成为一个团队的领导者,此阶段的主要任务是团队管理;和团队一起对客户或者企业进行顾问式服务;积极开辟市场,让更多的客户选择你,信任你,甚至依赖你。这个阶段的你能明显感受到行业的发展是永不停息的,逆水行舟不进则退。新媒体的迅猛崛起,社交平台的弱肉强食,电商永无止境的增长需求,大数据时代的精准需求,这一切的变化都来得猝不及防。有人担心传统的公关行业会因为时代的变迁而落宽。其实正因为时势的瞬息万变，才更需要公关人与时俱进，在时代的变迁中，将传统公关行业留下的精华结合新媒体的优势整合成全新的产品和服务。

这个三个阶段，一路走来，就像游戏中的升级打怪。当你从菜鸟变成资深人士的时候，你就能真切地感受到这个行业的独特魅力。

### 1.4.6 公关职业长跑

如果你喜欢写作，喜欢创意，又善于与人沟通交流，那就说明你是天生做公关的好苗子。但如果你对写作感到紧张，性格也有一些内向，那么是否说明你就不适合做公关了呢？其实未必。

做好公关工作是长期训练的结果，成熟的公关人都需要8年以上的"长跑"。原生能力强，只会让你在起步的时候领先。但是后期选对公司、拥有一个施展能力的平台、有一个好老板、能学到东西以加速自己的成长也非常重要。而最重要的是，你要持续进行职业训练，这才是保证你成为一名专业人士，区别于没有系统的工作方法、发挥不稳定的业余选手的关键。

从职业技能的角度来看，如果你希望成为一名财务人员，在学习了一套标准的财务知识和流程之后，你就可以做好工作。如果你想做律师，在通过了司法考试，取得了相关的证书后，你就可以上岗。但这些职业的特点是要经过大量的学习和考试，所以说这些职业起点很高。

相对于上述职业，公关人的起点并不高，但公关人学习没有明确的路线，很多时候需要打破规则，比如公关文章和创意活动最后都会出街（发布），但你不是这个文章或活动的操盘者，就很难了解这个内容和活动是怎么做出来的。一个成功的内容和活动也讲究天时地利人和，就算你是操盘者，也很难再成功复制一次。所以怎么成长，怎么打赢，最重要的就是会总结规律，同时懂得变通规律。

"变化是唯一不变的"，这句话非常适合公关领域。为了帮你更好地使用本书，这里我给出3个建议：

（1）不要执着于概念和模板，公关不是理工科，没有1+1=2这样的标准答案。

（2）不要静态看案例，而要举一反三。案例是死的，但是思路可以借鉴。公关这个行业，每天都有新的事件发生，我们关注的是对新案例的思考，而不是案例本身。

（3）不要忽视应用，在工作中把方法用起来。

从某种意义上来说，公关很像厨师。不知是不是巧合，公关营销大师大卫·奥格威在创立奥美前也做过厨师。厨师只有了解了客户的口味，选择了合适的食材，应用了专业的烹饪方法，才能做出美味的菜肴。公关也是如此。公关是烹饪资源的"厨师"。我们需要了解客户需求，应用专业方法，调动匹配资源，把方案、策划和文章"做"出来。

# 第2章

# 内容生产

内容生产是公关最核心的工作之一。大部分时候,公关不是在写稿就是在准备稿件的会议上。公关内容的生产包括核心信息的梳理、稿件的写作,以及相关的图片、动画和视频等形式的创作。

我们甚至可以用爱因斯坦相对论中的质能关系公式来说明内容的重要性:

$$E=M\times C^2$$

在公关领域:$M$ 指 Media(媒介),$C$ 指 Content(内容),$E$(能量)就是公关传播的影响力。

在新媒体时代,媒介(M)代表着渠道和流量,就像"水"

一样，重要但很难形成差异化。如果要让水卖出更高价格，就必须把水变成汽水、咖啡等饮料，内容（C）就扮演了这个角色。

在公式中，内容（C）用了"平方"的关系，也就是说做好内容生产，是打造品牌的关键。

本章我们将从公关核心信息的梳理开始，逐步延展到各类稿件的撰写，包括新闻稿、演讲稿、新媒体稿、深度稿。其他内容形式，比如媒体问答、采访简介、策划案、总结报告等会归到后面对应章节介绍。对于一些不常用的稿件形式，比如 Case Study（案例研究）、获奖评选、主持词等，我相信你掌握了重点稿件的写作方法之后，可以举一反三、融会贯通。

## 2.1　核心信息梳理的方法和工具

如果你是一家世界 500 强公司的公关，你的公司有 6 万多员工、10 多个子品牌、20 多条产品线，你需要怎么做内容生产呢？

千头万绪，我们必须对公司重要信息进行梳理，并按规则总结出来。这个总结的成果就是"核心信息"（Key Message）。核心信息是公关对外传播的起点，也是公关发布对外内容的口径和标准，也即公司所有对外内容都必须和公关核心信息保持一致。

如果你在一家大公司工作，核心信息很可能是现成的，你要做的就是认真学习这些内容，并且用到你日常的公关传播当中。当然，根据业务的发展，你要持续更新这些核心信息。同时，在产品发布等重要事件中，你也需要为产品、品牌或者活动专门梳理核心信息。而对于创业公司来说，因为公司刚刚起步，你需要从零到一来梳理公司的核心信息。

## 2.1.1 信息搜集

信息的搜集是建立核心信息的基础。你需要从内部到外部，尽可能全地搜集和公司相关的内容。

| 类型 | 内部资料 | | 外部资料 | |
| --- | --- | --- | --- | --- |
| | 文档、多媒体资料 | 内部访谈 | 网络搜索 | 外部调研 |
| 内容 | 公司介绍<br>领导人简历<br>产品手册<br>… | 战略：管理层<br>产品：产品规划<br>技术：研究院<br>… | 趋势<br>调研<br>数据<br>… | 用户粉丝：痛点、口碑<br>媒体专家：趋势、市场竞争 |
| 工具 | 获得档案 | 访谈提纲 | 百度高级搜索<br>微信、微博搜索<br>Bing 国际搜索 | 访谈提纲 |

你要做到两个穷尽：

（1）**穷尽一切人**，多维采访。

（2）**穷尽一切资料**，至少列出包含 30 个问题的清单，当然也可以是 40 个、50 个，因为只有数量够多才能接近穷尽。

最后注意，在搜集信息时，尽量多获取事实（也就是这件事是什么，怎样发生的），少问观点（你对这件事怎么看），这样可以保证信息的完整和客观。

搜集资料是耗费大量精力和资源的工作。最开始的时候你需要做很多访谈，在积累了上万字的文章素材之后，你基本上就可以把行业和公司内外部的信息都了解得非常充分了。

对于信息搜集我有两点建议：

（1）要找到关键的人，比如公司的战略大牛或者技术大牛，你和他聊一个小时，80% 的干货都有了，同时他还可以给你推荐更多更有价值的人。

（2）熟练使用高级搜索功能，比如在关键词后加一个 PDF 后缀，这样就能帮助你找到更多有价值的信息。

假设在对某 IT 公司进行信息搜集后，可获得这些内容：

（1）**产业愿景**：推动智能互联网时代发展。

（2）**创新方向**：智能设备/智能云平台/智能服务。

（3）**核心战略**：设备+云。

（4）**核心产品**：

- 面向个人家庭的智能手机、电脑、平板、打印、选件，以及相关服务。
- 面向企业的商用电脑、数据中心硬件和解决方案，以及移动互联产品。

（5）**技术理念**：基于未来产业变革进行技术创新，持续投入，长期积累，兼容并蓄。

（6）**智能设备及技术**：柔性设备、AR 设备、PC+云。

（7）**智能云平台**：软件定义的数据中心。

（8）**智能服务**：计算机视觉和语音识别、自然语言理解、深度学习、AR/VR 等。

（9）**三级研发体系**：

- 一线业务部门：即将上市和一两年内的产品。
- 研究院：三到五年内推向市场的项目。
- 投资部门：五到十年才能产业化的前沿研究。

（10）**全球化企业**：跨文化管理、制度创新。

（11）**全球化团队**：尊重和共享的文化价值体系。

（12）**专业化、国际管理体系**：国际化成功方程式，即清晰的战略、创新的产品、高效的业务模式和多元化的团队文化；跨国并购"战略三角"方法论、多业务经营体系（三三制）、复盘文化。

（13）**全球信息社会助力**：业务和产品覆盖160个国家和地区，助力区域经济数字化转型。

（14）**全球合作伙伴**：微软、谷歌、英特尔、IBM。

（15）**联合实验室**：SAP、英特尔、Nutanix。

（16）**投资引导**：专注于智能互联网六大创新方向，扶持前沿技术迅速形成产业力量。

- 个人计算到普适计算。
- AR/VR下一代计算平台，融合现实与虚拟世界。
- 智能互联网和AI。
- Software Defined-X软件定义数据中心。
- 公有云服务将成为基础设施。
- 传统IT向新IT转型。

（17）**开放全球资源**：对智能互联网生态开放某IT全球研发、生产、供应链资源，合作共赢，构建智能互联网时代开放创新平台，引领全行业进入"设备＋服务"集成式服务模式。

（18）**产业升级**：通过双态IT理念及智能化数据中心业务，助力各行业向智能互联网转型。

（19）**中国制造2025**：输出自身智能制造经验，服务中国传统制造向智能制造转型。

（20）**大国重器**：积极参与信息设备国产化、航天及超算等国家核心信息系统建设。

（21）**为客户**，提供丰富多彩的数字体验。

（22）**为伙伴**，开创长期合作的共赢机遇。

（23）**为投资者**，创造持续增长的市场价值。

（24）**为员工**，提供没有天花板的舞台。
（25）**为环境**，缔造绿色科技的美好未来。
（26）**为社会**，让爱心更有力量。
（27）**合规经营**：做遵纪守法的企业公民。
（28）**产业价值**：做中国信息产业的基石和引领者。
（29）**国家竞争力**：助力中国科技的国际领先地位。
（30）**核心价值观**：说到做到，尽心尽力，成就客户。
（31）**企业家精神**：兼容并蓄，创新求变。
（32）**发展历程**：全球技术，本地品牌。
（33）**公司治理**：服务于全球的公众公司。
（34）**本地化经营**：在世界，为全球，合规经营。

这里面有公司产业的方向，有公司的产品、服务、解决方案及公司的管理模式等，基本穷尽了这家公司需要对外传递的重要信息。同时，对这些信息做了初步筛选。筛选过程中，如果发现有些信息不是很清楚，那就要重复第一步的搜索，继续完善和丰富。

接下来要做的事情就是删除冗余项，合并同类项，通过归类分组，把不同信息独立开来。

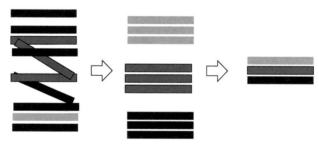

信息归类分组示意

信息归类分组就是进行信息结构化的过程，正如上图所示，不同颜色杂乱无章地堆砌在一起。通过归类分组，去掉那些无用的、杂乱的数据，突出重点数据，最后就会变得更加整齐、重点突出。

## 2.1.2　MECE 法则

想做到我们想要的结构化信息，就要遵循 MECE 法则，即 Mutually Exclusive（相互独立）和 Collectively Exhaustive（完全穷尽）。按信息整理的顺序，应该是先完全穷尽，再归类分组，因此这个原则应该叫 CEME，但这只从顺序上考虑，为了便于理解，本书遵照业界的统一叫法。

在工作生活中，有很多符合 MECE 的分类原则，比如你在填写"个人信息登记表"时，性别一栏只有"男、女"两个选项，这就符合 MECE 的分类原则；在婚姻状况这栏，就会有已婚、未婚和离异三个选项，但离异也可以归类为未婚，这样就合并成已婚、未婚两项。这两种分类方法都是符合完全穷尽、归类分组的原则。但如果你在设计表格时，把人分为男性和未婚女性，就会有问题，即没有穷尽，遗漏了已婚女性。但如果你把人分为男性和已婚人士，又会有问题，因为不但遗漏了女性，而且男性中也有已婚人士，分类有重叠。

MECE 原则就像一把尺子，帮助我们更好地做结构化分类。我们需要详细考虑信息之外是否有遗漏，以及信息之间的关系，让信息的整理符合 MECE 原则，这样才是有效的分类整理。

## 2.1.3　归类角度

在信息归类分组的过程中，我们其实很难有一个统一的标准和角度，但也有套路，这里我提供 6 组分类的角度供你参考。

**1. 核心信息分类角度 1～3 组**

核心信息分类角度 1～3 组

第一个三角形是"昨天、今天和明天"的角度，这个有点像做自我介绍，先介绍我的背景（昨天）；我在哪工作，有什么身份（今天）；有什么资源，今后可以交流什么话题，未来可以做什么（明天）。企业也是这样，我们要了解企业的历史，这是企业发展的内涵沉淀。其次，我们需要了解企业的今天，这是现实当中拥有的资源和实力。最后，我们要了解企业未来的规划和对前景的展望。我们把企业的历史、现在和未来系统整合，公关形象才会丰满。

第二个三角形是"企业家、战略和产品"的组合。这个侧重于传递在这位企业家的带领下，公司的战略、发展方向，以及在这个战略下产生的产品、产品体验和产品价值。

第三个三角形是基于更加宏观的结构。

（1）首先问"为什么"，即企业为什么要做这件事。比如为什么某公司要成为财富 500 强？因为在非政府垄断领域，做到财富 500 强就意味着有核心竞争力，就意味着在整个产业中有核心话语权。这是一个很有故事性的开始。

（2）然后再说"是什么"。既然必须成为财富 500 强的企业，那么有些什么标准呢？可以从销售收入、公司治理等方面进行考核。

（3）最后说"怎么办"。如何到达财富 500 强？需要通过技术的创新、市场和管理的全球化来达成等。最后还可以补充,目前虽然距财富 500 强还差很远,但是,只要认准目标,经过长期不懈努力,终有一天会进入财富 500 强俱乐部。

**2. 核心信息分类角度 4～6 组**

核心信息分类角度 4～6 组

第四个三角形,以产品带来的创新和消费者价值作为开始,然后到企业由此获得的产业地位,最后到企业创造的社会价值。适合生产产品类内容、采访提要等干货。

第五个三角形,从人格化的角度来问三个问题:我是谁?我为谁?有何不同?"有何不同"体现的就是差异化的问题。通过这种问答可以推导出我们企业人格化的特质。

最后一个三角形,以我们如何与用户互动作为思考的角度。首先问我们的产品和服务能解决用户的什么痛点?其次,我们独特的价值是什么?除了差异化的竞争力,这里你还可以加入品牌的愿景。最后,我们的产品和服务是如何帮助用户解决问题的?为何用户现在就需要我们的产品和服务?

**需要注意**:这 6 个三角形都是等边三角形,也就是说,每个维度都是同等重要的,任何一边更长或者是任何一边过短都不稳固。也就是在整理核心信息的时候尽量让三个维度信息的数量都差不多,不要一个维度有五六条信息,而另一个维度只有一两条信息。如果出现不均衡,那么要么是你的角度选择不对,要么是你的归类维度有问题。

写作过程中要根据实际情况来进行调整，不要局限于这6个角度，还可以做灵活调整或相应组合。唯一的衡量标准就是要逻辑说得通，不要生搬硬套。

我们这里以第4个三角形为例，给某IT企业的核心信息做初步归类分组。

为什么选择这个三角形？我觉得这个三角形可以和更多的人沟通，比如创新，我们可以和用户投资人沟通，产业我们可以和行业、机构、媒体进行沟通，而社会价值我们可以和社区、用户甚至员工沟通。当然你也可以选择其他的三角形，在这里，分类的逻辑是最重要的。

最后，把对应的信息填入对应的栏目，对于多余的信息要删除，对于不足的信息要补充。这一步完成后我们就马上进入第四步，画出核心信息屋顶图。接下来你就可以把所有梳理好的信息都填到下面这个表里面。

| 公司（用户）价值 | 产业价值 | 社会价值 |
| --- | --- | --- |
| ■ 主要创新方向<br>■ 技术领先领域<br>■ 非技术类创新 | ■ 对原有产业生态的推动<br>■ 对新产业生态的构建<br>■ 对各行业产业升级的贡献 | ■ 全球企业公民的定位<br>■ 对本国的社会责任<br>■ 对全球的商业价值和责任 |

选取第4组三角形对某IT公司信息进行分类

## 2.1.4 屋顶图

最后我们要用到一个非常重要的工具——屋顶图（又称核心信息屋顶图）。

| 信息社会的赋能者（创新） | 倡导合作共赢的生态建设者（产业） | 值得信任的全球化公司（社会） |
| --- | --- | --- |
| ■ 某IT公司致力于成为智能互联网的推动者和赋能者<br>➢ 产业愿景：推动智能互联网时代发展<br>➢ 创新方向：智能设备/智能云平台/智能服务<br>➢ 核心战略：设备+云<br>■ 某IT公司是技术创新的引领者<br>➢ 技术理念：基于未来产业变革进行技术创新，持续投入，长期积累，兼容并蓄<br>➢ 智能设备及技术：柔性技术、AR设备、PC云<br>➢ 智能云平台：软件定义的数据中心<br>➢ 智能服务：计算机视觉和语言识别、自然语言理解、深度学习、AR/VR等<br>➢ 三级研发体系：<br>·一线业务部门：即将上市amd一两年内的产品<br>·研究院：三到五年内推向市场的项目<br>·投资部门：五到十年才能产业化的前沿研究<br>■ 某IT公司是中国国际化管理体系的创新者<br>➢ 全球化企业：跨文化管理、制度创新<br>➢ 全球化团队：尊重和共享不同的文化价值体系<br>➢ 专业化、国际化管理体系：国际化成功方程式，清晰的战略、创新的产品、高效的业务模式和完化的团队文化、跨国并购"战略三角"方法论、多业务经营体系（三三制）、复盘文化 | ■ 某IT公司是ICT创新生态的全球合作伙伴<br>➢ 全球信息社会助力：业务和产品覆盖160个国家和地区，助力区域经济数字化转型<br>➢ 全球合作伙伴：微软、谷歌、英特尔、IBM<br>➢ 联合实验室：SAP、英特尔、Nutanix<br>■ 某IT是智能互联网新生态的共建者<br>➢ 投资引导：专注于智能互联网六大创新方向，扶持前沿技术迅速形成产业力量<br>·个人计算云<br>·AR/VR下一代计算平台，融合现实与虚拟世界<br>·智能互联网和AI<br>·Software Defined-X软件定义数据中心<br>·公有云服务将成为基础设施<br>·传统行业向新IT转型<br>➢ 开放全球资源：对智能互联网开放某IT全球研发、生产，到达应链资源，合作共赢，构建智能互联网时代开放的新平台，引领全行业进入"设备+服务"集成式服务模式<br>■ 某IT公司是中国产业升级的参与者和推动者<br>➢ 产业升级：通过双态IT理念及智能互联数据中心业务，助力各行业向智能互联网转型<br>➢ 中国制造2025：输出自身智能制造经验，服务中国传统制造业向智能制造转型<br>➢ 大国重器：积极参与信息设备国产化，航天及超算等国家核心信息系统建设 | ■ 某IT是值得信任的全球企业公民<br>➢ 为客户，提供丰富多彩的数字化体验<br>➢ 为伙伴，开创长期合作伙伴的共赢机遇<br>➢ 为投资者，创造持续增长的市场价值<br>➢ 为员工，提供有天花板的舞台<br>➢ 为环境，筛选绿色科技的美好未来<br>➢ 为社会，让爱心更有力量<br>■ 敢为天下先，持续创新的中国企业公民（对中国）<br>➢ 合规经营：恪遵纪守法的企业公民<br>➢ 产业竞争力：做中国信息产业的基石和引领者<br>➢ 国家竞争力：助力中国科技的国际领先地位<br>➢ 核心价值观：说到做到，尽心尽力，成就客户<br>■ 融合了全球商业智慧的公众公司（对海外）<br>➢ 企业家精神：兼容并蓄，创新求变<br>➢ 发展历程：全球技术，本地化品牌<br>➢ 本地化经营：服务于全球的公众公司<br>➢ 核心价值观：说到做到，尽心尽力，成就客户 |

梳理完毕的某IT公司的核心信息

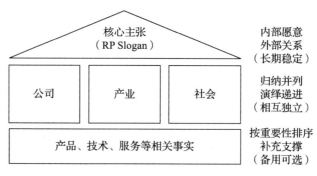

核心信息屋顶图框架

### 1. 概述

屋顶图最上面的是核心价值主张，也叫伞信息。这是一句能体现品牌、产品的总结，要么是愿景，比如苹果的 think different、又一次改变世界之类，要么是一个表达外部关系的内容，比如耐克的 Just do it。同时，这条信息是反映企业或者产品价值的长期稳定的一句话。

中间三个是根据逻辑来排列的，就是在前面我们说的 6 个三角形当中选一个，或者是你自己有逻辑地进行一些排列组合。对于这三根柱子，可以利用归纳的方式（也就是采用并列的逻辑）或演绎的方式（也就是递进的逻辑）梳理清楚。当然也可以参考前面 6 个三角形的逻辑。

最下面的方框是补充性的内容，包括事实、证明项，比如对于其他客户我们的方案是如何起作用的，作为对上面核心内容的支撑和补充。这些事实也应尽量实现结构化归类。

下图所示是把某 IT 公司的核心信息内容放入核心信息屋顶图的效果。至此，核心信息的梳理和产出就完成了。这些梳理的内容，就是企业干货版的"话语体系"，基于核心信息屋顶图，可以加入更多周边的内容，扩展成一本手册。

## 第2章 内容生产

**让人们生活更美好、工作更高效**

| 信息社会的赋能者 | 倡导合作共赢的生态建设者 | 值得信任的全球化公司 |
|---|---|---|
| ■ 公司致力于成为智能互联网的推动者和赋能者<br>▶ 产业愿景：推动智能互联网时代发展<br>▶ 创新方向：智能设备/智能云平台/智能服务<br>▶ 核心战略：设备+云<br>■ 公司是技术创新的引领者<br>▶ 技术理念：基于未来产业进行技术创新，持续投入，长期积累，兼容并蓄<br>▶ 智能设备技术：柔性设备、AR设备、PC+云<br>▶ 智能云平台：软件定义的数据中心<br>▶ 智能服务：计算机视觉和语音识别、自然语言理解、深度学习、AR/VR等<br>▶ 三级研发体系<br>　· 一线业务部门：即将上市和一两年内的产品<br>　· 二级研究院：三到五年才推向市场的产业化前的研究<br>　· 投资项目：五到十年才产业化的前沿创新<br>■ 公司是中国公司国际化管理体系的创新者<br>▶ 全球化企业：跨文化管理、制度创新<br>▶ 全球化团队：国际化成功方程式，尊重和共享的价值体系<br>▶ 专业化、国际化、创新产品和业务模式<br>▶ 清晰的团队文化、跨团队文化、高效的业务三角，多业务经营体系《三三制》、复盘文化法、多业务经营体系《三三制》、复盘文化 | ■ 公司是ICT创新生态的全球合作者<br>▶ 全球信息社会助力：业务和产品覆盖160个国家和地区，助力区域经济数字化转型<br>▶ 全球合作伙伴：微软、SAP、美特尔、IBM<br>▶ 联合实验室：SAP、美特尔、Nutanix<br>■ 公司是智能互联网新生态的构建者<br>▶ 投资项目：专注于智能互联网六大创新方向，扶持前沿技术迈出成为产业的力量<br>　· AR/VR下一代计算平台、融合现实与虚拟批世界<br>　· 个人计算到智慧计算<br>　· 智能互联网和AI<br>　· Software Defined-X软件定义数据中心<br>　· 公有云服务将成为基础设施<br>　· 传统IT同新IT转型<br>■ 开放区服务是：对智能互联网生态开放和公司全球研发、生产，供应链资源，合作共赢，引领全行业进入"设备+服务"集成式服务模式<br>■ 公司是中国产业升级的国际化理念及智能化基地中心业务，助力各行业向智能制造转型<br>▶ 产业升级：通过双部IT理念及智能化基地中心业务，助力各行业向智能制造转型<br>▶ 中国制造2025：输出自身智能制造经验，服务中国传统制造业向智能制造转型<br>▶ 大国重器：积极参与信息设备国产化、航天及超算等国家核心信息系统建设 | ■ 公司是值得信任的全球企业公民<br>▶ 为客户，提供丰富多彩的数字体验<br>▶ 为伙伴，开创长期合作伙伴的共赢机遇<br>▶ 为全球合作伙伴，创造持续增长的市场价值<br>▶ 为员工，提供拥有天花板的美好的舞台<br>▶ 为环境，筛选绿色科技的美好未来<br>▶ 为社会，让爱心更有力量<br>■ 致力为中国，持续创新的中国企业公民<br>▶ 合规经营：做守法的企业公民<br>▶ 产业竞争力：做中国信息产业的基石和引领者<br>▶ 国家实力：助力中国科技的国际领先地位<br>▶ 核心价值观：说到做到，尽心尽力，成就客户<br>■ 融合了全球商业价值的公众公司（对海外）<br>▶ 企业家精神：兼容技术、本地品牌<br>▶ 发展历程：全球为全球的公众公司<br>▶ 本地化经营：服务于全世界，为全球，合规经营<br>▶ 核心价值观：在世界，为全球，说到做到，尽心尽力，成就客户 |

智能互联网将创造中国发展机遇，公司要成为智能互联网推动者和赋能者，通过"设备+云"战略，抢占智能互联网高地

某IT公司核心信息屋顶图

核心信息屋顶图入门容易，但是写好非常难。别看最后就是这样一个简单图表，其中的反复琢磨、推敲是非常耗时间的。而且要避免将这个图表变成"死表"，也就是说至少每个月都要做一些更新和调整。

**2. MacBook 与 ThinkPad 的核心信息屋顶图对比**

如果我们要做品牌、产品等方面的分析，只需要把相关核心信息屋顶图画出来。比如我们把苹果的 MacBook 和联想的 ThinkPad 这两个核心信息屋顶图放在一起，就可以看到，同为笔记本电脑，两者却有着巨大不同。

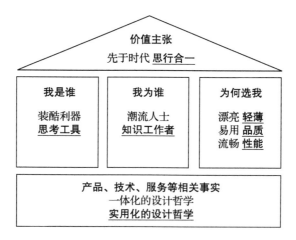

苹果 MacBook（非加粗字）和联想 ThinkPad（加粗加下画线字）核心信息对比

先看伞信息。MacBook 强调"先于时代"，Macbook 用的技术比其他同类的同时代产品要更具前瞻性。而 ThinkPad 强调"思行合一"，这也是其 20 多年一直保持的调性：帮助知识工作者提高工作效能。

中间的三根"柱子"选用前面提供的第 5 个信息分类角度，

这个角度也叫3W模型，3个角度的英文首字母都是W：Who am I（我是谁）、Who am I for（我为谁）、Why buy me（为何选我）。

要明确Who am I就要明确产品定位：MacBook强调外形设计，所以它的定位是"装酷利器"，而ThinkPad比较强调自己是生产力工具，所以它定位为"思考工具"。

Who am I for其实是针对使用人群的画像：苹果笔记本的早期使用人群中主要是艺术家、设计人员，当然现在很多白领也在用；而ThinkPad一直聚焦在专业人群，也就是利用知识和思考创造价值的知识工作者。

最后Why buy me是强调差异性：MacBook外观漂亮，使用起来很容易上手，同时iOS的系统运行很流畅；而ThinkPad外形稳重大方，适合商务场合，同时，ThinkPad强调给用户带来工作效率提升，并利用一系列技术来保证产品的安全性和可靠性。

最后在底层的支撑事实方面，两者也有不同：MacBook采用的是一体化的设计哲学，所以它的外观和造型都非常简洁大方，但问题就是接口很少，而这方面就是ThinkPad的强项了。ThinkPad实用化的设计哲学，使其尽可能多地增加了外部接口，同时为了保证在严苛的环境下表现稳定，整个笔记本内侧机身用钢板强化，使得轻薄的整机稳定性大大增加。同时，不同的设计哲学也使得两者在技术和服务方面有所不同。

核心信息屋顶图对产品及品牌衍生出来的价值的展示非常清晰，我们可以用这种对比讲出更多的故事。无论是对写稿、活动策划，还是对危机公关，都有帮助。

## 3.5 个不同应用举例

因为核心信息屋顶图是内容生产的基础，我们再来看5个应用在不同场合的核心信息屋顶图的例子。它们都来自"原生工作场景",我们对品牌名称做了隐藏。

第一个例子是关于一个汽车品牌的,其核心信息屋顶图是专门是用来做沟通策略的,涉及的三个维度都是传播的维度,三个维度的内容均指向传播策略:统一传播主题,打通传播平台的界限。

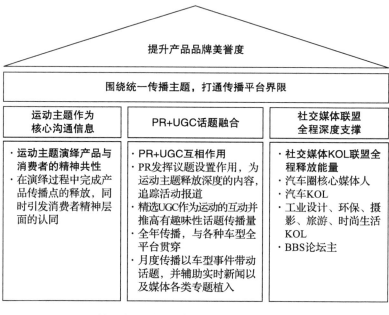

某汽车品牌沟通策略核心信息屋顶图

第二个例子是关于某鲜花品牌的。我们从中间往上看。首先列出5大产品核心卖点,基于这些卖点,结合公关的目标(Target),把自家产品细分到5个典型应用场景,并列作为屋顶图的柱子,归纳总结出5种不同类型的爱。每个场景都可以独立成为一个公关故事。往上推导出"爱你不止这一天,一生只爱你一人"这个伞信息。产品的卖点和用户价值的关联围绕一个字:爱。

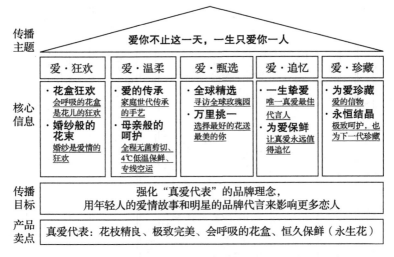

某鲜花品牌核心信息屋顶图

第三个例子是某智能录音笔产品的核心信息屋顶图（见下页）。从品牌到信息分层和卖点支撑，较全面地梳理了产品的对外传播信息。因为项目的需要，这里还列出了与产品相关的用户画像、使用场景等信息，后者用来做宣传折页、TVC 视频等推广物料的参考。

第四个例子是某搜索公司在战略品牌传播层面的核心信息屋顶图，它用的是第 3 个三角模型的分类，同时它还在上面叠加了目的和传播策略。同时，它的目标和传播策略是和下面的主信息这三根柱子完全相关联的，这个是非常重要的一点。新手写屋顶图时，经常出现的一个问题就是上下不关联。

另外，某搜索公司的核心信息屋顶图把目标放到了上面，而不是像鲜花品牌的核心信息屋顶图那样放到了中间，这其实也是有道理的。因为鲜花品牌的目标，在产品卖点和应用场景中起到了关联的作用，也就根据目标从产品卖点中衍生出 5 个应用场景，这两个内容是同一个维度的。而该搜索公司的核心信息屋顶图是从主信息到传播策略，是对应关系，属于两个不同维度的内容。

| 品牌主张 | 声落字显, 落字有声 | | |
|---|---|---|---|
| 品牌价值 | 智能录音笔以专业的录音和AI语音文字转写技术, 助力知识工作者节省时间成本, 专注创造更多价值 | | |
| 品牌型格 | 探索者, 擅长效能管理 | | |
| | 行业 | 品牌 | 用户 |
| 核心信息 | 颠覆式创新: 软硬件一体化的进化 人工智能语音转文字技术为知识工作者带来效率革命 驱动录音笔进入AI时代 | 用AI技术, 专业品质, 记录重要时刻 | 即时转录, 极致体验 |
| | AI黑科技录音转文字 | 专业级降噪, 人声更清晰 | 多平台同步, 分享更简单 |
| | 软硬件一体化设计, 独立完成文字转换全流程 业界领先的语音合成引擎, 识别率98% 实时的语音转文字, 话音刚落语音文字已出 | 2颗定向麦克风+6颗矩阵麦克风组合, 1.5米超长收声距离, 360度环绕收声角度, 智能主动式降噪技术, 人声更清晰 扬声器外放+蓝牙耳机任意回放, 还原录音现场 | 支持录音打点, 内容识别更方便 内置可电脑, 平板, 手机多终端设备同步, 编辑更简单 4G, WiFi等多种网络连接方式, 录音及文本内容一键分享至微信等社交平台 |
| | 中英文边录边译, 翻译结果实时可见, 外文理解更轻松 | 智能翻译引擎, 翻译结果实时可见 结合式TTS语音合成技术, 翻译结果实时可听 | 录音键唤醒, 一键操作更安全 点触控操作 专属指纹识别, 文件保管更放心 |
| 用户需求 | 高品质录音, 即时录音转文字 | | |
| 用户画像 | 职场加速者: 会议纪要, 培训记录 | 学霸, 高管秘书, 知名记者 | 文字工作者 典型场景: 采访, 写作 |
| 理想用户 | MBA学生, 留学生, 考研学生等 典型场景: 课程备忘 | 学霸, 高管秘书, MBA学生, 留学生 | |
| 产品系列 | 701 | 501 | 301 (待定) |
| 系列命名 | 巨匠系列; (超凡系列) | 大师系列; (非凡系列) | 专家系列; (不凡系列) |
| 典型用户 | 高管秘书, 职场加速者, MBA学生, 留学生 | 考研学生, 记者 | 待定 |

某AI公司智能录音笔产品核心信息屋顶图

## 第 2 章 内容生产

```
         用科技让复杂的世界更简单
          从连接信息到唤醒万物
```

| 决胜AI | 拓展移动 | 上升故事 |
|---|---|---|
| **战略优势：**<br>· AI布局早，投入高，国内技术和应用领先<br>· 品牌优势明显（领头燕）<br>**想象空间：**<br>布局前景：AI方案落地（无人驾驶、智能音箱、智能制造）、云计算实力、新业务、M&A重大投资并购 | **移动生态完善：**<br>· 底层：大数据、人工智能、语音图像识别等技术支撑<br>· 中层：14款APP和直达号（完整服务闭环）<br>· 上层：用户和商家，外围开发者（体系开放）<br>**战略意义的数字：**<br>移动营收占比突破50% | **讲新故事：**<br>5G时代用户综合内容消费服务平台<br>**讲搜索的未来：**<br>· AI赋能<br>· 开拓全球市场，对标XX<br>**国内巨头三国演义：**<br>用户规模前三 |

某搜索公司战略品牌传播信息屋顶图

值得注意的是，上述图中还使用了 AI、M&A 等缩写（原图其他敏感缩写被删除），这样有利于屋顶图的简洁。作为公关人员要熟悉行业的缩写，这也是专业性的一种体现。

最后一个例子是某洗衣粉发布会用到的核心信息屋顶图。这个图要用在发布会、体验会上，所以在策略，也就是图中逻辑的指引下，下面除了内容的梳理，还对应着内容加上了传播方式、创意。整个发布会围绕这个图规划内容、进行传播。

| 传播主题 | 引领绿色健康生活 | | |
|---|---|---|---|
| 传播逻辑 | 引导关注洗衣"不烫手" | 新配方更加绿色健康 | 呼吁全民体验 |
| 核心创意 | 互动：<br>烫手引发的"吵闹"<br>怎么做到不烫手 | "绿色健康家"计划<br>"绿色健康温度"标准 | 全民"手测" |
| 传播内容 | 互动营销引发用户关注<br>微博发起猜字活动<br>引发业内外猜字新风潮<br>倒计时海报揭开发布会序幕 | 水合作用发热<1℃才健康<br>不烫手源于最新绿色配方<br>活性成分源于天然植物 | 圈层营销实现媒体平台扩散<br>对知名红人进行互联<br>以立体式营销实现"不烫手"<br>概念的全面普及 |
| 传播手段 | 预热传播（猜词海报） | 行业传播（树立行业标准） | 体验营销（展示具体场景） |

某洗衣粉产品发布会信息屋顶图

看到这里，你会发现核心信息屋顶图可以用来做战略规划，相当于公司业务发展全景图或者品牌发展的指南针。通过对核心信息的梳理，能对公司的战略有一个完整的理解，帮品牌打造明确方向。对于创业公司而言，这样的梳理甚至能够解决公司战略顶层设计和执行管理等问题。

因此，在日常的工作中，我们在做每一次采访，写或发一篇文章和做每一个活动的时候，我们都可以思考，这个事情和公司的品牌战略到底有什么联系。如果可以说清楚，说明我们的工作是有价值的，否则有可能属于"为了做而做"。

这5个例子中信息的分类角度和我们前面给的建议有一致又有不同，因此，我们在实际做核心信息屋顶图的时候一定要灵活变通，也就是手里有什么样的物料，就根据这个物料来量体裁衣。

注意，因为本书是黑白印刷，故在本书中大多数图表，包括核心信息屋顶图都尽量使用了适合阅读的透明底色，而实际的核心信息屋顶图应根据需要，用不多于三种颜色的彩色色块作为底色，用于标明和区分重点信息。

**4. 个人核心信息屋顶图**

核心信息屋顶图除了用在企业中，还可以用在个人身上，即把自己想象成一家企业，尝试给自己画一下职业能力的核心信息屋顶图。对于个人来说，用核心信息屋顶图为自己做一个个人能力梳理，梳理后你会发现，自己多了一些平时忽略了的潜力项，这会使你对自己的职业能力和职业目标更加清晰。如果你没有给自己画过，认真给自己画一下。相信你会发现一个"更清晰"的自己。

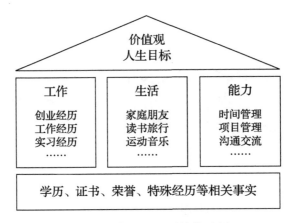

个人品牌信息屋顶图结构示例

## 2.1.5 雷达图

接下来我们再介绍两个不同形式的内容工具。为什么要再考虑其他的形式，而不是专注于一个呢？主要是为了满足信息梳理的多元化和不同场景应用的需求。核心信息屋顶图是一个全景图，它反映了从企业战略到品牌再到产品各个方面，有点像"百科全书"。而接下来要介绍的两个其他形式，则是聚焦核心信息屋顶图中的重要信息，比如选取核心信息屋顶图中的"柱子"（支撑信息）代表的内容，重新分析以形成获得新的洞察。本节先来介绍雷达图。

雷达图一般从竞争力的视角来剖析企业传播的重点。比如，我们可以先列出 6 个维度，然后把这 6 个维度的强和弱按 0 到 5 分别进行打分。这个分值可以来自统计数据，也可以定性评估，但要保证每个维度的标准一致。当然，也不一定必须是 6 个维度，根据需要可以调为 5 个维度、4 个维度或 7 个维度等。

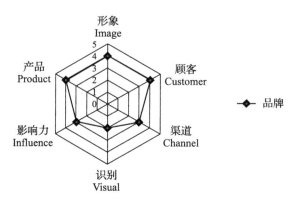

雷达图示意（竞争力视角）

下图是某手机品牌的一张雷达图，从图中能够看出得分最低项是影响力项，这说明我们需要通过公关及其他市场手段扩大消费者对品牌的认知度，扩大品牌的影响力。

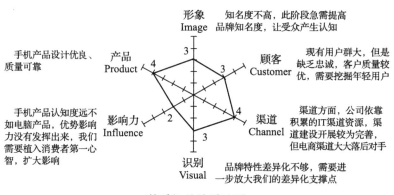

某手机品牌雷达图

我们再来看一下2016年三家外卖公司（B、M、E）叠加的雷达图。图中选取了用户最关心的四个点作为四个维度进行分析。数据显示，B在四个维度全面领先。所以B的公关有很多话题可以做，比如食品保存完好这个点，之前E在食品保证完好这个点做得不好，其还被央视的"315"晚会曝光过食品安全问题，所以 B 可以重点宣传自己的食品安全以及食品保存完好这一优势。在配送速度上 B 也可以大做文章，可以结合自己的人工智能、大数据的能力，宣传所谓的智能配送概念。

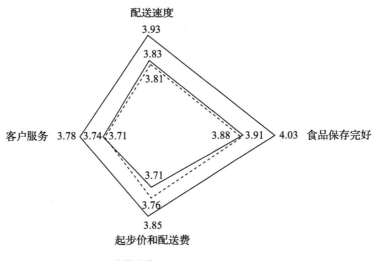

外卖公司竞争力雷达图

你可能会问，为什么 B 四个维度都领先？这从某种程度上也说明，有显性竞争优势、有话题优势，并不能一定能带来市场的成功。我们作为公关也需要有战略分析能力，因此我粗浅推测一下背后的原因：可能因为外卖的客户群大多是比较看中性价比的白领和学生，而 B 高端的定位不能最大化覆盖这些核心人群；更重要的是，B 作为一家搜索公司，对于需要管理庞大外卖配送团队和地推团队的 O2O 行业并不擅长；再加上 2016 年 B 的核心战略已经发生变化，所以亏钱的 B 被卖掉是必然。

有了上述分析，又可以画成新的雷达图，并根据需要，选取角度编写成新的公关故事。

## 2.1.6 蜂巢图

内容梳理可以用蜂巢图，这是日本电通公司设计的品牌内容梳理工具。蜂巢图中 6 个六边形围绕中间的"价值主张"展开。6 个六边形可以分 3 类，分别回答"这是什么？""你能得到什么？"和"你和我关系是什么？"三个基本问题。

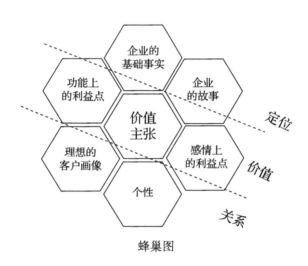

蜂巢图

企业的基础事实和企业的故事，构成了企业的"定位"，这可回答"这是什么"这个问题。

功能和情感上的利益点构成了企业"价值"，这可回答"你能得到什么"这个问题。

而客户画像和个性可回答"你和我关系是什么"这个问题。

蜂巢图的特点在于以品牌故事的视角，向消费者呈现企业中和他们有关联的内容。

我们来看一个某服装品牌的例子。在这个蜂巢图中，除了企业基础信息部分清楚描绘了企业的品牌外形外，在企业故事里，进一步将企业核心品牌信息凸显出来。在官方和非官方两个层面，非官方的故事（××最佩服的企业）是最吸引人的。很多知名的企业，比如索尼、华为、联想、阿里巴巴等，都有"非官方"的故事，这些故事比起官方版本更有戏剧性，更富传播力。

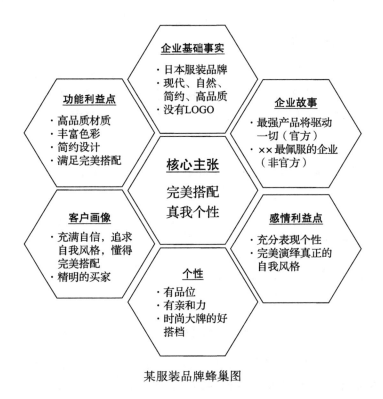

某服装品牌蜂巢图

通过对功能和情感利益点方面的梳理，用户可以各取所需。比如简约设计，意味着没有太多选择方面的纠结。而情感利益点是充分表现自我，比如商品上没有LOGO，这恰恰是一种"表现自我"的形式，因为在很多消费者还在用大牌LOGO来表现自己的时候，穿上没有 LOGO 的服饰，证明消费者心理上已经超越了之前的阶段。

最后在用户画像和个性方面，该品牌的用户特点是自信。这点和上述情感利益点和功能利益点也是有关联的：不需要 LOGO，但需要高品质。同时，"时尚大牌的好搭档"这一点也凸现该品牌对消费者的了解：消费者很可能拥有一些名牌单衣，而他们可以搭配该品牌的裤子，两者都是高品质的服饰，没有 LOGO 也使得这样的搭配没有违和感。

利用蜂巢图梳理的内容，如何植入公关文章进行传播？比如该品牌就邀请知名作者，参考核心信息，写了多篇文章。下图所示是其中一个片段，巧妙地将产品植入到了文章当中。

> 一位店主模样的男人与警官交谈完毕后来到我的面前，说道："明天再办理住房登记。"然后，递给我一条毛毯，用手拍拍我的膝盖说了声"晚安"。而那名警官给我留了一袋甜甜圈，然后悄无声息地离开了。
>
> 旅馆主人看我穿在身上的 T 恤全被雨水淋湿了，一副懊恼的神情，就匆匆离开，然后不知从哪儿拿了一件崭新的白色 T 恤过来，递给我说："给，拿这件换一下吧！"
>
> 我依言换了 T 恤，盖着毛毯，在沙发上像只猫那样蜷缩成一团。崭新、干爽的 T 恤穿在身上极为舒适。不知道为什么，那时妈妈的面容浮现在了我的脑海。

文章来源：日本大 V 松浦弥太郎《好物 100》专栏

这种故事采用的是小说的方式："身上的 T 恤被雨水淋湿了""然后不知从哪儿拿了一件崭新的白色 T 恤过来"，这个白色的 T 恤就是该服装品牌的基本款，对应核心信息第一个层面的"定位"；"崭新、干爽的 T 恤穿在身上极为舒适"，这种干爽、舒适感就对应第二个层面"带给消费者的价值"；最后"妈妈的面容"对应第三个层面的"消费者和品牌的关系"。

**小结：**

虽然企业对外可以呈现不同的"面"，企业品牌也不断在演进，但核心信息在较长一段时间内是不变的。核心信息是企业的"定妆照"，向外界传递企业的标准形象。

核心信息屋顶图，包括其他形式的信息图，最初搭建时很花时间，但这个过程非常值得。通过提炼核心信息，我们可以从中掌握公司的"骨架"，找到公司对外传递的核心故事，以及对外展现的最适合形象。

公关应该深入把握企业的战略方向和产品价值，通过对核心信息的梳理和规划，为企业建立和维护对外的"话语体系"。

## 2.2 新闻稿撰写的方法与技巧

### 2.2.1 "问题"新闻稿

上一节我们掌握了核心信息的梳理。核心信息就像是一个骨架，接下来，我们的任务就是在这个骨架的指导下组织稿件、策划项目、对外传播。

本节我们来讨论新闻稿的写作。我们先从分析一篇写好的新闻稿开始。

这是一篇某快递公司的新闻稿，内容是助力查干湖冬捕，你花一分钟时间读一下。

**某丰助力查干湖冬捕带动农商经济加速发展**

导语：2月28日，一年一度的查干湖冬捕再次拉开帷幕，为响应国家"十三五"惠及三农的各项政策，某丰开赴查干湖，助力查干湖冬捕，为全国消费者提供"点对点"鲜鱼直达服务。

**小标题：祭湖冬捕，丰年有鱼**

查干湖，蒙古语为"查干淖尔"，意为白色圣洁的湖，每年12月份开始冬捕，以热闹非凡的万人"抢"鱼以及千百年传承的古老冬捕方式为人称道。

当然，作为查干湖冬捕的物流服务商，某丰为了第一时间将新鲜美味送达，组建了专运车队整装待发，保障查干湖美味鲜鱼以最短的时间运送到全国各地。

2015年，某丰成立查干湖"丰年有鱼"专项团队，从鱼的精挑细选到购买运输，再到售后服务，上百人的团队为查干湖鱼"从湖底到餐桌"提供全方位保障。

**鲜鱼直购**：某丰查干湖项目吉林支持团队，根据多年现场驻扎经验，从当地鱼农、鱼商手中直采最新出水的鲜鱼，从源头做到"某丰鲜行"。

**精心包装**：除了泡沫箱、冷源、密封保鲜这些标配外，2015年某丰还为查干湖鱼精心设计了专属的年货包装礼盒，以"菜上齐了，就差条鱼"的口号，向广大"吃货们"提供配有烹饪料包、查干湖专供水的食材，让查干湖鱼更具东北味儿，让送礼更有范！

**冷运速达**：某丰在查干湖当地定点收寄，由专运车队定时发车，并配以高铁、航空等优质运输资源保证时效。

**专项客服**：专项客服小组，为客户提供购买咨询、物流信息查询、售后问题处理等服务，让客户消费无忧。

**门店到家**：在你收货不便时，已送达的查干湖鱼可暂时寄存在社区附近的嘿客、某丰家门店冰柜里，保持鱼的鲜美，满足你品质、健康消费需求。

……

你会发现这个新闻稿其实有蛮多主题的，但是读完之后你可能会发现，这个稿子有点抓不到重点，原因在于它平铺直叙了各种信息，就像"流水账"一样，只是把活动的整个过程从头到尾说了一遍，哪些重要，哪些次要，没有区分。

除了流水账新闻，新闻稿还容易出现没有新闻点的情况，比如战略合作签约的新闻，整篇都是"亲切友好地沟通"，完全看不出战略合作的内容是什么。另外，比起没有新闻点，更容易犯的错是新闻点错位。我们看这篇新闻，一个在线答题平台的新闻稿的前面部分。

**在线答题平台新玩法：联合高端美妆品牌专场助力品牌精准营销**

导语：1月31日，在线答题平台联合高端美妆品牌推出3场答题专场，通过"血战到底"的玩法共计送出180份价值2550元/份的该高端美妆品牌精华面霜，由实物代替平分的奖金。此举，代表着在线答题平台开始瞄准垂直领域，和第三方品牌合作助力品牌精准营销。

1月31日，在线答题平台又刷新了在线答题领域的创新纪录，重金开拓垂直领域，聚焦女生用户群体，首创女生专场，实现垂直受众领域的精准营销，并首次将奖金换为实物礼品，送出了180份价值2550元的精华面霜。

此次女生专场，分别在当天12:30、19:30、21:30三个答题时间点开始，以"时尚美妆"为主题，以价值2550元的精华面霜为奖品,吸引了大波女性用户和时尚美妆达人参与。三场答题都用"血战到底"的玩法,即题目数量不限制于12道,用户要一直答题,直到场上答题人数等于或小于对应场次奖品份数时答题结束,坚持到答题结束的用户就能获得一份精华面霜。

据了解,三场答题分别以"唇妆""品牌之最""护肤"为主题,题目涉及"杨洋色""大表姐色""小羊皮",以及该高端美妆品牌、娇兰、纪梵希、阿玛尼、迪奥、雅诗兰黛等多个奢侈品牌的产品。该高端美妆品牌的产品作为三场答题的奖品,在答题过程中自然也少不了展示,答题现场不仅摆放了该高端美妆品牌精华面霜,背景也是该高端美妆品牌的动态LOGO和照片,并邀请到了时尚美妆达人进行美妆方面的知识讲解,主持人还现场向用户讲述了该高端美妆品牌的品牌故事。

对于用户而言,能够得到最后180份价值2550元的该高端美妆品牌精华面霜实属幸运,就算最后没有得到面霜的用户也能学到护肤知识,了解这么多品牌,也是非常有意义的收获……

读完后你会发现,这个新闻稿的新闻点:

(1)该平台和高端美妆品牌一起推出了品牌专场。
(2)该品牌专场助力后者精准营销。

从受众来看,这篇新闻稿并不是面向终端消费者,也不是护肤品的用户或者在线答题平台的玩家,而是面向品牌赞助的厂商。那么这个新闻稿的问题就在于:前面用了很多的篇幅向消费者介绍游戏怎么玩,但怎么样助力精准营销,怎么实现产品品牌的价值最大化等要向广告主传递的内容,却被放到了后面,只是简单提了一下。这就造成了新闻点的"错位"。

很多新人在写新闻稿的时候都会去模仿别人,但是模仿的结果就是把新闻稿的外形给模仿到了,但语言和逻辑有问题。为了让这类新闻稿的问题暴露得更加集中,我们再看一篇"杜撰"的新闻稿。

**开启智能手机全新时代,完美手机 xPhone 发布**

2017 年 12 月 1 日,北京一家世界领先的手机厂商埃克斯公司发布全新的智能手机。作为该区域最具创新性的手机产品,xPhone 定位独特,以压倒性优势,超过其他以字母开头的手机品牌。

埃克斯公司高管表示:"手机市场竞争激烈,但创新到 xPhone 为止。xPhone 的多项创新,将碾压 iPhone 等多家市场主流产品。只要您接触了我们的产品,其他手机都将被您扔进垃圾桶。"

为了研发全新一代 xPhone 手机,公司全体成员以"敢教日月换新天"的决心,以公司为家,加班加点,终于在 iPhone x 上市之前研发成功了 xPhone 手机。xPhone 手机的研发成功开启了全新的智能手机时代,xPhone 手机必将给消费者带来最佳的使用体验。

预祝 xPhone 手机大卖!

如蒙发表,请赐链接。

埃克斯公司:XXX

新闻联系人:XXX

这篇假造的稿件集中体现了 3 个问题:

(1) **内容空洞**:除了"产品要发布"这个信息比较明确外,产品卖点、创新点、使用场景、价格等支撑的内容都不明确。

(2) **用词绝对**:标题就用了"完美"这样绝对的字眼,正文中也有"压倒其他以字母开头的手机品牌"等自嗨和绝对的字眼。

（3）**叙述视角不一致**：稿件到了第三段，从外部转向内部，用词和口吻都是对内的腔调。

### 2.2.2 新闻稿按结构详解

要避免问题新闻稿的"三宗罪"，新闻稿必须遵守下面三个原则：**首先是结构采用"倒金字塔"的形式；其次内容表述流畅清晰；最后形式上便于阅读。**

如下图所示，标准的新闻稿需要采用"倒金字塔"结构：第一段叫导语，后面是主体、结尾及其他补充信息。

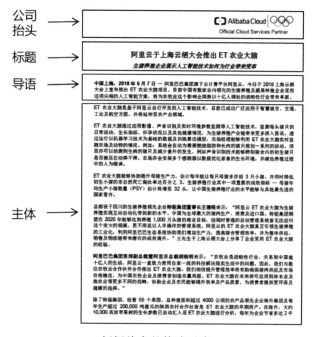

新闻稿完整构成示意

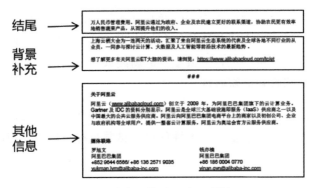

新闻稿完整构成示意（续）

**1. 倒金字塔结构**

下面我们说明为何要用倒金字塔结构，以及为何它是新闻稿结构的首选。

倒金字塔结构是按照新闻价值从大到小，依次将新闻事实写出的一种结构形式。如下图所示，这种结构格局前边重、后边轻，上头大、下头小，所以称之为"倒金字塔"。

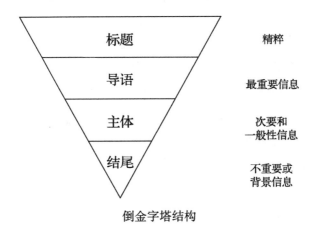

倒金字塔结构

倒金字塔结构产生于19世纪60年代美国南北战争时期。当时前方记者和后方通信还只能利用电报，战争期间为了避免不可预测的事情发生，记者把最重要的新闻放在最前面，使报社尽可能第一时间收到最新消息。

在倒金字塔结构中：**标题是新闻内容的精粹；导语是最重要信息；而主体是次要和一般性信息；结尾是补充信息，因此可有可无**。

**2. 用倒金字塔顺序写作**

倒金字塔结构的好处很明显，读者通过阅读新闻的标题和导语，就可以了解新闻的核心。对于专业的新闻记者或者公关人员来说，利用这个结构，有利于内容梳理、快速完成写作，且不必为结构再花时间去苦思冥想。

我们来详细看一下利用这个结构的写作过程：

第一段是导语，你需要说明新闻中最重要的信息。导语一般要包括5W1H，也就是新闻六要素：**人（who）、事（what）、时间（when）、地点（where）、原因（why）、结果（how）**。把六要素串起来概括成一句话就是："某人某时在某地为何做了某事出现了某种结果"。比如：Vivo公司2018年6月12日在上海发布手机新品NEX，真正实现"无刘海"全面屏。

有人认为，一些需要营造氛围的新闻稿不能这么写，这种稿件需要一上来就描绘一些环境和氛围，或者放一张明星的照片。这种写法容易把新闻稿写成其他类型的稿件，从而丢失新闻性。所以我建议，只要是新闻稿都参考5W1H写导语。

写完5W1H之后，如果没有什么思路了，那么可以把导语放一边，先写后面的主体内容。

新闻稿主体内容其实就是5W1H的展开，比如新闻的起因、对新闻事件的详细说明、领导的引语、外部证言或评价等。

**3. 优化新闻稿主体技巧**

这里有三个技巧用来优化新闻稿主体内容：

（1）对于之前用过，这次又需要用到的新闻稿中的信息，不要整段直接采用，需要把背景信息打散，选取和新闻有结合点的内容。

（2）为加快稿件的内容节奏，可使用"跳笔"。也就像电影里的画面一样，说完一个事情，你切换到另外的画面，立刻说另外一个事情。具体来说就是，你将文中搅在一起的数个新闻事实（往往是用一大段话来介绍）拆解开来介绍，然后再进行段落的排列组合，以达到一种节奏感。你可以用下面的标准执行：一段不超过五句话，一段一个意思，每个事实用一个自然段叙述清楚。

（3）如果新闻稿新闻点较多，在新闻主体中，可以采用下图所示这样的并列方式。用不同小标题统领，把新闻点按金字塔结构叠加延展。

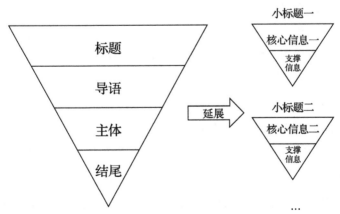

倒金字塔结构在新闻主体内的延展应用

新闻稿最后的结尾一般有两个表现方式：

（1）呼应或深化，比如新闻稿是发布会的内容，结尾再说一点发布会后的计划，或者发布的产品会给行业带来的影响等。例如：

12年间，大疆无人机通过不断革新技术和产品，开启了全球"天地一体"影像新时代；在影视、农业、地产、新闻、消防、救援、能源、遥感测绘、野生动物保护等多个领域，重塑了人们的生产和生活方式。

（2）补充或延伸阅读。除此之外，有些会议型新闻，还可以在结尾列一下有哪些其他重要嘉宾和领导参加了会议。

总之，新闻稿结尾，有话则长，无话则短，忌画蛇添足，不要添加抒情、赞美、祝愿、口号等内容，例如：

××赢得了行业专家和协会领导的一致赞赏，也获得了广大消费者的认可和肯定，这既是对××历年成绩的肯定和支持，也是对××的鼓励和支持。

这些内容对媒体没有价值，一般在内宣稿中作为鼓舞内部员工士气来使用。

主体和结尾写完，再补充一些联系信息。之后，我们再回过头来完善导语。你可以在之前写好的5W1H导语后面再加1到2条你觉得最有价值的信息。

为什么要按这个顺序处理？因为通过对新闻主体的写作，你对新闻的事实就有了一番新的认识，这时候完善导语，就水到渠成了。当然，在完成导语阶段，你需要再多花些时间，甚至比写主体还长的时间，目的是把导语打磨好。

完成导语之后，可将导语作为附赠给读者的"新闻摘要"。你还可以把新闻点提炼成三句话（如果提炼不出三句，说明新闻稿的内容没有梳理清楚），用不同的字体，放到新闻稿的最前面，这个可以作为整篇新闻的摘要，这样可让读者一目了然。

内容都写好了，标题也就呼之欲出了。

**4. 新闻稿标题**

完成标题和完成导语的逻辑是一致的：梳理并写完所有新闻信息后，将信息量最大的内容概括成标题。

对于新闻稿标题来说，最重要的就是要"有信息"，而不是华丽字眼的堆叠。所谓"有信息"就是要能够涵盖新闻点，传递企业在此稿件中希望表达的核心信息。

我们来看几个标题：

- 凝心聚力，共创万物互联新时代
- 阿里"大物流"布局凸显全新平台思维
- 极致巅峰享受，完美赛车体验
- 刚刚！华为重磅宣布，全世界都沸腾了！

第一个标题你能看出这是要发布产品还是发布战略？第二个你能搞懂阿里到底做了什么动作吗？第三个标题，这是一个赛车运动吗？第四个标题，到底怎么了，全国上下就沸腾了？所以上述都是没有信息的标题。

如果改成下面的形式，就是"有信息"的标题了：

- 中国移动携手产业合作伙伴，举办移动物联网大会
- 阿里巴巴集团增持菜鸟网络成为控股股东
- 极限画质体验，真实赛车感受——《极限竞速7》终极版9月29日上市
- 华为年度旗舰手机 Mate 20 系列国内发布，售价 3999 元起

信息驱动行动。这也是新闻标题需要突出信息的原因所在。我们再看一个小米手机的新闻标题，来做进一步说明。

| | |
|---|---|
| 无信息 | 小米手机销售形成开门红 |
| 有信息 | 小米手机首日销售过万台 |
| 具体 | 小米手机开售10分钟销售5000台 |
| 行动 | 小米手机开售，现货5000台10分钟内售罄<br>新一批现货今晚11点完成补充，现在下单明早可达 |

四类标题比较

**第一个标题**，"开门红"是一个笼统的词汇，没有附加说明，导致标题没有信息。

**第二个标题**，"小米手机首日销售过万台"，这个是有信息的，但是信息量不够大。

**第三个标题**，解决了上面的问题，"开售10分钟销售5000台"，非常具体，有时间，有数量。

**最后一个标题**，"小米手机开售现货5000台10分钟之内售罄"，造成一种抢购的场景，副标题是"新一批现货今晚11点完成补充，现在下单明早可达"，不但告诉你热销产品已经在补货，还请你"现在下单"。

根据"有信息"这个原则，上述四个标题从上到依次从坏到好再到更好、更加好递进。

看到这里，你可能会问，为什么一定要有信息？信息都写出来了，泄露了新闻点，读者不读正文了怎么办？我的回答是：如果他们选择不读，那也没关系。因为**新闻稿的最终使命就是给读者提供信息（注意，不是其他类型的稿件）**，我们必须尊重读者的阅读选择，不要为了吸引读者在标题上故弄玄虚。

后面我们会讲到的深度稿的标题，这个和新闻稿不同，因为它们的传播目的不同，读者的期待也不同。深度稿的内容更长，但标题反而会短。

如何学习拟新闻稿标题？我建议你留意微信群或者网络上每天的"新闻早报"，这种"早报"只有新闻标题，而读这些内容，你一分钟就可以了解截至当天早上的新闻。这些标题都是学习的对象。

### 5. 如何"炒冷饭"

除了上述问题，我们还会经常面对一种情况：如何将没有新闻性的信息传播出去？也就是如何炒冷饭？

如果与之前的内容重复率超过60%，我建议这篇新闻稿还是不要发了，但用来"铺稿"的不算。如今很多公司为了在今日头条等机器算法主导的媒体平台上刷存在感，用人工或"拆稿机器人"改写旧新闻稿，持续发出声音。这种做法我个人是不推荐的。

但是，我们要接受这样的现实：企业新闻稿一般都有40%~50%的内容是之前说过的，这些内容也是公司的核心信息，需要在新闻稿中重复。这些重复的内容就相当于"冷饭"，那么如何炒冷饭呢？可以使用如下三招：

（1）**重新包装新闻概念**。比如公司融资，已经发过宣布融资的新闻稿了，其中重点说了融资对于公司业务的推动和市场地位的提升。但在资金到位的时候又需要发一篇，那么这篇新闻稿就可重点从产品和客户体验会有一轮升级的新角度，包装一个新概念,类似从 2.0 向 3.0 升级之类的。

(2) **借用新闻背景**。借用热点,对公司内容重新组合。比如 IT 公司可以利用 618、双十一等购物节的购物高峰,说明自家服务器产品的稳定性、高性能等。利用世界电信日,手机、运营商等也可以做一做文章。除此之外,公关全年可以结合"七节两假"(包括春节、元宵节、清明节、端午节、七夕、中秋节、重阳节,五一和十一两个假)的时段,来安排公司新闻的传播。

(3) **从事实传播升级到价值传播**。这个对于产品新闻稿来说比较有效。产品刚发布的时候谈的是功能、设计和价格。之后谈的是使用体验、应用场景,再往后,谈的是身份、消费群体的价值观。

### 2.2.3 不同类型的新闻稿

以上是通用的新闻稿写作方案。日常工作中,我们会遇到多种不同类型的新闻。接下来我们介绍三种比较常见的新闻稿,分别是产品新闻稿、财报新闻稿和融资新闻稿。

**1. 产品新闻稿**

产品新闻稿是围绕产品或服务的发布来进行写作的新闻稿。在写作这类新闻稿时,要充分掌握产品的定位、功能、性能、设计等相关数据或内容,更重要的是,要发掘出产品的使用场景及能打动用户的使用体验。

"充电五分钟,通话 2 小时""前后 2000 万,照亮你的美",这些虽然都是广告词,但都是产品新闻稿需要借鉴的点,它们写出了用户价值,提供了使用场景,富有画面感。

下面把前文给出的写得不好的 xPhone 新闻稿,按照上面的原则进行调整。

**全新一代 xPhone 手机发布**

**全视面屏、支持光学防抖技术的双摄像头，薄如蝉翼的机身设计**

2017 年 12 月 1 日，埃克斯公司推出新一代 xPhone 手机，更大的 6 英寸全视面屏和只有 5 毫米厚的机身，以及支持防抖技术的 2000 万像素双摄像头，为用户带来了前所未有的使用体验。

埃克斯公司 XX 表示："xPhone 手机专为善于用科技去发掘生活之美的用户所设计。无论是全面屏，还是功能强大的双摄像头，xPhone 手机都能突破想象所限，为用户创造更多可能。"

自埃克斯公司于 2015 年首次推出 xPhone 手机以来，其标志性的大屏与摄像头的配置便为其赢得了大批忠实粉丝。据 XX 市场调研公司的一项调研显示，90% 的 xPhone 用户对自己拥有 xPhone 手机感到满意，超过 70% 的用户愿意向朋友推荐。

（正文更多产品卖点略）

（附加信息略）

由上可以看到：修改后的文章，主标题很简洁，就是新闻事件本身；副标题很全面，把产品的卖点都概括到了。导语用几个很精准的数字进一步把产品的卖点进行了强化。在文章主体部分，借用公司高管的话把手机的定位和卖点介绍清楚。另外，使用了调研公司的数据，进一步增强了新闻的深度和可信度。

**2. 财报和融资新闻稿**

上市公司定期进行信息披露时都需要发布财报新闻稿，而创业公司融资也需要发布融资新闻稿,这类新闻稿的写作,除了遵循之前的通用原则,还要要注意以下几点。

(1) **合规性**。上市公司需要符合证监会信息披露的要求。

2019年1月14日,某园林企业董秘被上交所通报批评并处分,上交所认为,"公司通过新闻报道形式对相关事项进行夸张性宣传,且相关报道不准确。"。

> 据介绍,▇▇环保主要业务为节能减排相关的软件产品、系统集成和信息技术服务,并积极发展节能环保运营服务业务,致力于通过EMC(合同能源管理)/EPC/BOT/PPP等模式,为工业企业提供节能诊断评估、能效管理解决方案设计、技术及产品开发、软硬件一体化系统集成、技术改造、工程项目投资建设及运营管理在内的"全过程咨询及实施"的全新商业模式,实现节能减排和污染防治目标,达到经济和社会双重效益。服务对象主要为冶金、建材、化工等高污染高能耗工业企业。包括唐山钢铁、宣化钢铁、包头钢铁、首都钢铁、冀东水泥、金隅水泥、西山煤电、华北制药、开滦集团、冀中能源等多家国有企业及上市公司。
>
> ▇▇环保以工业软件开发为技术核心,自主研发取得多项专利和软件著作权,拥有▇▇热风炉智能燃烧控制系统、▇▇钢包智能烘烤系统、▇▇电极提升控制系统、▇▇能源管理系统、▇▇EMS综合信息管理系统、▇▇EMS网络存储管理平台软件等产品,并掌握高效通透型电除尘关键技术、焦炉荒煤气余热回收换热上升管关键技术,可提供能源系统优化(加热炉节能改造、空压系统)、节能系统集成(蓄热式烤包器、优化燃烧系统)、工业余热利用(大烟道余热、焦炉余热)、新型环保技术(中低温SCR脱硝、一体化烟气治理)及余热供暖、余热发电等技术及产业化服务,成功研发含铁复合粘结剂替代膨润土生产球团矿,填补了行业技术空白。2017年1月,▇▇环保参股收购河北▇▇工程技术有限公司(原宣钢设计院)27.72%股权,充实资质和技术实力。同时,▇▇环保涉足碳资产管理,是河北省重点企业温室气体排放报告核查机构,业务涵盖碳盘查、方法学开发与应用、自愿核证碳减排项目(CCER)开发、碳排放权交易等,助力河北乃至全国碳排放管理。

(2)数据必须有出处,必须通过相关部门的审核,这些部门包括但不限于法务、财务、融资部门等。

(3)业绩如果有好有坏,这类新闻稿可以重点介绍好的地方,对于不好的地方则解释原因或介绍改善方向。

如果是公司融资新闻稿,可以适当解读融资的背景和意义。

这样的解读可以通过引语的方式，可以通过企业领导人的发言给出，也可以通过分析机构及调研数据给出，从而传递公司竞争优势、未来战略计划等信息。

如果公司处于创业阶段，比如处在 A 轮和 B 轮融资阶段，企业知名度还不够高，则还需要在新闻稿中介绍创始人和商业模式。

### R 咖啡完成 2 亿美金 A 轮融资

7月11日北京 R 咖啡宣布完成 A 轮 2 亿美元融资，投后估值 10 亿美元。××资本参与了本次融资。R 咖啡此前并未公开天使轮融资情况，此轮融资是 R 咖啡首次公开的融资。

R 咖啡创始人兼 CEO×××表示："本轮融资将主要用于产品研发、科技创新和业务拓展。"

R 咖啡由原××××集团 COO×××创建，于 2018 年 1 月试运营，截至 2018 年 5 月底已在北上广深等 13 个主要城市完成 525 家门店布局。

R 咖啡倡导"无限场景（Any Moment）"的品牌战略……（此处省略对商业模式的说明）

根据伦敦国际咖啡组织的报告，2015 年中国咖啡年消费约为 700 亿人民币，2025 年之前中国的咖啡市场有望达到万亿元规模。国际投行高盛发布报告称，R 咖啡的快速增长适应了"千禧一族"消费需求。

中国食品行业分析师认为，R 咖啡成长迅速，A 轮能够获得巨额融资，得益于中国消费升级、咖啡行业爆发以及管理团队丰富经验这三重红利的叠加。

对用户进行大量补贴是 R 咖啡用户增长的得力手段。据悉，

R 咖啡现在首杯免费、买二赠一、买五赠五等促销措施还会持续相当长的一段时间，并且不排除会加大补贴力度的可能。公司没有设定盈利的时间表，甚至做好了长期亏损的准备。

这篇 R 咖啡的融资新闻稿，导语清晰地说明了新闻的 5W1H，同时导语最后一句补充说明这是公司"首次公开融资"。

接下来的主体部分，介绍了 R 咖啡融资的用途，作为 A 轮创业公司，在第三段简要介绍了一下 R 咖啡本身，然后开始介绍自己的商业模式，并引用第三方报告和分析师的分析说明自己的增长潜力。在最后，R 咖啡还对未来的战略做了简要说明：将继续坚持补贴，并做好长期亏损的准备。

你可能会说，"坚持补贴，长期亏损"是新闻点，为何不放到导语中，而是最后？这里可能是因为，R 咖啡也不希望媒体和投资人重点关注这个战略，毕竟"烧钱"是一件让人感到紧张的事情。

### 2.2.4　修改和优化

在掌握了新闻稿的写作之后，我们有必要再讨论一下新闻稿的修改。

实际工作中，比较难的还是内容本身的取舍，也就是如何找准新闻点。

找准新闻点，我们要考虑三方面的内容。

（1）**对谁说**。即要根据受众来调整新闻点。你需要搞清阅读这篇新闻的人是谁。是媒体记者？是自媒体 KOL？还是直接就是用户？若是用户，那还要知道是专业的用户还是普通的消费者。要从阅读者的角度去思考和写作。

面向不同的新闻稿内容，受众关注的侧重点也是不一样的，如果是面向行业的内容，读者会比较关注新闻对行业带来的影响、市场竞争的变化及潜在市场机会等。新闻中的数据、图表等信息会让行业读者感到有价值。如果读者是用户，可能会比较关心产品的使用体验、应用场景等。形式上，消费者比较爱读图文并茂的内容，如果是数据，最好做成信息图的形式。

（2）**说什么**。在确定了对谁说后，其实就确定了新闻的写作角度，确定了需要表达的核心信息。在说什么的环节，主要是改善内容的深度和广度，同时，对新闻稿主题进一步明确。这个过程还涉及新闻稿的写作风格，用什么样的风格或者文笔来写作，其实也会引发困扰。我建议沿用公司对外稿件既有的风格即可。同时，你需要注意：新闻信息的表达始终是第一位的。你应该尽量少用形容词，多用名词和动词。因为前者容易让你写"虚"，而后者会让你专注新闻信息本身。

（3）**谁说了算**。也即同意这个稿子发布的人是谁，文章的内容角度是不是符合对方设想的方向。同时，你还要考虑"隐形"把关人——法律、社会风俗等。比如 2015 年实施的《广告法》明确了禁用极限用语，而某二手车网站因"创办一年，成交量就遥遥领先"这句广告语与实际情况不符，被北京市工商行政管理局罚款共计 1250 万元（该二手车网站提出了行政复议，截至 2019 年 3 月仍未复议成功）。

在微信公众号"公关高手"输入"禁用词"关键词，查看更多禁用和容易被误用的词语。

写作需要多练。新入行者普遍面对的问题主要有 2 个：一个是对于冗余信息不舍得精简；另一个是，对这个内容熟悉就觉得重要，就多写，而真正重要的新闻点没有展开。

新闻稿需要多改,加上公司审核流程长,除了业务、公关领导,有时候还需给法务等其他部门审核。每篇新闻稿改个七八回都很正常。你要有顽强的心态,并每次总结反馈,加大下次的通过率。

## 2.2.5 配图和排版

我们再来看一下新闻稿的配图。如果配图用得好,这个新闻稿是很容易传播的。而毁掉一篇新闻,一张糟糕的图片就够了。

下面这张模糊的图片来自某汽车品牌《XX汽车订单已过万台,六城八店同步开业》的新闻稿。但新闻稿中3张配图,2张都很模糊。

下面这张图片是一张标准的公关新闻照,画面、构图都很好,产品、人物和虚化企业LOGO背景结合自然,乔布斯表情也很自然。

第 2 章　内容生产

如何做到像上面一样？

新闻图片不要使用手机照片。在活动中，复杂的光线环境以及较远的距离，手机难以拍出专业相机的效果。建议和1~2名固定的摄影师长期合作，让他们了解领导的特点和你的需求。这样在活动的时候，可以节省你很多沟通和挑照片的时间

挑什么样的照片？

（1）领导展示产品的照片会更吸引媒体（就如乔布斯这样的），而单纯的领导开会、正襟危坐的照片，媒体基本不会采用。

（2）给平面媒体的照片，尽量选竖版的，这样平媒排版更容易，而且更聚焦人物表情、状态；网络、自媒体的照片尽量选横版的。在网页和手机上浏览的图片，可以包含更多内容，充分利用照片空间。

（3）好的照片，就像乔布斯这张，画面要干净，要有人物产品特写，主题要突出，同时虚实结合把 LOGO 体现出来，要有现场感。

挑完照片之后，时间再紧，也要对照片进行加工，即美化图片，再发给媒体。如果在一个昏暗的会议室里采访，没有拍出好照片怎么办？可以采用领导之前的公关照代替。如果领导还没有公关照，你可以尽快制定一个拍摄计划。

在微信公众账号"公关高手"中输入"新闻稿"关键词，阅读 10 篇不同类型涵盖不同领域的新闻稿。

### 2.2.6 提高新闻稿阅读体验

前面讲了怎么写出好的内容，接下来是新闻稿的展示和传播。首先我们认识到，读者不但在电脑上看新闻，也在平板、在手机等移动终端上看，所以排版是非常关键的，要适配各种设备，保证在各种设备上都容易阅读。

我们要重视排版，这是最基本的，排版过程就像下图所示。我们排版不是为了多么漂亮，而是为了减轻用户的阅读负担。

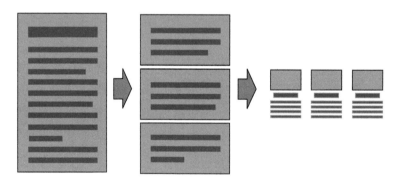

优化新闻稿排版

新闻稿一般都是在 Word 中撰写和进行初始排版的，我们排版的最基本目标就是消灭 Word 中原生的顺序型排版。所以我们第一步要做的事情肯定是把 Word 上的内容进行拆解，让大块变小块。

## 第 2 章 内容生产

我刚毕业来到新浪工作的时候,有一个任务就是整理采访速记。面对黑压压的一大篇文字,完全没有阅读欲望。但经过改正错别字、整理段落,起小标题等处理后,文字最后变成容易读的对话文章。这个过程,其实就是对稿件的润色。排版的过程,是对信息进行拆解和重新组织,同时使重点内容凸显。

我们主要的工作应放在小标题及正文中出现的一些关键信息上,比如产品需要重点关注的卖点。处理技巧很简单,比如对标题字号加大、加粗、变色等,把重点内容做得与众不同。

那么我们来看一个对比,下图左边那个是宝马公司官网上的一篇产品发布新闻,你必须花很多时间去找新闻点,很有耐心才能够读完。而右边这个是大众的新闻,我们看到,这个版本的新闻不但有图,而且文字排版方面也比宝马的这个清楚很多。

来源:宝马官网　　　　　　来源:大众官网

如下图所示,利用眼球追踪仪,对用户在阅读网站的时候进行追踪。你可以看到三个网站的热度分布图,用户眼球看得最多的区域是标成红色的区域,黄色是少一些的区域,蓝色更少的区域,灰色就几乎不看的区域。你可以看到,用户最关心的是左上方的区域,而且用户是跳着看的。中间图所示的那个 F 造型说明用户是从左往下扫着看内容的。这就印证了前面我们的建议:倒金字塔的结构对于阅读是非常有效的。

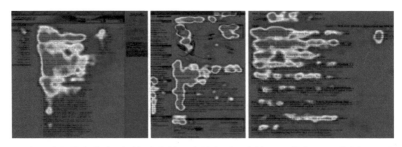

三个网站的热度分布图（在公众号"公关高手"中输入"热度"查看彩色原图）

我们必须通过好的排版，把最重要的信息和图片放到用户想看的那个位置。

下面再来看一个排版的案例，如下图所示，左边是这个家电促销的海报，我们结合前面所讲可以发现，这个海报是没有任何信息的，标题就有问题。

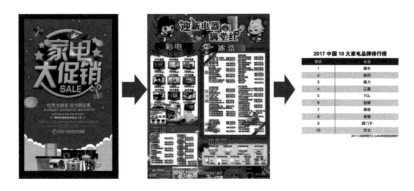

对上述海报进行改造之后就得到了上图中间的图，可以看到新海报有了分类，这对消费者来说就有了一个指引，比如说彩电、(冰箱)、热水器分别在哪找。这个海报信息很多了，而且经过分类之后便于查找了。

最后（上图中的右图）我们给出一个家电的排行榜，这个是需要大家注意的，这就是公关的典型思维：把信息通过排列组合，并通过媒体做出一个排行榜，这个排行榜可形成话语权，比普通信息的陈列更有公信力和吸引力。我们做公关的时候要充分考虑这一点，对大量的有用信息进行升级、提炼，从而塑造新闻的价值。

如今，很多平台类的互联网公司，非常善于使用上述方法来获取媒体和大众的关注。比如大众点评就将其推荐的餐饮商户打造成"必吃榜"榜单；将酒店商户打造成"必住榜"榜单；将景区商户打造成"必玩榜"榜单；将商场类商户打造成"必逛榜"榜单。

还有一种排版——信息图。我们可以将其看成新闻稿的变体。信息图特别适合财报、产品介绍等新闻，比如"一张图看懂×××财报""一张图了解×××产品"，可以把枯燥的文字变得可视化。

## 2.2.7 提高可见度

做好了排版，但如果你精心撰写的新闻稿发出来后，百度新闻没有收入，你依然会被领导质疑。

为了让新闻稿尽可能被搜索引擎搜索到，并排到前面，或者获得今日头条等APP的推荐算法的青睐，还应做如下工作。

（1）加关键词标签。注意多针对标题进行优化，因为算法一般只分析文章的前面64个字，也就是标题和导语部分。你可以在时下流行的内容中加上企业产品的关键词作为标签放进标题。

（2）形式多媒体化，图片、视频内容有利于被算法推荐。

（3）选择大一些的媒体平台发布，也有利于被搜索引擎抓取。除了门户、垂直网站外，类似IT类的中关村在线这类有特殊资源的网站也应重点关注（中关村在线高价买了百度的阿拉丁计划，几乎所有的新闻都会被百度收录和排在前面）。

另外,要注意百科词条。百度百科需要有新闻链接作为词条的背书,那这个时候就要优选新闻稿作为自家公司的百度词条支撑。

我们来看一个可口可乐的例子。

可口可乐新闻稿(节选)

这篇新闻稿在增加自己的可见度方面下了很多的功夫：除了文字，还有标签、图片、视频及信息图。标题也用了当时比较热的"小目标"这样的热词。

我们增加信息的丰富度很多时候是为了提高新闻稿的可见度，同时提供更多形式的阅读选择。最后我们谈一下效果，也就是在提高读者阅读体验之后，如何让读者有所行动。

首先要想一想除了阅读之外，希望受众采取什么样的行动：是点链接购买这个新闻稿里面的商品，还是评论转发？你要想好，因为这两个目标往往是互斥的。因为点链接之后，用户很难再回去评论转发，反之亦然。当确定了新闻稿希望读者行动的目标之后，可以根据目标调整稿件的内容。比如，你希望消费者点链接，那么就要把链接放到新闻稿的前部或者是最开始处，而不要等到消费者拉到最下面后才看到，因为很多消费者不会去读完全部的内容。

下图所示新闻稿是 iPhone X 上市时的新闻稿，苹果首先在新闻标题下面放置了新闻素材下载链接，在新闻导语的开头就把发售信息重复了两遍，而且在第二遍中加入了预购的链接，包括手机附件的销售方式也都交代得非常清楚，所以这个新闻稿让"读者行动"这个目的性就非常强了，有利于产品上市销售。

我们花了这么多的篇幅讲解新闻稿，原因在于：一方面，写作新闻稿是公关必备的技能，是基本功；另一方面，新闻稿的写作技巧和思路也大部分可以复用于后面的演讲稿、深度稿等公关稿件的撰写。

新闻稿
2017 年 9 月 12 日

# 遇见未来：iPhone X

超视网膜显示屏、原深感摄像头系统、面容 ID 和拥有神经网络引擎的 A11 仿生，众多创新功能齐登场

(加利福尼亚州，Cupertino)——Apple 今日宣布推出 iPhone X，这款全新 iPhone 采用精美的双面全玻璃设计，拥有绚丽的 5.8 英寸超视网膜显示屏、强大的芯片 A11 仿生和无线充电功能，后置摄像头也进一步提升，支持双镜头光学图像防抖功能。创新的原深感摄像头带来了面容 ID 功能，为设备解锁、身份验证和支付开创了一种安全可靠的新方式。iPhone X 可于 10 月 27 日星期五在超过 55 个国家和地区开始预购，11 月 3 日星期五开始发售。iPhone X 的到来，开启了智能手机的崭新未来。iPhone X 将于 10 月 27 日星期五开始在超过 55 个国家和地区进行预购，11 月 3 日星期五开始在店内有售。

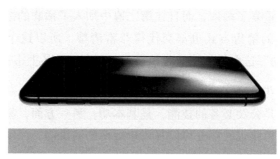

整部 iPhone X，看起来就是一块几乎整圆的屏幕，并采用首款达到 iPhone 设计标准的 OLED 屏幕。

Apple 设计的全新 AirPower 充电枕将于 2018 年发售，可同时为 iPhone、Apple Watch 和 AirPods 充电。

玻璃背板设计让一流的无线充电解决方案得以实现，无线充电可兼容现有的 Qi 生态系统，包括由 Belkin 和 mophie 开发的两款新型无线充电器，二者均在 apple.com/cn 和 Apple Store 零售店发售。

## 2.3 演讲稿撰写的方法与技巧

演讲稿也叫讲话稿,多用在发布会、会议或论坛活动上。因为直接代表演讲人(领导)自己,所以演讲人特别重视这些内容,他们对内容的要求更加苛刻。因此,公关需要花更多精力和时间去关注这类稿件的撰写。

演讲包括"演"和"讲"。"演"指的是演讲人在舞台上的呈现,包括角色定位、肢体动作和精神状态等;"讲"的内容是演讲人现场传递的信息,包括口述内容、PPT图文、演示示范等。

无论什么情况,内容都重于形式,也即"讲"的部分重于"演"的部分。如果公关花太多时间去训练演讲人"演"的技巧,比如告诉他们"举左手比举右手更好,因为,你会看起来更有力量"这样的细节,而疏于打磨要讲的内容,显然是本末倒置了。

### 2.3.1 演讲稿准备和撰写流程

一篇演讲稿的撰写往往是从主题和观点的确立开始。

有的演讲者(领导)在业务上有足够的积累,能为你提供比较多的思路,甚至自己写好PPT;有的只能给你一个大概的主题或者话题方向;还有的甚至连主题都没有,需要你从零开始。

我们起草演讲稿总希望演讲者多给些内容提示,这样会少走弯路,但很多时候演讲者作为领导确实太忙,没有时间、没有精力专门坐下来与我们谈。另外,演讲者也不是万能的,特别是"跨界"演讲者。

因此公关需要为领导当"参谋"。在写演讲稿时,必须站在领导的角度,独立思考、独立运作、独立完成。要做好"参谋",

就要了解领导的长处和短板，尽量帮他们做到扬长避短。

具体来说，可以从三个维度来了解。

（1）演讲人的**职位身份**。他是技术出身、管理出身，还会是销售出身？不同的身份，他们所演讲的内容定位会有所区别。

（2）演讲人的**表达能力**。马云、罗永浩、潘石屹都是表达能力很强的演讲人，而且他们有独特的性格气质和语言习惯。针对这样的领导，你需要去学习、模仿和体会他们的风格。

而大多数领导不是天生的演讲者，还有少部分领导在对外时会显得很羞涩。对于不善于演讲的领导，要帮助他们驾驭演讲内容，使他们顺利把内容讲出来。因此，此时给领导准备的演讲稿一定要易读。对于现场效果来说，流畅永远是第一位的。不要轻易让他们在演讲中完成复杂任务，比如，逗观众笑。我就有这方面的教训，有一次，我写了一个小幽默段子，希望领导在开场抖一个包袱，但这个包袱需要有一个停顿，结果领导，上来就非常快地把这个包袱读完了，这种幽默未遂的感觉，让现场气氛无比尴尬。

（3）演讲者的**知识阅历**。如果领导在这方面很强，那么他们自己应该可以在稿子中加入一些独到观点和有趣的故事。你做好记录，下一次为他写演讲稿时可以再用。

在了解了领导之后，还需要查阅历史资料，梳理现有的材料。有条件的情况下，还需要邀请外部顾问和你一起讨论。上述准备过程，可能占用演讲稿的撰写时间的70%～80%，剩下的20%～30%才是用来写作、配PPT、润色、美化内容的时间。

随着给领导写的稿件篇数的增加，随着对公司、行业理解的加深，这个前期的准备时间会逐渐减少。这意味着后期可以比以前更快、更准地帮助领导写出一篇演讲稿。

对于重要演讲，要积极争取演讲人至少进行两次沟通。第一次在做好"功课"后，与演讲人沟通准备的内容，了解他的想法，同步双方的认知，确定大概的结构。第二次拿着初稿和演讲人讨论演讲稿中的观点、故事案例等核心内容。当然最好有第三次，那就是拿着百分之八九十的成稿和演讲人再沟通一次，把所有的潜在问题都解决掉。

稿子写完后需要模仿演讲人的口气和语速再读两遍，一个是看看花费的时间有没有超过规定，一个是检查有没有不顺口或者是没有发现的错误。如果有 PPT 还需要对着 PPT 进行同步检查。

这时有人可能会说："老板往往要求我第二天就拿出演讲稿，按上述步骤做，我不可能完成任务。"的确，很多时候，我们面临时间紧的挑战。这些时候，你需要变通，简化一些环节，但这个流程大体还是可以参考的，只是耗时较多的环节可以用以前的内容或现成的主意来取代。事实上，越是时间紧张，越需要利用流程来保证进展顺利，而不是直接写作，发现问题后又重复陷入"焦虑"。

### 2.3.2 演讲稿的结构

本质上，演讲也是讲故事，而故事有**三个要素**，分别是角色、意外、场景。

**1. 故事视角**

我们先来读一篇演讲稿，从中可以看出故事三要素的存在。

**我所有的向往**

今天发布了全新×××和×××，都是非常棒的产品，我都非常喜欢，感谢研发团队为粉丝做出这么好的产品。如果问我，你最喜欢哪款？那么我会说：毫无疑问，是N3，当然是N3。

我就不重复N3有哪些特别牛的功能，对于这款产品，我希望找到一句同样牛的广告语来恰当形容它。我找了两个多月。

我首先想到的是"彪悍的人生"。为什么呢？因为作为一款不到千元的手机，N3就是彪悍到了无与伦比，热门千元机中，还是唯一一款旗舰配置的手机。

但是，大家提醒我，"彪悍的人生"是老罗赖以成名的三大名言之一。其实我还更羡慕他那句"漂亮得不像实力派"。这句话，与其用在899元的坚果身上，不如用来形容同样899元的N3。是的，漂亮得不像实力派。

其次想到的是"钢铁战士"。我看着它，就仿佛看到了一个钢铁战士，一个虽然经历了千般踩蹋却屹立不倒的钢铁战士。

看着这四个字，很多同事说这不是钢铁侠吗？甚至有同事怂恿我们去找小罗伯特·唐尼来做代言人，结果一认真，发现人家已经代言了HTC，这就又给否了。

我看了那段多次街头随机采访用户的视频，粉丝们要的真是多，可以说有啥要啥，还要千元以内，我的感受是，粉丝不是上帝，简直就是霸道总裁。

当然N3的外观、功能，我觉得真是好到没天理，大家想要的都有了，而且连一千块钱都不到，简直没天理，还真称得上手机中的霸道总裁。

这句广告词，找得真的很辛苦。为了这句话，大家真的是绞尽脑汁。

演讲稿中的 N3 就扮演一个正面的**角色**，而反派就是其竞争对手。雷军强调 N3 "漂亮得不像实力派"，他除了性能强大之外，外观也很好，借用对手的话来：形容自家产品让用户感到**意外**。雷军讲述想找钢铁侠小罗伯特·唐尼来代言的细节，营造了一种"霸道总裁"的**场景**，很有代入感。

除了"正派反派"这样对立的定位，演讲人的角色还可以按照身份类型来分：

- 专家（懂技术、善用数据）；
- 娱乐家（激发兴趣、鼓舞士气）；
- 改革家（人生导师、行业颠覆者）。

一旦定位，演讲稿中角色就不能再改变，演讲人的角色一定是单一、稳定的。

那怎么样才能表现出这三个要素并讲好故事呢？我们可以参考故事的经典结构"英雄之旅"。

在微信公众账号"公关高手"回复"英雄"，获取"英雄之旅"结构的完整介绍。

**2. 演讲的经典结构**

从撰稿的角度，我们可以简化讲故事的过程，从起、承、转、合四个方面来进行故事的叙述。

**首先是"起"**，这里面重要的是要设定一个悬念，需要找到矛盾点，比如说用户的痛点，比如说行业的趋势等。"起"有正起和反起两种做法，正起就是根据行业的趋势来告诉大家答案，告诉大家现在面临的问题。而反起，可以把机遇和挑战先说出来，引发大家一些关注。

在"**承**"方面，你可以用例子来承接前面的观点，或者用大量的细节、比喻和想象来扩充前面的故事。

在"**转**"这个方面，要使前面的细节和比喻有变化，就是不能顺着前面的逻辑继续走下去，这个时候要有反常识的内容，或者是颠覆前面的一些比喻和想象的更多的故事的细节。

**最后"合"**，要有一个"总结"来突出点题，在最后对故事的要点做一个重复。

这四步走下来基本上就能够把故事完整地讲下来了。这个会比之前平铺直叙的演讲方式更加生动和引人入胜，同时更加让人印象深刻。

我们用潘石屹在清华大学的演讲做示例。

**起**：感谢……我想和清华的同学们分享三个我亲身经历的故事：第一个是我们家里的故事，第二个是我们村子的故事，第三个是我们公司的故事。

**承**：第一个故事，我们家里的故事。

大约是1970年，我的家乡甘肃遭受了大旱灾，这一年，我的小妹妹出生了，但没有奶吃。为了让她活下来，父母不得不把她送给别人家。

**转**：以后的几年，一直到1978年，我们家的日子都很艰难……

村上的邻居常对我父母说："你们读了这么多的书，还不是照样受罪……"

在"起"的方面他简单的感谢了大家，同时告诉大家他会给大家分享三段他自己的亲身经历，这是"起"，非常简洁。"承"，就是他的第一个故事——他家里面的故事，这里面说得非常具体，很有画面感，也有一些角色在里面。然后"转"呢？就开始说他家里面的一些事故了。

**合**：现在来看，是知识和教育改变了我家每一个成员的命运，也改变了我们家庭的命运，我们家再不是村子里面最穷的一户人家了。

和同学们分享这个小故事，同时我有以下三点体会：

第一，教育是最重要的……

第二，如果通过教育，把每个人的潜力挖掘和释放出来，中国的未来将有巨大的发展和进步空间……

第三，如果只有一个上学的机会，必须要在一个男孩和一个女孩之间做出选择，应该把受教育的机会让给女孩，因为女孩以后会成为母亲，而母亲是人的第一位老师……

最后他对上面的三个故事做了小结，这就是"合"的部分，通过"合"对故事进行提高，拔到用知识和教育改变他们家每一个成员命运的高度。最后他做了三点体会的分享，这三个体会也都总结得非常精彩。

小结一下这个结构：首先，上来就要抛出痛点或者观点，后面的理由控制在3个以内。

其次，案例部分，最好讲自己的经历或故事，这样会更有说服力，如果没有，可以用平时积累的故事做类比。关于怎么把故事讲好，可以参考前面我们提到的故事三要素——角色、意外和场景，从这些方面去打磨故事。

最后，在结束部分要重复和强调一下自己的观点。

### 3. TED 式演讲

而另一种讲故事的结构来自著名的"TED 演讲"(TED 是科技 Technology、娱乐 Entertainment 和设计 Design 的英文缩写)。"TED 演讲"希望演讲不仅要传递信息,更要制造一种体验,把故事的三要素用到极致,引起观众共鸣。

TED 认为一场演讲中决定观众是否会爱上演讲人只有 10 秒的时间,因此开场非常重要。TED 在开头的时候,一定要有一个"**坡道**",就是有一段能够使演讲内容和受众迅速拉近的内容。

如果把演讲过程比作飞机从起飞到降落的过程,那么普通的演讲"起飞"使用常规跑道,助跑距离会很长。而 TED 演讲者的开场善用"滑跃坡道",能够快速"起飞"。

比如公司的 CMO(首席营销官)要在某营销论坛上做一个演讲。如果这么开场:"大家好,我叫×××,我在××公司担任 CMO 五年了,接下来我要针对我这五年的工作思考给大家做一个分享。我的演讲分三个部分,我会用 15 分钟时间分享,留下 5 分钟提问互动……"这种"中规中矩"的开场,对受众就缺乏吸引力。如果盘点一下数千场 TED 演讲会发现,没有一个 TED 演讲嘉宾是用以上这样的平铺方式开场的。上述 CMO 开场如果换成 TED 式,可以这么说:

各位都是品牌营销领域的专家,但我们身处不同的行业。你们一定对我所在的行业比较好奇,为什么一家做后台软件的公司,可以在这个重要场合分享品牌营销心得?这么多年来,相比 B2C 公司,B2B 领域的品牌营销,无论是投入的资源还是创意的频率,都要弱很多。随着新媒体时代的到来,营销的规则在重塑,××公司这两年在品牌打造上抓住了机会,做出了一些成果,今天我就把走过的弯路和成功的心得分享给你。

你如果是现场听众,对这个开头是否更感兴趣一点?

构建"坡道"的核心,就是站在观众关心的角度来沟通,而不是自己想表达的角度。尽可能多地跟对方挂钩,这样才能够让对方更愿意去倾听。构建"坡道"的方法有很多,刚才就是其中一种——以观众关心的话题开头,说出观众的心声。用数字开头也是一种方法,比如:"过去的1年里,我们做了1000场活动,发了2000篇稿件,累积得到价值100亿元的销售线索"。

我们还可以利用下面这些方式:

- **让观众震撼的方式**。比如:品牌营销正面临着新媒体前所未有的巨大冲击。
- **以坦白的方式**。比如:说实话,今天跟大家做分享,我特别的心虚,因为在这个领域做得越久,越觉得自己不太敢讲。
- **讲自己的故事**。比如:今天出门之前我的女儿问我:"爸爸,你要出去做什么啊?"
- **激发想象**。比如:请想象一下,十年后的汽车是一个什么样子?
- **提出疑问**。比如:市场上那么多充电宝,为什么只有我们的充电宝一年能卖2000万只?
- **直接进入痛点**。比如:住酒店怕床单不干净?你只需扫码就知道床单换没换。这样的酒店想不想了解一下?
- **先抑后扬**。比如:3年前所有人都不看好快手,资本方甚至想推动快手被另外一家企业收购,但是当我们拥有7亿用户之后,事情发生了质的改变。

有了好的"坡道"(开头),接下来就要**抛出3个观点**。为什么是3个?因为少于3个则内容太少,难以支撑主体;要点太多,就没人记得住。美国心理学家乔治·米勒在其研究后发现,人们的短期记忆一次最多容纳 7 个左右的项目。有的可能好一些记得住 9 个,有的运气差一些只能记住 5 个。因此,为了不挑战受众的极限,让受众更轻松地记住我们的观点,建议将观点数量设为 3 个。

在讲完 3 个观点之后,演讲就接近结束了。此时你需要给受众一个"餐后甜点"。这个甜点是对开场"滑跃坡道"的呼应,也是对内容做简短总结,进一步提升受众的印象。

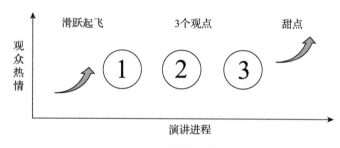

TED 演讲的结构

从坡道到三个观点再到甜点,我们以时间为横轴,以观众热情为纵轴。我们希望随着时间的推移,观众参与的热情会被持续抬高。TED 框架就可以做到这一点。

下面我们以某创业公司作为示例。这个创业公司的产品是一种智能的种菜机,可以让用户自己在家种菜。我们来看这家公司对外介绍的演讲稿应该怎么写。

**某创业公司 CEO 演讲框架**

**坡道:**

我回国的时候发现大家在抱怨、质疑食品安全,作为 80 后,我觉得自己该做点什么。以前的英雄梦想,吹过的牛该兑现了。

**发现:**

我做了一些调研,发现了三个关键:第一……、第二……、第三……

**甜点:**

一台智能种菜机,机器使用的是智能光源,不受天气限制,配备自动灌溉及控温系统,同时硬件联网,云端实时监控。只要把菜苗放入种菜机中,加入水和营养液,三周就可采摘。

如果演讲后面安排了 QA(问答)环节,在正式的场合中,建议安排好 1~2 位现场观众在演讲完成后进行提问。这样,可以引导现场气氛,引导观众进一步聚焦演讲内容。

### 2.3.3　3 个写作注意事项

在确定了演讲主题和结构之后,整体写作时还需要注意 3 点:

**1. 降低认知难度**

一方面,要降低演讲者的认知难度。你要充分学习演讲人以前的演讲稿,基于他的话语体系,结合演讲主题进行适度创新(比如观点的拔高和案例的整理),不要给对方一个全新内容的演讲稿,后者不容易被演讲者理解和认可。

另一方面,你要降低听众的认知难度。除非是专业研讨会中关于专业技术的演讲,否则演讲稿中尽量不要用太多术语。有一个调查显示,像美国总统的演讲,以前在罗斯福时期需要一个大学生才能够听懂。现在到了奥巴马和特朗普时代,他们的演讲只要小学水平就能够听懂,也就是他们的用词变得越来越简单了,因为他们发现用词简洁,让大众能够听懂,能够使得演讲的内容更好地被更多的人所理解、传播。对于技术的认知，可以尽量通过比喻和类比来实现。比如企业的 IT 系统从 RSIC 架构换到 x86 架构，是非常困难的过程，中间既不能影响企业生产运营，又需要保证足够的兼容性和稳定性，因此，可以用"空中换引擎"来形容这个过程。

**2. 演讲一定要有金句**

这个对于媒体来说非常实用，可以方便媒体报道时起一个合适的标题，同时方便媒体找到我们的新闻点。同时金句也有利于我们演讲内容在社交媒体、朋友圈的分享、传播。

金句往往是深度思考的结果，也是持续积累的结果。罗振宇的跨年演讲中，部分金句就不是原创的，马云、罗永浩等人平时都有专门的人帮助他们来记录和整理日常的创意和亮点。

在积累的过程中，我们要做个有心人，善于发现有利用价值的句子、故事和创意。同时定期对积累的内容进行整理、挑选，分辨出有价值的资源。做 PR 工作的，养成细心的习惯非常重要，这可以避免许多差错。因为我们这个工作实在是错不得，也错不起（可能是无法承担的后果）。

**3. 演讲不能太长**

太长容易让现场听众昏昏欲睡，同时也说明演讲者的提炼工作做得不到位。在真正的演讲稿撰写高手眼中，"短而精"才能见证撰文的真功夫。稿件长、演讲长，并不能证明其所写和所说有多么重要，更不能表明这里面的内涵有多么丰富。美国第 28 任总统威尔逊是著名的演说家，他曾经回答了一个关于演讲的提问。

问："准备一个 10 分钟的演说得花多少时间？"

答："两个礼拜。"

问："一小时的演说呢？"

答："一个礼拜。"

问："如果两小时的演说呢？"

答："不用准备。"

当然活动中一般都会规定演讲人发言的时长。你可以按照领导平时发言的语速，来定制演讲稿的字数。一般每分钟讲 180～200 字较为合适，太快和太慢的语速都不利于现场的呈现效果。关于演讲稿的字数和用时，你也可以写到演讲稿的开头（如：全文 2000 字，预计 10 分钟）让演讲者心里有数。

著名作家（《穷爸爸富爸爸》作者）罗伯特·清崎提出过一个 10-20-30 原则：一个演讲不能超过 10 张幻灯片，演讲总长不能超过 20 分钟，幻灯片的字体要大于 30 号（中文字号接近二号）。在他看来：不管你的想法是否能够颠覆世界，你都必须在有限的时间里，用较少的幻灯片和精练的语言将演讲精华传达给听众。

### 2.3.4 完美演讲要做好现场管理

在安排好内容之后，我们最后需要关心演讲的环境和演讲人的现场呈现（台风）。公关需要到会场勘勤，了解场地的大小和格局、讲台情况、麦克风的使用方法、翻页笔的使用方法、提词器的设置等细节。这些细节也需要预先和演讲者沟通好。

在演讲彩排时，需要关注演讲人的台风。不少初级演讲者常犯的毛病有：人挡住 PPT 的文字，或者回头给 PPT 翻页；身体歪向一边（这是重心不一致导致的）；手不知道怎么放（大多数时候建议放在肚子前面，自然的分开，也可以指尖相对并合拢。如果手上有 PPT 遥控器，那么双手自然垂下，与两肩同宽）。

在演讲的过程中，手还要根据内容变化，比如强调"这是一款跨时代的产品"时，演讲人的双手就要张开、扬起至胸前。最后，是目光和观众要交流，如果是少于 50 人的小场合，目光要照顾每个人。在人数很多的大会上，也要尽量扫射全场。如果有演讲人紧张到难以做到，那么需要为他们增加彩排和熟悉场地和演讲内容的时间。

在正式活动当天，**打印三份演讲稿或者制作手卡**。手卡最好不用演讲内容逐字呈现的模式，而是把要点列出来，作为给演讲者的提示。打好的演讲稿或制作好的手卡，一份给演讲者，一份给演讲者的助理，一份公关人员备份。这样可保证现场不会出现演讲者忘带稿子的紧急情况。对于喜欢用提词器的演讲者，即使有提词器，最好也要有手稿备份，万一提词器坏了，演讲还可以继续。

如果演讲人事先说明需要使用讲稿，最好为演讲人在台上设一个讲台和一份讲稿。上台前，有些演讲者还需要准备一些其他物品，比如候场时需要一杯 50 度的水、一块温的湿巾。

## 2.4　深度稿撰写的方法与技巧

### 2.4.1　深度稿的类型

深度稿一般为媒体的长篇文章或特稿，一般分为 byline article（署名文章，如公司 CEO 署名外发的稿件）和 feature article（专题文章，如和企业产品关联的深度分析文章）两种。

《哈佛商业评论》曾这样评价公关深度稿:"一篇打动人心的深度稿,比一个独立的广告可信度高出 1000 倍"。如今,深度稿越来越成为打造企业品牌、影响消费者心智的重要手段,撰写合格的深度稿自然也成为公关的核心技能之一。

深度稿有 3 个特点:

(1) **具体化价值**:从产品、服务,延展到产品、服务给用户带来的价值,甚至对社会的影响。在《从腕表中寻觅经典,联想 K900 的设计哲学》一文中,将手机产品设计的特点和腕表相结合,传递了 "K900 是一款在工业设计上追求腕表高级水准和工艺的高端产品"的信息。

(2) **故事化叙事**:用讲故事的方式,传递企业产品优势、企业文化等抽象内容。在《阿里云的那群疯子》一文中,作者用 10 个故事,将阿里云的战略和产品优势展现得淋漓尽致。

(3) **情感化观点**:有情绪的文字永远是最感人的。在小米公司上市之际,雷军的公开信《小米是谁,小米为什么而奋斗》一文中,用饱满的情绪讲述了小米公司的价值观。这篇文章的题材也变成了一种"文体",引发真格基金、复兴集团、蓝港互动、拉卡拉、Bilibili、小鹏汽车和美菜网等公司的众多回应,"我是谁,我为什么而奋斗"成了热门话题。

在微信公众号"公关高手"回复"深度稿",查看上述三篇稿件原文。

一篇深度稿的写作可以从选题、选材、结构和文采 4 个方面入手,最后可以用故事的 3 要素来检验。

## 2.4.2 好选题的 4 大要求

选择主题,也叫"立意"。一篇优秀的稿件,必然是"立意顶破天"的稿件。所谓"意在笔先",要写出让人印象深刻的文章,必须找到合适的文章主题。无论何种主题,都应该力求精深、与众不同,切忌人云亦云、隔靴搔痒、无病呻吟。

选择主题的四大要求是:**高——正确无误,新——新颖别致,巧——集中简明,深——深刻透彻。**

(1)**确保"正确"不动摇**。在写作时,一定要锚定健康的价值坐标,不被一些流行的网文影响。敏感的热点不追,敏感的话题不写。不打鸡血、洒狗血,不搞"精神传销",操纵大众情绪。比如网络上曾经流行的"毒鸡汤"体,虽然非常容易吸引眼球、赢得流量,但对于企业来说,打多了擦边球,给品牌带来的风险要远大于短期的收益。

(2)**人无我有求新颖**。要想立意新颖,就要坚持"别人写什么,我就不写什么"。比如针对国庆长假要写一篇深度稿,大部分的厂商都是写国庆吃喝玩乐的攻略,但美团公司就从国庆前景点门票的预定数据中发现主题:"博物馆"类的门票,购买预订比往年大大增加。由此推断出一二线城市的人们过国庆比以前更加喜欢"文化旅游"的趋势。

(3)**笔墨集中忌分散**。一般来说,一篇文章只写一个主题。所有材料都围绕这个主题,不能游离主题之外或发散式写作。如果企业需要发布多款独立的产品,需要传递两个以上的独立的品牌信息,那么你需要写多篇稿件,而不是把这些信息都综合到一篇文章中。

(4)**以小见大求深刻**。不少企业的深度文章就事论事,就产品说产品,堆积素材信息。如果我们能够充分展开想象,跳出材料的束缚,运用隐喻、象征等手法来立意,就能够高远而深刻。如TCL李东生的《鹰的重生》系列文章,利用鹰的比喻来讲故事,把TCL对国际化的反思,以及未来TCL的发展方向和战略,写得形神兼备、催人奋进。

在一次座谈中，有一位青年作家告诉我一个立意能够"捅破天"的秘籍，那就是：扔掉前三次想的主题。受到本能的限制，我们最初的创意或选题，往往都是"人云亦云"，往往只看到了问题的表象。要勇敢地抛弃最初的肤浅观点，不断地问自己：问题的本质是什么？并通过后续的研究找到真正深刻的主题立意。

### 2.4.3 如何得到好选题

好的选题，来自对素材的大量占有。这个过程可以用"从一无所知到无所不知"来形容。你需要尽量多做访谈，获取第一手资料。在无法获取访谈机会或者访谈后素材依然薄弱的情况下，可以通过搭建"搜索关键词网络"，来尽量获取更全面的二手信息。所谓"搜索关键词网络"，是指在网络搜索的时候，不要只搜索与核心产品或事件相关的1~2个关键词，而要从多个维度列出搜索关键词，以便更多角度发现信息。**最常用的关键词还有商业发展方向、市场竞争对手、相关人员姓名、特定话题等。除了网络搜索，线下相关的实体书籍其实也是获得深度信息（往往是独家信息）的重要入口。**

接下来的过程就像一个漏斗。把上述未成形的材料、模糊的想法，全部丢进漏斗。围绕确定的主题，找到漏斗的入口，在其中设计一个与众不同的通路，让所有的细节顺流而下，从而形成一篇有中心、有意图的文章。

在这个过程中，你可以用三条线来辅助梳理材料：

- 叙事线（起因、经过、高潮、结果）。
- 情感线（伴随叙事的情绪）。
- 描写线（关键场景、细节）。

当你不知道怎么落笔的时候，可通过寻找和整理素材帮助自己找到思路：

- 先大量搜集信息。
- 将信息归类分组。
- 找出关键点、找出关联。
- 提炼观点、优化结构。

### 2.4.4 常用的 3 种结构

如果说文章的主题是"灵魂"，材料是"血肉"，那么结构就是"骨架"了。有了坚实的"骨架"，文章的血肉就有了依附，"灵魂"就有了寄托。

较常用的深度稿结构，有华尔街日报体、皮克斯体及述评体。

**1. 华尔街日报体**

"华尔街日报体"大都不强调时效性，需要采写数周甚至数月时间，所以，其写作风格也比较特别，一律采用故事性的叙述方法。其基本格式如下：

（1）开头：以一则故事或对某个事件的描写作为开头。对于故事或事件的选择，有两个基本原则，一是与本特稿的主题密切相关；二是故事性强，有情节，吸引人，能让读者一看就被故事或事件紧紧抓住，欲罢不能。

（2）过渡：由描述性情节转到报道的主题。其主要任务是对主题做出清晰陈述，一般要在第六段之前就开始，不能拖得太久。这一段被称为核心段。

（3）主体：开始对文章的主题进行详细阐述，以回答读者最关心的问题，此部分大都采用倒金字塔式，即按重要性依次排列,层层展开,吸引读者。

(4)结尾:"华尔街日报体"要求文章必须有一个实实在在的结尾,最好是与开头的故事或事件呼应,介绍他们未来的命运、即将采取的行动等。如不呼应,也可用总结性的趣闻结束报道。

| | |
|---|---|
| 李红在杭州一家互联网公司当运营经理。过去4年中,29岁的她晋升了2次,丈夫的事业也蒸蒸日上。工作之余,夫妻俩平时喜欢一起旅行。 | 用具体事例开头 |
| 今年年初,李红在做了3个月的调查之后,用半个月的薪水买了一部最新款大米手机。她希望今年年底出去旅行的时候,不带笨重的单反,用一台摄影功能强大的手机代替。 | 自然过渡,进入新闻主体部分 |
| 现在有很多像李红这样的人,他们购买大米手机,也是因为希望能够轻装去旅行。 | 将所要传递的新闻大主题、大背景和盘托出,集中力量深化主题 |
| 过去的2年,凭借出色的拍照功能,大米手机销量翻了10倍。中国的各大旅游景点都可以看到使用大米手机拍照的人们。 | |
| (正文略) | |
| 在九寨沟,李红拿大米手机拍出很多背景虚化的人像照片,也拍摄很多较远距离的风景照,更不同的是,她还拍了几部虚拟现实(AR)的短片,这都是以前手机以及相机没法做到的。手机拍照功能的不断增强,让旅行体验也变得与以往不同。 | 结尾再呼应开头,回归到开头的人物身上,呼应主题。 |

**2. 皮克斯体**

皮克斯体的结构如下:

(1)很久很久以前……每一天……

(2)有一天……

(3)因为那样……

（4）因为那样……

（5）到了最后……

我们用皮克斯动画《海底总动员》来检验公式：

（1）**很久很久以前**，海底住着一对小丑鱼父子马林与尼莫，每一天马林都告诫尼莫大海很危险。

（2）**有一天**，尼莫为了反抗过度保护的父亲，独自游到陌生的海域。

（3）**因为那样**，他被潜水夫逮到，并且困在一位牙医师的鱼缸里。

（4）**因为那样**，马林踏上了寻找尼莫的冒险旅程，一路上得到许多海洋朋友的帮助。

（5）**到了最后**，他们终于父子重聚，并且重新找回彼此的爱与信任！

我们用皮克斯体来写小米手机的故事：

<u>以前</u>，雷军等人开始创业，聚焦开发手机

<u>每一天</u>，小米公司的手机都很受欢迎。

<u>有一天</u>，其他安卓品牌兴起，越来越多的顾客使用其他品牌，小米手机冷清了下来。

<u>因为那样</u>，小米公司的业绩急速下滑，面临存亡关头。

<u>因为那样</u>，小米公司决定转型，希望通过改革迎头赶上。

<u>到了最后</u>，转型战略获得成功，小米手机重回市场前三。

### 3. 述评体

述评体是借鉴新闻写作中的述评文章（叙述+评论）来写的

深度稿。结构上，分为三个部分，可以用 2W1H 来概括，即是什么（what）、为什么（why）和怎么办（how）。

以小米手机为例：

为什么：小米为什么要成为全球前三的手机厂商？

是什么：小米手机目前是什么水平？有哪些技术储备？

怎么办：小米手机应该采用什么战略去达到世界前三的水平？

2W1H 结构的优势在于前世今生，无所不包，适合写公司战略、品牌层面的大稿。

"2W1H" 结构其实是一种选题角度：

（1）"是什么"——讲的是现在。
（2）"为什么"——讲的是过去。
（3）"怎么办"——讲的是将来。

类似的选题角度，还有：

（1）向后看——回顾历史。
（2）向前看——展望未来。
（3）向内看——分析内因。
（4）向外看——寻找机会。

## 2.4.5 加强稿件文采的 3 种方法

"言之无文，行而不远"，语言是思想的外衣，任何新颖的构思、深刻的立意都要以语言为载体。为了加强语言的文采，可以用如下 3 个策略：

（1）**利用修辞**。比如某企业公关人员给领导撰写慰问春节加班的员工的家书,其中有这么一段利用排比和对比的话,较好的凸显了关爱员工的氛围:每一年的每一个公共假期都是业务高峰,全国人民在享受节假日或回家团聚时,却是我们最忙碌的时候。经常听兄弟们提起,在这个时候我们的家人都是默默地付出,做一桌可口的饭菜、在深夜里亮起一盏温暖的灯、在节日里独自操持家务。在这里向家人们道一声"您辛苦啦",因为有你,我们才能心无旁骛,才能在追梦的道路上走得更加坚定。

(2)**妙用诗文**。比如某企业希望表达"市场还有很大的处女地可以圈,还有很多的夹缝可以生存",就可以这么写:现在的市场像一首诗,远观山有色,近听水无声,春去花还在,人来鸟不惊。什么意思呢?看着很热闹,其实已经不好玩了。但我们的判断恰好相反,我们眼中的市场是"大漠沙如雪,燕山月似钩。何当金络脑,快走踏清秋",就是说,还大有可为。

(3)**使用"年轻"和"高级"的词汇**。这里包括网络流行词汇,使用这些词汇可以让文字更具有年轻感。比如《咬文嚼字》编辑部,每年都会公布年度十大流行语。同时,对于老生常谈的词汇,用更"高级"的近义词替换,也是让文采提升的一个技术手段。

最后我们还可以利用故事三要素——角色、场景、意外,来检验深度稿是否精彩。

(1)"我是谁,我为谁,我有何不同",这样定义"角色"的做法,可以让文章主题升华,让文章中的事实被"角色"串联。

比如,在华为轮值董事长郭平发布的2019年新年致辞《伟大的背后都是苦难》这篇文章中,华为利用"伟大的背后都是苦难"来定义其奋斗者的"角色",强化了其"困难越大,荣耀也越大"的主题观点。(在微信公众账号"公关高手",回复"苦难"查看原文。)

（2）场景方面，利用丰富的细节，"以小见大"。

《经济日报》以宝钢股份中央研究院首席研究员陈新平的口吻讲述了自己带领团队攻克汽车钢板技术难关的小故事，最后总结在钢铁业深陷产能过剩困境的当下，企业必须进行产品的结构调整和转型升级。故事虽然微小，但是情节饱满，细节丰富，微观视角的切入拉近了央企技术人员与普通读者的心理距离。

记得那是在五月的广州，空气潮湿又闷热。在一车厂的冲压车间里，工人们正在用宝钢汽车板冲压一款中高档轿车的零件，"啪"，冲了一件是开裂的。"啪"，再冲一件又是开裂的……"怎么办啊？"焦急的声音，伴随着震耳欲聋的机器轰鸣声，都投向我这个人群中唯一的女性。

我是临危受命的冲压成形技术专家。我深知在一个冲压车间里发生的事情，也正在这一车企全球的工厂里同步发生着，我更知道由于新一代钢板表面状态与性能上都与老钢板存在差异，因此在采用原有模具和工艺来冲压新一代钢板时，零件产生开裂是常有的现象；尽管如此，如果不能及时找到有效对策，不仅无法帮助这一车企完成这个项目，还会导致人们对"宝钢板"的不信任，认为"宝钢板"不如"进口板"。

对此，我有备而来，我随身的电脑包里装着大量描述这两种不同钢板差异性的研究文献，和我自己在实验室里得到的大量试验数据、图表。我带着两位团队成员，在钢板表面"印制"测量网格，通过测量这些网格，就能分析出钢板的受力和变形，从而制定出一整套模具修方案……经过连续19天的试验和近6个月的持续改善，我和我的团队终于成功地将废品率稳定控制在1%以下。

京东集团董事局主席兼CEO刘强东向全体京东配送员发的

内部信的开头,用丰富的细节、饱满的情绪,把自己和配送员的距离迅速拉进。

每次出门,我总是忍不住盯着大街上的人群看,因为我可以在大街上搜寻到你们的背影,每次看到你们,内心都有一份激动和感动!大家知道吗?京东购买的第一辆"车"是一辆人力三轮车,那是1999年春天,当时公司包括我只有三个人!我第一次骑着三轮车去送货,技术不过关,直接撞到了海淀医院北侧的创业园门口石柱上,当场闭气,捂着胸口蹲在马路边上十几分钟站不起来。

(3)利用冲突、意外最容易引发读者的兴趣,因此"用意外引发关注"是构建深度稿的有效手段。

在《故宫,你怎么变成这样了?》一文,写了故宫博物院院长单霁翔如何将故宫打造成全国瞩目的文化大IP的故事。文章开始就写道:

2011年,故宫因为管理问题,闹出了不少笑话。

当年,故宫丢失了数件珍宝,在北京公安局的帮助下追回。为表感谢,故宫制作了一面锦旗送给公安局,却不料,锦旗写错了一个字。

2012年年初,故宫正低潮。深陷失窃、会所、错字、拍卖、封口、瞒报、逃税等"十重门"。

58岁的单霁翔临危受命,接到调令,被任命为故宫博物院新院长。

他曾以为国家文物局局长是他的"最后一站",没想到最后一岗是来故宫"看门儿"。

early在20世纪80年代,清华建筑系出身的单霁翔还在教授建筑史,所以经常在周末领着年幼的儿子到故宫里拍建筑。

不曾料到几十年后,自己竟成为故宫的"看门人"。

如何改善故宫的运营,让故宫成为一座"博物馆"?文章不断地列出单霁翔面临的挑战,再写出他不同寻常的解决方案,一直延续的"冲突",这样的安排让文章读到停不下来。

# 第3章

# 关系维护

和人一样,企业也需要"朋友圈"。

除了员工、客户、渠道商等利益直接相关的伙伴,企业的朋友圈还包括政府、行业协会、媒体等利益弱相关的机构和群体。

企业朋友圈的规模和层次反映了企业和产业的融合度,对企业自身的生产经营也有重要影响。企业和朋友圈中各利益相关方的沟通和博弈,也关乎企业的长远发展。

通过构建和维护关系,公关可以进一步发挥"国防外交"的价值。

## 3.1　新时代的媒体关系

内容生产出来后，最重要的就是找到合适的途径传播出去。如果说内容是"钉子"，那么媒体（媒介、渠道）就是"锤子"，强势的媒体能把"内容钉"更好地"锤"入受众的脑海里。

这个过程听起来有点像单纯地进行内容推送。在新媒体时代，一个很重要的趋势就是公关传播从"推"向"互动"转型，但大多数情况下"推"依然重要，而且"互动"中也包括"推"这个动作。同时，媒体本身在某些场景下因为稀缺性，重要性反而高于内容本身。比如，在飞机上不能使用网络，机上的航空媒体就成了独占的媒体，独享乘客的"无聊时间"，不管内容如何，乘客也不得不看，从而得以在乘客心智中留下印象。

正因为传播渠道非常重要，公关应运用"不同"的方式获取心仪的媒体：在获取方式上，市场部一般通过广告采买来实现品牌露出，而公关部则通过构建媒体关系来达到内容传播、品牌塑造的目的。从投入上来看，广告采买投入巨大，而公关则会节省很多。除了节省资金，公关还有一种更重要的价值：随着公关维护媒体数量的不断增加，与媒体关系不断深入，公关"编织"的媒体关系网就变得越来越有价值。

新媒体时代下，媒体关系的操作手法需要不断出新。在传统媒体时代，媒体凭借雄厚的资金实力、专业化的运营能力，垄断了传播的渠道，强媒体关系就意味着强品牌曝光机会。而在新媒体时代，传播渠道变得分散和多元，传统媒体逐渐转向深度分析、定制报道的方向，而新媒体更多强调随时随地的报道。对于企业来说，通过自媒体的方式进行传播也越来越重要。

于是公关编织的这张媒体关系网，从以前的"粗壮"开始变得"细密",背后的原因就是,公关需要沟通的媒体数量越来越多,沟通的内容也远远超过企业"核心信息"的范围。

我们希望通过"编织"媒体关系这张网,获得四个方面的价值:

(1)媒体能够多角度地传递企业的信息,比如第一次采访报道之后,能够第二次、第三次持续地、多角度地结合热点再次报道。

(2)媒体在危机时刻能够不落井下石,保持客观公正,从第三方的角度进行理性报道和公正评论。

(3)媒体能充当企业的外脑,比如给企业提出改善用户体验的建议,提出市场营销的策略等。

(4)媒体能够为企业链接新的资源,比如名人网红、行业协会、政府和学界资源。

### 3.1.1 公关和媒体的关系:挑战者和传播者

在许多企业管理者眼中,媒体人是一种让他们感到"好奇又害怕"的群体:他们需要媒体,却又畏惧媒体;想在媒体平台上发声,却又不知该如何做。在新一代媒体环境下,这种迷茫在许多创业者身上更加明显。面对海量的媒介渠道,他们往往感到无所适从。

这个难题对于公关来说也是不小的挑战。我刚入行的时候经常听前辈说"我认识某某主编,能搞定某某版面",当时就觉得很厉害,因为传统媒体时代,报纸给企业"免费"发稿几乎等于赠送相同版面大小的广告资源。在新媒体时代,稀缺的版面变成了网络和手机端的"位置",与此同时,你需要建立和维护的媒体、自媒体或意见领袖(KOL)等数量,随着移动互联网的发展不断增长。

有价值且可以合作的自媒体数量并没有想象中那么多。经过"大浪淘沙",即使是世界五百强级别的大公司,经常合作的自媒体数量也不会超过50家。同时,公关和媒体之间的边界正越来越模糊,公关自身正越来越多介入新闻传播,成为新闻传播流程的一个部分。可以说,媒体关系网从二维变成三维,并逐渐形成媒体关系生态。

移动互联网时代的第一批自媒体人很多都来源于传统媒体。比如微信公众号"丽贝卡的异想世界"的创办者方夷敏,之前是《南方都市报》首席记者;"秦朔朋友圈"的创办者秦朔,曾是《第一财经日报》的创办人;"六神磊磊读金庸"的创办者王晓磊,曾是新华社记者。他们现在运营的媒体和以前所在的传统媒体不同,运营方式变得更加扁平,以前一个数百人的庞大采编团队,现在变成1个人,最多几个人。以前编辑部和广告部由"一堵墙"隔离,现在采访和写稿都可以明码标价,采编和广告二合一。

还有一部分媒体人在传统媒体行业工作,同时也有新媒体的发稿任务。还有一部分人,拥有很多自媒体号和资源,他们其实相当于公关公司的角色。

在对接这些自媒体的过程中,公关花时间和媒体建立关系,虽然"见效"慢,不如投广告来得简单直接,但可以"省钱",效果也比较持久。同时,公关能带来不可预估的隐形价值。比如关系好的记者反过来也会为企业提供他们的行业洞察,帮助企业认识更多的意见领袖、行业大佬,甚至在企业与监管部门的沟通中穿针引线。

那么公关和媒体到底是什么关系呢?

前国务院发言人赵启正曾经这样总结:"媒体记者既不是你

的朋友，也不是你的敌人，不是你的上司也不是你的下属，**而是你的挑战者和传播者**"。

这句话中朋友、敌人、挑战者和传播者的四个角色代表了大多数人对媒体的认识。"朋友"无论什么时候都会支持你，而"敌人"无论什么时候都反对你。上司和下属，也是命令和被命令、服从和被服从的关系。相比之下，挑战者和传播者的关系更加灵活，也更具想象空间。

"**挑战者**"意味着如果与媒体沟通不当，会对企业品牌造成威胁。负责媒体关系的媒介公关的使命之一就是增加媒体对企业的了解和信任，消除误解和猜疑。

"**传播者**"意味着公关要与媒体紧密配合，使媒体助力公关构建一个良好的企业品牌形象，助力企业在舆论场中具备一定的话语权。

很多时候，企业的公关人员与经常接触的"核心媒体"的记者编辑，一开始只是工作关系，但公关人员和记者编辑双方工作的专业度和为人处世的方式，会相互留下印象，这为接下来双方的关系升级（朋友关系）奠定了基础。

媒体关系的建立和维护，是一个相互了解、认知由浅入深的过程，整个关系从建立到维护可以分为三大阶段：第一阶段是从 0 到 1 的**调研适配**，第二阶段是**沟通维护**，第三阶段是**评估调整**。整个过程是一个动态循环的过程。

## 3.1.2 媒体的调研适配

在与媒体沟通之前，你首先要做调研、适配，了解自家企业到底需要哪些类型的媒体。

**1. 媒体调研**

按照平台属性,可以把媒体分类为平面媒体、影视媒体和网络媒体(包括移动互联网媒体)三种。

网络媒体包括新浪、网易、今日头条等门户和新闻客户端,也包括微信、微博、知乎、豆瓣等社交平台,还包括映客、斗鱼、抖音、快手这样的直播和短视频平台。

我们还可以从覆盖范围、内容对象等角度来选择媒体。比如地产公司在重庆的楼盘,自然就要选择重庆当地的媒体;而互联网公司,其服务范围大都是全国性的,因此选择全国覆盖的媒体比较好。

同时,公关也需要根据自家企业的行业属性、希望对外传递的内容来筛选媒体,也就是选择行业(专业)媒体。比较大的行业媒体集中在科技(互联网)、汽车、快消(食品、服装)、医药、金融及地产等领域。影响力大的媒体和 KOL 很容易被发现,公关需要积极促成与这些群体的合作,但更多潜在的优质媒体和 KOL 需要通过媒体关系工作进一步发掘或者培养,尤其是企业所在细分领域。

针对主流的媒体,还可以按媒体集团来分。比如财讯集团(SEEC)下属出品的有《财经》《财经网》《哈佛商业评论》《证券市场周刊》《成功营销》《地产》《中国汽车画报》《新旅行》《葡萄酒评论》等一系列平面和网络媒体;上海东方传媒集团(SMG)拥有东方卫视、上海电视台新闻综合频道、第一财经(包括《第一财经》电视、《第一财经》日报、《第一财经》广播、《第一财经》周刊、《第一财经》网站)等电视、平面和网络媒体。

对于社会化媒体,已从单向的、推送为主的新闻媒体,变成双向的、社区为主的新媒体生态。因此我们还可以将"新媒体"

细分为用户创造内容（UGC，如微博、知乎）、新闻聚合（如新浪新闻客户端）及融合模式（用户创造内容＋新闻聚合＋入驻自媒体，比如今日头条、百度）三大类型。

除了媒体平台，电商、视频等平台，比如天猫、京东的导购圈，视频、直播平台的主播体验导购等，对于产品的公关来说，也可以成为新的媒体渠道，尝试进行合作。

随着短视频、AR（增强现实）、VR（虚拟现实）等形式的丰富，公关未来还会打开更多的创意空间。

**2. 媒体的新变化**

未来，越来越多的媒体平台由于加入了信息流算法推荐这样的人工智能属性，媒体可以提供更精准的信息。我们前面分类谈到了区域媒体，是按省市来划分，现在通过 LBS（基于位置的服务）、GEO（地理信息位置定位），新媒体可以比传统媒体更加精准，可以精确地覆盖到目标区域内的读者。假设某公司推出一款高端手机，希望让苹果的用户群看到，假设通过消费者调研，北京中关村地区使用苹果手机的比例最高，该厂商就可以定制一篇新闻稿，在今日头条、手机百度等带有推荐算法的媒体平台上投放，位置范围选定中关村地区，这样所有中关村安装了上述 APP 的用户，都能够定向收到这条新闻。

新媒体在形式和技术上不断演进，而网民自身产生的内容，再反哺给媒体，双边的内容在议程设置上互相加深作用。比如，有媒体报道"华为将发布自有手机操作系统"，只有一句话的内容，就引发了大量网民和 KOL 跟风讨论。大众使用各种方式来解读新闻及其背后的故事。也就是说，消费者本身也是内容的积极创造者，公关也应该像对待媒体一样积极和消费者沟通。

从人的技能角度来看，媒体技能也在走向融合。一个记者，可能掌握多个媒体渠道。公关要发挥强大的沟通能力，发掘记者的渠道潜力，实现"**一媒多用**"。特别是针对传统媒体人，要发挥他们在业内时间长，经验丰富的优势，发掘他们在新媒体平台上的潜力。比如将稿件转发给相对应的意见领袖，并促使其发到自己的群和朋友圈等，如果他有微信公众号、头条号、百家号等，也可以让其同步发布。通过这样的方法，可以把单个媒体的价值最大化。

**3. 官媒的作用依然巨大**

在传统媒体与新媒体融合的过程中，如何评估"官媒"的价值？《新闻联播》的收视率、《人民日报》的订阅数，确实比一些热门的商业媒体低，但"官媒"仍然有着独特的、不可取代的价值。

首先是公信力。如果你所在的公司能够上央视一套的《新闻联播》，或者上央视的新闻频道，都是值得把截图放到朋友圈来炫耀一番的，因为这代表着公司得到了官方媒体的关注和认可。值得关注的是，在企业遭受谣言或舆论压力的时候，官媒的背书，比商业媒体更加有效。

其次，今天的官媒的影响力依然巨大。最典型的就是央视的春晚，腾讯通过2015年央视春晚，将微信用户数从400万拉升到1亿，而对比明显的是，支付宝花了8年时间，才将用户增长到1亿（于是2016年、2017年支付宝也通过春晚发起红包做用户增长了）。

传统媒体这些年也在转型成为媒体集团，大力发展新媒体业务，比如人民日报、新华社、央视都有各种手机客户端、微信订阅号，用户和粉丝量巨大。可以说，官媒的整体影响力并没有削弱，反而有所增加。而且官媒和政府相关部门有天然的亲密关系，行业客户、投资者都非常看重这些资源。

### 4. POE 媒体分类模型

为了适应新媒体时代碎片化的媒体环境，我们可以采用一个新的分类角度：POE 媒体分类模型。

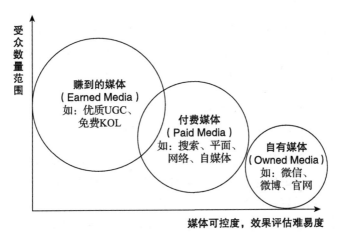

POE 媒体分类模型

按照这个模型，媒体可以被分为三大类：

**第一类是自有媒体**。比如企业的微信公众号、官方微博、官方网站等。企业自媒体的特点是可控度极高，同时，后台数据可以随时调取，效果评估很容易。

**第二类是付费媒体**。比如今日头条、微信、微博、抖音等平台上的媒体和 KOL（意见领袖），传统平面媒体、电视、网络媒体等。这些媒体的可控度是可以被接受的，一般可以给甲方审稿；效果评估的难易程度也居于中间水平，效果评估主要根据数据进行评估，不过，数据的真实性却难以保证。

**第三类是赚到的媒体**。这分两种情况：一种情况是因为公关人员和记者关系好，记者免费帮忙写稿和发稿；另一种情况是，公关内容策划好，引发媒体报道兴趣和网友讨论。这类媒体因为不收费，故发稿前不会给企业确认，可控度是最低的；因此效果评估也是三类中最难的，除非稿件发在微信公众号或微博上，可以直接看到阅读量、转发量等数据，否则需要通过第三方机构抓取相关数据。

在实际工作中，我们的目标是选取影响力较大、能给企业品牌加分的媒体。上述几种分类方式并没有十分清晰的界线，只有将其融会贯通，才能够更好地使用媒体资源。

在 POE 媒体分类模型中，企业处于不同的阶段，需要建立和维护的媒体关系也需要采用不同的策略。

对于**创业公司**而言，比较有效的做法是，先外部后内部。也就是先与外部媒体合作，再考虑搭建企业自媒体。初创企业应该首先聚焦做好核心产品，提炼产品的核心卖点，通过外部的媒体 KOL，帮助企业快速建立知名度。因为外部媒体 KOL 在行业中有现成的受众。如果需要开微信公众号，建议开服务号，聚焦在用户服务，而不是开订阅号，因为后者需要较长时间累积粉丝和建立影响力。

比如一家做幼儿教育的创业公司，面向幼儿家长等用户群的内容，可以通过与 K12 教育类的 KOL 合作，在知乎等问答平台，以及新浪、网易等新闻客户端发布。针对业界和投资人的内容，可以争取在 36 氪、品玩、虎嗅、i 黑马等创投媒体发布。

当企业初具规模，可以考虑建立自媒体。公关在此阶段是公司自媒体的首席内容官（总编辑）。这个阶段公关的任务是给公司和产品增加情感价值，也就是赋予人格化因素，通过提升情感

（或专业）价值，聚集更多的粉丝和用户。

对于**大公司**来说，需要建立更加完备的媒体数据库，搭建自媒体矩阵。部分公关人员在大公司一般起着"媒介"的作用，且专门负责媒体关系的一个部分，比如专门对接新闻门户、财经媒体等。而运营企业自媒体的是担任"新媒体运营"职能的公关人员。在大公司，通过明确的分工和良好的协同，企业可以更精细化地获得更多内外部媒体资源。

### 3.1.3 媒体沟通的流程、方法与技巧

在发展外部媒体过程中，如何寻找媒体并与媒体建立联系？如何破冰沟通？这些都是媒介公关首先需要考虑的问题。

**1. 寻找媒体的方法**

**寻找媒体**有几种方法：

（1）**人际网络**。我们每个人都有工作、生活的圈子和网络，这些圈子、网络是你寻找、选择媒体的出发点和线索来源。大多数时候，你打几个电话或发几条微信询问，就能找到想找的媒体。

（2）**网络搜索**。大部分媒体开设了官方微博、微信公众号，你都能找到联系方式，甚至可以通过百度搜索找到。同时，领英、脉脉等职业社交APP也是找人的利器；

（3）**中介关系**。比如请公关公司提供媒体的联系方式。

很多时候这三种方式需要综合起来使用。下面看一个我经历的事件。

有一次我所在的公司正参加一个行业展会，同事告诉我，央视记者半小时前来过公司的展台，并采访了展台的解说员，可惜

离开时没有留下联系方式。

我认为这是获得央视报道的好机会，必须马上找到这位记者。于是我首先向展会主办方打听是否邀请了央视，然而主办方并不知情。接下来，我找到日常对接的央视经济频道的记者，遗憾的是他也不知情。然后，我上网查找，发现这个展览馆的报告大厅还在举办另一主题的论坛，我猜想有可能是那场论坛的主办方邀请了央视，于是我找到了论坛媒体负责人，果不其然，这位负责人确实邀请了央视，并帮我成功地对接了记者。记者认为我们企业展示的方案跟他的选题相关度非常大。为了丰富报道内容，我又为记者提供了更多补充资料，最后这次采访在当晚央视新闻频道顺利播出。

对于寻找行业媒体或地方媒体，往往因为圈子不大，只要找到其中一位比较资深的记者，对方往往可以帮你推荐介绍其他相关的媒体。比如有一次，我们公司在成都召开发布会，我们先找到成都一位比较有名的资深记者，之后，他一个人就帮我们介绍了8位当地的优质媒体记者。

**2. 破冰拜访和沟通**

找到了适合的媒体，在邀请媒体之前，我们一般要进行拜访和沟通。这个过程怎么破冰？

建议一般先通过电话或微信进行自我介绍，给对方留下初步印象。之后就可以约见面，跟记者约见面时需要交代清楚时间、地点，并确认都有哪些人参加。同时在见面之前，你需要做一些"功课"，比如搜集并了解记者的过往报道，并通过初次沟通或者中间人等渠道，了解记者的性格和喜好。

见面后，怎么聊天？建议话题"由浅入深"按步骤推进：

（1）**低调开场**：常备社交问题（如：路上顺利吗？），工作介绍（我们公司是做什么的，目前有什么产品和服务）。这个开场白需要提前准备好，并根据不同媒体人对应调整。

（2）**拉近距离**：人际关系（如：我认识谁，我们老板认识谁）、爱好（如：喜欢打球、跑步）、话题（如：宏观经济）。这个环节可以根据你前期的准备和掌握的信息，来推动话题的深入。

（3）**深入对话**：观点、思考、反思（如：您对我们公司、所处的行业怎么看；您觉得××如何？未来可以有哪些合作？）。这时你和记者彼此有了一定的了解，可以抛出对方可能关心的内容，比如对方写的文章，进行观点交换。

有时为了发稿、采访，需要临时找一些媒体，时间很紧张，此时可以跳过上述环节，自我介绍后，直接说出沟通目的，加速双方的沟通效率。

**3. 评估媒体，建立长久沟通策略**

第一次见面后，可以从三个方面评估媒体：首先是**专业度**，记者是否深入了解你所在的企业，以及企业所处行业？他是否是行业意见领袖？第二是**合作度**，记者是否愿意继续深入沟通？能否助力企业的品牌传播？最后是**资源量**，记者的影响力如何？在其所在的媒体拥有哪些资源？

同时，进一步分析记者的性格特征，为以后的沟通想好策略。

不同类型媒体沟通策略

| 性格特征 | 沟通策略 | 性格特征 | 沟通策略 |
| --- | --- | --- | --- |
| 憨厚老实 | 多了解对方需求 | 疑虑害羞 | 更多地进行陈述、启迪和引导 |
| 强势主动 | 以他为主，说话简洁 | 表达欲强烈 | 让他尽情释放自己 |

在建立媒体关系中，除了建立联系、拜访沟通之外，你还需要拓展圈子，去认识更多、更好的媒体。建议你定期参加公开的媒体圈活动，比如科技财经圈有媒体训练营、山寨发布会、蓝鲸记者年会之类的活动。如今，媒体微信群也是非常好的认识新记者的方式。同时，记者也希望认识企业中的采访对象，因此有些媒体文章的最后，记者也会留下交流的微信号。

**4. 与高层媒体人建立关系的技巧**

对于年轻的公关从业者来说，认识的记者在媒体中属于执行层（跑口记者），应付日常采访是没问题，但如果企业有更复杂的需求，比如要出一篇深度文章或封面文章，这种就需要资深记者或媒体高层（也包括自媒体中的创始人、主笔）出马。

然而这些媒体"大佬"比较忙，或者因为职级高，有时候会显得"高冷"。那么如何和这些高冷的资深媒体人建立关系呢？可以有以下三个策略：

（1）帮助对方提升专业以外的能力。比如大部分人都关注健康，尤其是媒体高层，年纪相对大一些。公关可以通过举办"健康"相关的主题活动，邀请资深医生、健康畅销书作家，与媒体高层分享如何养生。也可以举办高尔夫球比赛等活动，获得和高层接触和沟通的机会。

（2）通过"请教"等方式，聪明地麻烦一下对方。注意是"偶尔""聪明"地麻烦一下（别一开口就请对出一篇封面报道，或者出一篇阅读量10万+的微信文章）。可以适当地打听对方除了工作以外，还擅长什么领域，比如了解到对方孩子特别优秀，在斯坦福大学念书，你可以向他请教如何培养孩子等话题。

（3）持续向对方报备所在企业及自己的动态。经常互动有助于建立信任，你可以向对方汇报行业新闻、企业领导人动态、公司业绩、新品发布等各种信息，还可以适时与对方交流你在工作生活中阶段性的心得，问问对方的意见和建议，慢慢培养信任感。

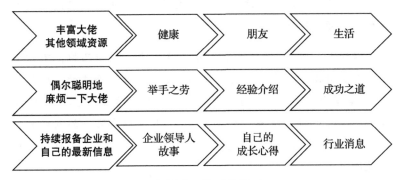

和高层建立关系的技巧

人脉的基础毕竟还是价值的交换，资深媒体人愿意和公关建立关系，主要基于两个原因：公关事务对他（她）的近期工作或生活有价值；公关的人品对他（她）的未来工作或生活有价值。

所以无论是丰富他其他领域的资源，偶尔聪明地麻烦一下对方，还是分享企业的信息，都是为他提供近期价值。而你持续体现出你的高素质，比如在朋友圈持续晒出走心的洞察观点，都会让资深媒体人感到你是一个积极向上、值得交流的人。

**5. 酩帝诗建立媒体关系的做法**

我们最后来看一个建立媒体关系的案例：

威士忌品牌——尊尼获加（Johnnie Walker）进入中国市场近20年，长期保持媒体曝光。2017年，另一家威士忌品牌酩帝诗（Michter's）也进入中国，作为尊尼获加的竞品，它如何从0到1建立媒体关系？

酩帝诗的公关目标有两个：第一，迅速扩大知名度；第二，建立媒体和 KOL 数据库。经过调研，酷帝诗选择知名调酒师和品酒专家，知名的酒保甚至有自媒体，在朋友圈的影响力也很大。品酒专家可以辐射酒吧以外的圈子，使相关信息在酒类社区甚至公众领域传播。

根据 POE 媒体分类模型，酷帝诗作为一个新品牌，不需要建立企业自媒体，先选择付费媒体，如高端生活杂志的《国际航空》、酒类自媒体"醉鹅娘"等；在意见领袖方面，选择有 25 年威士忌酒龄的品酒专家"威士忌哥"、亚洲排名第一的酒吧的知名调酒师，再搭配其他 3～5 位媒体 KOL，初步建立了自己的核心媒体圈。

### 3.1.4 建立媒体资源库

媒体资源库一开始可能只是一个列表，当媒体越来越多时，就需要进行分层，比如运用下图所示的**媒体金字塔**模型。

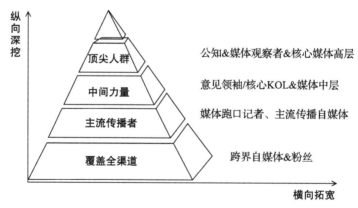

分层媒体金字塔模型

可以用 Excel 软件对媒体信息进行管理：在 Excel 中建立不同工作表来对应金字塔中的分类，同时每个工作表细化媒体的属性和标签,包括媒体名称、记者姓名、职位、性别、联系方式、合作情况、维护情况及特殊情况备注等。

比如在"合作情况"列中,我们可以细化出媒体采访报道的情况,并可以据此建立打分机制,从而在每个类别中对媒体进行排名。这个排名有利于采访时快速筛选媒体,也有利于考评媒体中长期合作情况。你可以根据实际情况动态调整分数,从而增加或减少一些媒体的排名;在"维护情况"列中,我们可以列出对媒体的拜访、沟通等工作内容。同时我们也关注媒体人员的家庭和生活情况,比如是否结婚,是否有小孩等。在"特殊情况"列中,我们可以列出遇到过的动机不纯的媒体和负面报道,以及与媒体的无效沟通及误解等方面的内容。对这部分内容,还可以加入应对的策略。

在整体的媒体资源库的表格完成之后,还可以对表格进行不同维度的"变形",以适应工作的需求。比如建立一个新的工作表格,将之前按"金字塔"等级分类的列表,按媒体报道类型重新进行分类。有时候同一媒体类型的放在一起,更加便于查找。

由于媒体的流动性很大,媒体资料库要随时更新,把表做"活",保证有效性。需要持续"检视"媒体库,发掘新的"灵感"。要关注传统媒体记者是否开设了新媒体账号,可以用"一媒多用"的策略来挖掘媒体的价值。

最后,媒体库需要注意对外保密。因为媒体库中包含媒体名单和联系方式等敏感信息,如果让外人拿到,不但会造成媒体隐私泄露,更有不少猎头、竞品公司等将其视为一份价值不菲的商业情报。

一般而言,媒体库中的媒体人数量应该控制在300以内。人数太多不但沟通成本高而且容易出错。当然有些大企业喜欢数量多,一场发布会就会邀请500家媒体,但这种情况不具有借鉴性。对于一家企业来说,全国有质量的媒体不会超过300家。同时,在300人的名单中,公关还应该进一步"培养"5%~10%的核心媒体人。他们未必是大牌媒体人,但他们认真和企业"做朋友",可以成为企业传播的"长期合作伙伴"。

### 3.1.5 媒体关系维护的两种实用方法

**公关的成功建立在持久成功的媒体关系上**。然而建立关系容易,维护关系却非常困难,因为后者是一个长期性的工作,容易受到更多不确定因素的影响。

**1. 扮演"伙伴"**

要想在长期的沟通中维护好媒体关系,公关要扮演好"伙伴"和"专家"这两个角色。

很多媒介公关扮演"伙伴"角色的手段是走入媒体的日常生活,与他们成为真正的朋友。在生活方面和媒体保持良好互动,能增强关系的黏性,增加关系的维度。举个例子:某资深媒体人去外地出差,恰巧孩子生病,需要送去医院。而现在知名的医院往往都是人满为患,挂号、就诊、缴费、检查、拿药,整个流程下来一个家长带一个孩子,很难应付。巧合的是,你知道了这个事,就可以及时提供帮助,与其家人一起带孩子就医。无论是哪个家庭,孩子的健康和身体都是家长特别看重的,你在这件事情上提供了帮助,对方一定非常感激。这件事会使你们双方的关系更近一步。

请记住,与媒体搞好关系不等于请客吃饭,如果你希望打造扎实的媒体关系基础,私下经常走动,经常见见面,这是必须的。比如，偶尔安排1对1、小规模的朋友间的饭局，或喝咖啡、喝茶，这种非正式的轻松的接触，有时候会使沟通更充分、更有效。如果邀请媒体高层，从社交礼仪的对等原则考虑，最好安排公司高层出席。如果CEO提出希望与媒体高层交流，你最好提前拜访对方，介绍公司的近况，为正式交流打好前站。一些大公司的高层会定期和媒体高层交流，这就要求公关人员对交流内容、场地、形式等各个细节准备到位，准备难度不亚于一次小型发布会。

小规模、有针对性地沟通是公关必须要操办的，除此以外，还要举办一些人数较多，场面较大的媒体活动。

**第一类是媒体答谢会**。这是一种特殊形式的媒体活动，目的是增加互动交流，并借助活动盘点企业的发展成绩，提升媒体对企业的信心。正因为有这个双重目的，答谢会一般包括信息传递和表演互动两个部分。前者有企业领导简短讲话或播放企业视频两种形式；后者的形式更为多样，如表演、体验、游戏、宴会、抽奖等，可以充分发挥创意。

**第二类是重大节日的媒体维护**。重大节日包括春节、端午、中秋节等传统节日。临近节日的前两周之内，很多公司会选择给媒体邮寄小礼品，比较明智的做法是，尽量不采用邮寄的方式。因为记者，尤其是资深记者，逢年过节会收到大量的快递，你的礼品很有可能被"淹没"在众多快递中，所以尽量当面送礼，即使邮寄也要打个电话表达心意。

**第三类是邀请外出参观考察**。这类活动涉及出差远行，除了细致准备外，还要为媒体人购买意外险。2008年就发生过某公司满载媒体人的大巴车在路上翻车造成伤亡的事件。同时要聘请专业的旅行社来负责出行部分，这样能提高出行效率，节省媒体人的时间。

无论是哪种媒体维护活动，都应该给媒体分层。媒体可分为高层、中层、接口层，然后根据不同层级分别制定维护计划。高层的维护频率可以以季度甚至是以年为单位；接口层，平时微信、电话沟通比较多，所以频率也不用太高，可以与日常的内容沟通结合；而中层往往也是活跃的意见领袖，企业重要的活动他们都需要参加，因此他们的维护频次可以以月或者季度为单位。

随着时间的增加，当年和你一样年轻的记者，有可能成为媒体的高层、有一定影响力的自媒体等资深人士。你们可能曾一起经历过长期的欢笑、磨合，这种关系的价值无法用金钱衡量。

**2. 成为"专家"**

扮演"伙伴"是维护媒体的有效方法，但如果只有这一个手段，会让你和媒体之间的关系变成"酒肉"朋友关系。要让媒体关系对企业更有价值，你还需要成为媒体人眼中的专家。

专家型媒介需要日常不断学习企业所在行业的知识，和媒体人沟通时说"行话"，帮助记者挖掘企业的核心信息和新闻的结合点。平时看到行业热点新闻，媒体人可能感兴趣的相关新闻、文章，会发给记者并与对方探讨。我认识一位公关人，他自己办了一份"新闻早报"，每个工作日早上9点为媒体推送当日他筛选的有价值的信息。

公关专家的形象，也体现在日常和媒体人的各种沟通中，沟通要有明确的策略。比如应对媒体采访的需求能做到："重要的事情当面答，着急的事情电话谈，专业敏感的问题文字答"。

公关人除了要成为专家外，还要通过举办活动来提高媒体对企业的认知，活动形式可以是"媒体工作营"（Workshop）或"媒体培训沙龙"。比如，某企业将要上市一款办公软件套装，为了让媒体了解产品，企业邀请媒体驱车到郊外民宿，上午给记者"上课"，下午做关于产品的"有奖问答"游戏。

邀请记者参观的活动也有利于让记者对企业产生深刻的印象。我在奥美公关部为英特尔这家企业提供服务的时候，曾经安排记者参观英特尔位于美国俄勒冈州的微处理器工厂，在进入这个比2000个足球场还大、比手术室还干净10倍的基地前，要求女生不能化妆，所有人都要仔细洗脸洗手，进入加压房间要更衣。当记者透过玻璃看到几百个机器人和机械手臂穿梭飞舞着搬运芯片晶元的场面时，所有人都被震撼了。后来我在联想集团工作，也安排了很多次记者参观联想中国的工厂、日本或美国的研发中心以及德国的数据中心等活动。对于记者来说，参观比单纯听企业介绍让人更加身临其境、印象深刻。而且，参观需要一起出差，这种与记者较长时间的相处，容易增加双方相互了解，提升私人关系。哪怕是第一次见面，只要出一趟差，回来都会变得非常熟络。

参观是一种有效"传递企业信息"的活动。如果你在房企，建议多组织媒体看房团；如果你在车企，建议多安排媒体人试驾；如果你在快消行业，参观实验室和工厂最容易让记者感受产品的科技含量和品质。即使你在互联网企业，没有实体的产品，也可以安排记者参观办公室，体验工程师的工作。

以上都是主动进行的媒体关系维护，还有一种被动的情况就是"媒体合作"。比如公关做专门的预算用于在媒体上发布软文，对于广告和采编日渐紧密的媒体来说，这也是一种关系的"维护"。

我们把前面的策略和手段按时间做排布，这建议按照媒体的分层也对媒体维护手段做一个分层。你可以参考下面这个图，制作媒体维护年度计划。

## 媒体年度维护计划示例

|  | 每周 | 月度 | 季度 | 年度 |
|---|---|---|---|---|
| | 日常内容运营 / 稿件创意沟通 | 媒体培训沙龙 / 内容策略调整 | 陪同拜访 | 节日纪念日维护 / 年度答谢会 / 高端定制 |
| **总编 10~15位** | | | | • 媒体年度答谢会1年次<br>• 邀请全部媒体参与向答谢会参与向答谢会定向遘请200位媒体、50位主编、20位总编。内含80家财经媒体、30家门户媒体、90家门户媒体，平面网络媒体全覆盖<br>• 高端定制沙龙1年次<br>• 以考察、酒会为主，核心维护15位媒体高层 |
| **主编 50位** | | • 相关媒体培训沙龙1月次<br>• 包含品牌内容更新推广及新产品推介活动，邀请媒体及编辑30人参加<br>• 针对周报结果调整相应传播策略沟通，执行精准高效季度主编拜访活动，维护良好合作关系<br>• 主编及媒体拜访活动2月次<br>• 举办小型编辑沟通会3月次及10~15人次 | | |
| **编辑 150位** | • 运营+创意内容沟通1周次<br>• 对日常媒体平台进行沟通内容规划4次/月<br>• 撰写及发布及发布平台、推广节奏规划及发布平台、推广节奏制定2次/月 | | | |
| | 内容运营为导向<br>构建和谐沟通环境 | 策略方向沟通<br>定期拜访、稳固双方合作体系 | | 高端定制<br>细致维护高层友好关系 |

媒体维护因为涉及"商业安排"等形式，存在商业贿赂风险，对于上市的大公司，这些行为也存在合规风险。《刑法》第一百六十三条规定了非国家工作人员受贿罪，也对经营活动中商业贿赂行为做出了规定。在一线执行中，公关要注意控制活动的金额，同时，避免非公开的利益输送。虽然截至本书出版之时，没有因为媒体维护导致的商业贿赂案件出现，但如果你把握不好这个度也可能会出问题，故不知如何处理的，建议咨询公司法务或当地廉政主管机关。

## 3.1.6　合格的媒体关系应该做到什么程度

媒体关系维护是时间的艺术，重要的是持续保证维护的"活性"。对于媒介公关而言，需要清晰地知道媒体需要的话题，清楚自己和媒体关系的状态。

（1）在内容方面，公关需要对企业以及所在行业拥有深入的认识，能够给媒体提供新闻线索、写作思路。公关在邀请媒体采访时，需要和媒体共同寻找稿件的角度，讨论新闻点。事实上，问问题的能力是判断媒介公关是否合格的重要标准。如果记者认为，你提供的纯粹是关于产品的内容，没有报道价值，那么你可以从行业案例故事这个角度拔高稿件的价值。如果记者认为，新品缺少亮点，那么你需要向记者提供更多的线索，比如，"与上一代产品相比，新品经历了12项迭代升级，在功能上实现了3个方面的提升，测试用户反馈特别好"。

（2）媒介公关应该对媒体人的报道风格、所在媒体的内容特点和采编流程非常了解。在记者所在的媒体召开选题会之前，及时向记者分享新闻线索，并结合媒体之前发布过的相关稿件筛选业界的优秀稿件，并将其发给媒体人作为参考资料，尽力让你提供的新闻线索纳入媒体的选题列表。

（3）媒介公关应该是应对变化的专家。如果媒体人因为时间冲突无法参加采访活动，你需要反复地表达自身公关活动的新闻价值，如果时间允许，可以请媒体人在处理完事务之后来参加。如果媒体人因故确实无法参加，可以将活动的直播网址发送给他。如果活动没有安排网络直播或回放，你可以将现场照片和速记稿发邮件给媒体人，叮嘱其了解活动内容，为"催稿"做好铺垫。对于重要的媒体，媒介公关（或者配合的同事）甚至需要根据媒体人所在媒体的报道风格，撰写角度恰当的深度稿件，以供媒体人直接使用。

随着职位的升高，你可能无法与每一家媒体的记者保持频繁沟通，关系不如以前紧密，这时，你需要保持不变的是继续加强与核心媒体的沟通。通过两个场景，可以检查你和媒体的关系是否到位。

第一个场景，公司召开新闻发布会时，你是否能叫出到场的每个记者的名字？对于有"脸盲症"的人来说，使人脸和名字对应，挑战会非常大。平时多见记者是克服脸盲最好的办法。但对于大多数媒介公关来说，每周安排固定的时长与媒体交谈，就像销售定期拜访客户一样重要。实际上，对记者的名字做到脱口而出，只是对一位媒介公关最基本的要求，更高的要求是，不但能脱口而出记者的名字，而且能够跟记者熟络地交谈，讨论记者最新的报道、生活近况……

第二个场景，公司决定尽快召开媒体发布会，或者举办媒体群访，你是否可以不需要查阅媒体库，就能够根据即将发布的内容列出媒体邀请名单？如果是涉及3～5家媒体的小型群访，是否能在5分钟之内确定名单？如果是涉及10～20家媒体的中型规模群访，是否能在20分钟内敲定名单？

我们前面讨论了媒介公关拥有好的媒体关系的标准，不过，不同公司的规模及其所处的阶段，对于媒介的要求略有不同。因此大公司和创业公司对于媒体关系的维护采取不同的策略。

我们如下图所示，大公司通常希望打造"紧密型媒体关系"，与业界一线媒体形成紧密的传播关系。大公司拥有更多资源，比如更丰富的新闻内容、更多的传播预算。因此大公司更有可能与影响力大的媒体 KOL 达成合作。同时，还可以"辐射"一批影响力小一些，但是沟通友好的二线媒体 KOL。对于大公司公关，平时需要多积累、发现优秀的媒体和记者，让他们进入"紧密型媒体关系"的象限。

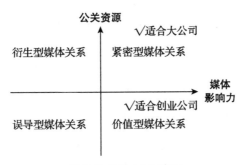

媒体关系状态四象限

创业公司一般在公关方面投入的资源较少。在创业公司做媒介公关，需要通过更多自身的努力，吸引影响力大的媒体 KOL 关注，与"少而精"的媒体形成"价值型媒体关系"。同时，你要聚焦资源，不要把资源平均投在一线、二线甚至三线的媒体上，避免形成"误导型媒体关系"。

我有一个媒介朋友，原来在大公司，后来加入创业公司，她经历的变化可以从侧面反映出两类公司媒体关系的差异。

她在大公司的时候，每月花在媒体合作、自媒体方面的稿费都很多。她作为甲方，很多媒体、自媒体主动找来，寻求合作，但大部分是影响力不太大的媒体，一流媒体和自媒体很少主动找她，除非公司有重要的新闻。

时间久了，她身边围绕着一圈二流媒体，她也习惯了这样的舒适感觉。因为公司的资源多，媒体的报道数量比较多。但后来也发现总是有一些关于小公司的优秀报道，来自她没有注意到的媒体，以及她没有注意到的选题方向。

她现在到了创业公司，没有太多的资源，但每周都会和不同的媒体见面。她会帮他们在选题方面出主意，也会和他们讨论私人的问题。她了解他们，他们也熟悉她。

她在选媒体的时候，非常清楚，哪些媒体适合哪些话题。同时，媒体甚至还可以帮她做一些情报工作。比如有一次，她们公司被竞争对手"抹黑"，老板看到文章，很生气。她从媒体私下打听到这个稿件是谁写的，竞争对手是出于什么目的，然后汇报给老板，老板基于这个内容去和投资人进行了沟通。

因为她所在的公司业务需要全国媒体的支持，所以每次出差，都尽量安排半天时间来见当地的媒体，去上海、深圳、成都等城市时尤其如此。

后来公司需要在欧洲拓展业务，她的媒体关系也开始走向国际化。第一次跨国报道，是她在央视的朋友推荐的央视驻德国站的记者。她人还在国内，依靠对方介绍的几家德国当地媒体，就事先确定了媒体名单。

## 3.2 媒体采访

媒介公关人员在日常工作中，需要提前确认媒体的采访内容。对于采访人,媒介公关人员主要与之沟通报道主题、采访问题的方向;同时,对于被采访对象,要提供一个详尽的采访指导,业内称之为采访提要(Briefing Book)。

给媒体准备材料,目的在于告知对方企业信息,同时了解对方的采访需求。这个沟通材料主要包括三个方面:

(1)**公司介绍**。对于熟悉公司的媒体,可以跳过这个环节。对于第一次参加采访的媒体,如果有时间,最好面对面沟通,因为口头介绍比书面介绍更加详细生动。这个环节是为了避免媒体在采访中花时间问一些很基础的问题,提高采访效率。另外,通过提前沟通,了解媒体的心态和水平,以及他在自家媒体中的角色和发言权。

(2)**建议报道角度**。站在媒体的角度,为他想出三个报道角度,在每个角度后面,都列出相应的数据和事实作为支撑。

(3)**注意事项**。提前为媒体打好"预防针",比如这次采访主题聚焦在产业方向和公司战略,不涉及财报类的问题。最后,要获得记者的报道计划,包括报道方向、感兴趣的问题、稿件预计的发布日期等。

## 3.2.1 梳理采访提要的方法

与媒体沟通后,媒介公关人员也要同步进行对内的沟通(有时候和内容同事一起)。与媒体沟通相比,对内沟通反而更加正式一些,媒介公关人员需要给采访对象提供一套"采访提要",它的作用相当于说明书,帮助受访人在采访中按计划围绕"核心信息"进行表达。

很多媒介公关人员对公司业务不熟悉,无法独立完成"采访提要",需要内容组的同事协助。如果媒介公关人员完成采访问题的搜集之后，能独立完成"采访提要"的撰写，甚至发言人的指导，这就意味着其公关技能得到里程碑式跃迁。

某人工智能公司的媒介公关刚开始对公司内容也不熟悉，于是她采用背诵的方式，一步一步掌握了技术的内容。慢慢地，她变成精通媒介和内容两方面的专家。之后，她成为该公司公关部的整体负责人。

采访提要的结构可以按如下的顺序来准备：采访目的、媒体情况、回答的核心信息及采访问题的预测和建议回答。

**1. 背景信息和核心信息**

背景信息和核心信息主要包括如下几项：

（1）**采访目的**。采访分为两类，即被动采访和主动邀约采访。被动采访是指媒体主动找企业采访，这种情况往往是因为企业处于舆论热议当中；也可能是媒体策划重大选题，涉及这个领域的数家公司；还有可能是媒体为拉近与企业的关系，主动采访报道。上述三种被动采访需求需要认真辨别，采取不同的策略应对。

主动邀约采访一般是企业为了传播品牌或新产品，主动举办新闻发布会等活动，或邀约媒体到企业来参观、采访、报道。这种情况下，需要媒介公关人员根据活动目标和核心信息评估和筛选出适合的媒体。

（2）**媒体情况**。提供媒体情况，主要为了让发言人了解有哪些媒体参与采访，包括媒体名单和媒体介绍。媒体介绍又可以细分为两个部分：机构介绍和记者介绍。如果是主流媒体的记者，则重点介绍记者所负责的栏目或版面；如果记者来自中小媒体，则重点介绍媒体的定位和受众群。对记者介绍时，需要的信息包括之前记者采访过哪些公司、哪些人，以及记者对公司的熟悉程度、本次采访还会采访哪些其他人等。

撰写"媒体情况"时，可以先在网上搜集，如果信息不足，也可以找记者要一份公开的简历。如果媒体介绍的篇幅较多，为不影响阅读体验，可以先列媒体名单，把具体介绍信息放在"采访提要"的最后。

媒体介绍还包括"报道预期"，这里面包括预计发布的时间、预计报道的方向和落地的媒体平台。但报道预期的内容并不强求，因为媒体大多不能承诺发稿的具体细节。媒介公关人员可以做一个大概预测，让发言人心里有数，但也要注意不要过度承诺，管理好发言人的预期。

（3）**核心信息**。这部分和前面介绍的核心信息的梳理方法基本一致。虽然媒介公关人员手上可能有企业现成的核心信息，但不能照搬，而要根据采访二次定制。首先，聚焦本次采访的话题方向；其次，加入更加详尽的新品信息、业绩等最新内容；最后，扫描最近行业和公司的敏感信息，让发言人作为慎重回答的参考。

**2. 采访问答**

**采访提要中的核心部分是"问答"（QA）**，这也是整个采访提要篇幅占据比较多的部分。采访问题是媒介公关人员前期和记者积极沟通，从而搜集到的记者感兴趣的问题。如果记者没有提供具体的问题，媒介公关人员要"预测"记者可能会提问的问题。

如果是媒介公关人员主动邀约记者采访，可以围绕核心信息设计问题。如果是被动采访，也就是媒体主动找过来，除了上面的动作，还需要做相关的舆情汇总，预测记者可能会提出的敏感问题。

在撰写采访问题的回答时，建议遵循三个原则：

（1）倒金字塔结构，这可让发言人在阅读时能迅速抓住重点。

（2）围绕核心信息，为每个问题的回答提炼出三个要点，用多个事实和数据加以证明。观点言简意赅、逻辑性强；事实和数据尽量丰富且具有强关联性。让发言人多看、多想，如果记不住，则多读一读、背一背。

（3）从媒体报道的角度和标题的角度，设计一些金句。

在准备问题回答的时候，可以参考发言人过往的言论、针对记者的回答等，提炼出一些经典语句。如果没有过往资料，就全靠公关人员来编辑了。公关人员要认真研究采访的核心信息，逐一准备每个问题的答案。对于重要采访，公关人员要调动更多的资源，发挥集体的智慧。比如，可以邀请不同类型的同事聚集到会议室，把所有问题投影在幕布上，让大家一起跟随你准备的"抛砖引玉"的内容，共同调整、补充问题的回答方向和素材。

一般来说，"问答"最终版的篇幅比较长，有的长达数十页，需要按主题做分类，以便发言人查看和阅读，比如第一部分关于公司战略、第二部分关于技术趋势、第三部分关于产品和竞争、第四部分是需要注意的敏感问题（有些情况下，敏感问题会放到"问答"的第一部分）等。

对于"采访提要"，可以这么理解：采访是一次"表演"，公关作为"导演"要给演员把戏讲清楚。"采访提要"是演出的"剧本"，应该给演员"三感"：第一是方向感，也就是采访的目的，采访的核心信息；第二是成就感，即媒体名单、媒体介绍及媒体报道预期；第三是安全感，也就是采访流程、分类的采访问答。

另外，需要控制"采访提要"的篇幅，文字过多，会让发言人既抓不到重点，又感到压力。

## 3.2.2 做好现场采访必须关注的 3 个点

现场采访主要关注三点：时间、地点和氛围。

**采访时间**：早上 10 点—12 点和下午 3 点—5 点是采访的黄金时间，最好不要安排在下午 1 点采访，午饭后一般人都会有点困意。有些情况下，媒体专访安排在发布会之后，而发布会一般要到下午 6 点才结束，此时应尽量安排紧凑型采访，即保证在晚餐前完成采访，不要晚餐后再采访（但可以采访后邀请媒体晚餐）。如果涉及转场，发布会和采访不在同一地点，甚至需要坐车前往采访点，那么一定要考虑转场和交通拥堵的时间。另外，到场之后，应该先安排记者落座，然后再请发言人进场。如果发言人从外面赶来，提醒其早到半小时，迟到的话会影响整个流程，且发言人匆忙进场，满头大汗地接受采访，效果会非常糟糕。

**采访地点**：应该选择在一个安静、封闭式的专访间，如果没有专访间可以在会议室、办公室、会议酒店等。如果专访间安排在发布会的酒店，应该提前设计，搭建同一套 VI 设计的背景板，同时安排活动的摄像人员在专访前就进入拍摄状态。这种正式场合的采访，要更加注意细节，如撕掉矿泉水标签、桌牌打上企业 LOGO 等。

媒介经常要面临一些临时性的现场采访，比如在媒体举办的论坛或博览会上，到场的媒体往往会有临时采访的需求。公关人员一定要提前踩点，考察周边的环境和背景噪声，以及发言人和媒体的站位，要维护好采访秩序，采访时要紧跟在发言人身边，以免发言人被记者包围。

采访地点的选择还要考虑访谈的氛围，在专访间和活动现场进行采访，会形成一种工作的氛围，而在咖啡厅、会所采访，氛围会比较轻松一点。选择哪种环境，需要综合采访的主题、时机和便利性等多个因素考虑。不管选择哪里，都应保证周围的环境整洁，酒店大堂是不错的选择，但应尽量避免吵闹的餐厅大厅。

公关人员在正式采访的场合，建议男性穿西服、打领带，女性穿套装、化淡妆。对于互联网公司的公关人员而言，如果发言人穿着休闲，公关人员则可以不穿正装，但要比发言人稍微正式一些，以示对采访的重视。在展会、实验室、工厂车间等地点采访，你可以参考活动地点的氛围，穿着实验室或工厂的工作服。如果是公司与合作伙伴联合举办战略签约仪式，安排采访前，应事先了解合作伙伴发言人的着装，双方尽量保持穿着风格统一。

### 3.2.3　非现场采访的优势与注意事项

非现场采访一般指书面采访，书面采访大多由公关人员代笔，经过发言人确认后发给媒体使用。随着新媒体应用越来越多，我们需要注意另一种非现场采访的形式——微信采访。微信采访可以随时随地进行，不受地域的限制，发言人无须考虑着装，谈话氛围轻松。与电话采访有些类似，相较之下，微信采访更便捷，可以随时加入图片，便于速记，记者可以随时查看资料。

组织微信群这类线上采访，要参考线下采访的规则，制定合理的群规。

对媒体：先沟通好入群规则，再邀请入群。发言人这端应提前沟通，遇到敏感问题，和公关小窗讨论后再作答。公关人员作为微信群的"群主"，要主持采访，引导记者依次提问。同时，公关人员也在群里扮演传播"助攻"的角色，如果发言人需要帮助，可以帮发言人提供延展资料、案例和数据。公关人员还可以为采访总结一些金句，方便媒体使用。

记者一般希望添加发言人为微信好友，方便日后私聊。为防止后续交流不可控，应尽量避免公关人员不在场时，记者与发言人"私聊"。

### 3.2.4　常见意外情况的处理方法

作为媒介公关，最常遇到的"意外情况"是记者在采访前临时告知，无法前来采访，由同事替代。如果是十几家媒体的群访，影响不会太大，但如果是一对一的专访，最稳妥的处理方法是取消采访。特殊情况下无法取消的话，要尽快与替补上场的记者电话沟通采访的主题和关键问题，让记者尽快进入状态。在采访中，一旦发现采访不顺畅，要果断缩短时间，尽早结束采访。采访完毕后，应与记者一起"补课"，尽量让报道更加完善。

记者迟到也是常见的情况。为避免这类意外，做好采访前的准备工作非常重要，考虑到堵车、路况不熟、戒严等因素，提醒记者早出发。为以防万一，采访前应该做好备选方案。有一次某电视台记者采访联想 CEO 杨元庆，迟到了半个小时。杨元庆的日程安排非常紧凑，记者一直不到，公关人员在现场的压力可想而知。摄影师把灯光设备都提前架设好了，之后记者匆匆赶到，她没有慌张，微笑着对杨元庆说："元庆，今天是您的生日，祝您生日快乐"，杨元庆听了很感动，尴尬的氛围得到了化解。

采访前的意外可以用"惊心动魄"来形容，采访中公关人员经常"提心吊胆"，怕出现非预期情况，比如记者连续追问敏感问题、采访人和记者争吵起来、记者玩手机、没有记者提问、出现冷场等。出现这些情况时，公关人员作为采访主持人，应及时应对，控制好局面。对于一直玩手机的记者，你可以走过去悄悄提醒，或者发微信提醒。对于在做现场图文直播的网络媒体记者，你则不必打扰他们，安排座位时尽量安排靠近发言人的位置。

采访中还应注意的细节包括：检查录音笔是否运转正常；及时查看摄影师拍摄的照片是否符合新闻图片的要求，如果照片不合格，可以请发言人以带企业 Logo（商标）的背景板为背景，补拍合格的照片。

如果事先约定的采访时间已到，记者仍在不停提问，你应委婉地打断记者，帮助发言人脱身。你可以大方地对记者说：发言人还有其他安排，需要先离开，如果还有更多的问题，会请发言人书面回答。

采访后最难办的事是记者写出负面稿件，遇到这种情况，应与记者加强沟通，尽可能地修改好稿子。如果记者不同意修改，宁可不发。事后应从记者的动机、水平和沟通的情况进行复盘，查找哪个环节出现了问题，避免再次发生此类问题。

采访中，公关人员需要想尽方法控制局面。很多时候，因为企业自身的原因，采访不可能达到允许所有记者完全自由发问的程度。公关人员就必须"埋题"，也即把问题设计好，提前给关系好的记者，让他们按照设计的问题去提问。

每家企业、每次采访情况都不一样，公关人员有权选择自己认为最佳的话题控制方式。这样做一是可以避免出现上述冷场的情况；二是可以提高采访的效率；三是可以引导采访中其他记者的提问方向；四是可以保证采访中的核心信息能够完整传递出去。"埋题"是否顺利和记者事先的沟通有非常大的关系，也是对媒体关系的考验。

## 3.3　传播跟进和效果评估

如果把整个传播过程比作一场足球比赛，前期的沟通、采访相当于前场的运球、传球,而"传播跟进"就相当于射门,"效果评估"就是评判是否进球、进球是否有效。

我们需要通过流程来保证媒体按计划发稿,同时,评估发稿的成果及传播的效果。

## 3.3.1 媒体出稿跟进

一般而言,一篇稿件出炉的流程如下图所示。

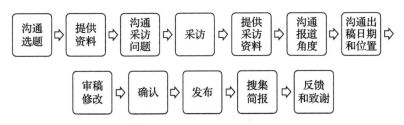

媒体选题采访撰稿和出版流程

采访结束后,公关人员应该选择哪个时间点与记者沟通发稿情况呢?换而言之,公关如何优雅地催稿?这要根据媒体的发稿周期而定。

| 沟通时机 | 新闻稿发布之前 | 新闻稿发布之后12小时 | 新闻稿发布之后24小时 | 新闻稿发布之后1周 | 新闻稿发布之后1个月 | 新闻稿发布之后1个季度 |
|---|---|---|---|---|---|---|
| 沟通内容 | 新闻内容 | 发稿内容和位置(版面) | | | | |
| 沟通媒体 | 全部媒体 | 网络媒体自媒体社交媒体 | 网络媒体自媒体日报传统媒体 | 周报周刊 | 杂志的月刊 | 季报行业出版物 |

不同类型媒体对应不同发稿周期

对于大多数网络媒体、自媒体、社交媒体、直播媒体,一般在采访结束12个小时之内发稿,如果12小时内没有在网上搜索到稿件,应尽快与记者沟通。对于日报媒体、主打深度文章的网络媒体及自媒体,一般在24个小时之内发稿。主打深度报道的报纸、杂志媒体会更晚一些。如果是B2B话题,行业媒体的出版周期甚至需要一个季度。

### 3.3.2 效果呈现和分析的3个维度

一般而言,公关效果是根据是否达成目标来判断的,公关人员应在公关活动前与企业高层一起设定公关效果评估维度。效果可分三个维度来评估:

| 产出 | 原始数据:新闻监测汇总列表<br>声量数据:声量数据、传播路径分析 |
|---|---|
| 影响 | 曝光数据:首页时长、有效点击、微信指数<br>用户反馈:百度指数、舆论关键词云图 |
| 成效 | 销售线索:客户信息、商机信息<br>销售转化:电商平台销量、评论量 |

传播效果评估的三个维度

**1. 产出**

产出是传播曝光的主体部分。在舆情系统中,这部分就是"声量",包括露出数据、传播路径等。如果你所在的公司采购了第三方舆情系统服务,你们可以获得传播列表,包括纸媒报道所在版面的截图、网媒报道的网页、视频报道的截图等。如果公司没有采购舆情系统,上述工作需要通过与媒体沟通和搜索引擎来完成。

**2. 影响**

影响是指露出位置的影响力有多大,可以拆分成许多子维度。衡量网络媒体的传播效果，不能光看网媒的发稿数量，更重要的是文章露出的位置。如果在首页露出，或者焦点图露出，其传播价值比普通位置大得多。如果能上百度搜索风云榜等影响力较大的榜单，传播价值也非常大，当然大多数时候上这类榜单，是需要花费很多资源去加推的。得到大 V 的转发，蓝 V 的互动，也代表会有较大的曝光。

除了曝光、展示层面的搜集，还可以利用第三方工具对曝光进一步分析。比如将报道列表输入相应的工具，得出媒体报道关键词词云，围绕这些关键词能看到在传播过程中，哪些重要的主题得到了强化。或者是通过工具寻找关键报道的传播路径，比如形成微博传播链路图，从这个链路图当中可以发现有哪些大 V 进行了转发，而在哪些个渠道传播容易中断。通过第三方分析工具做出的可视化图表，有利于我们了解传播的规律、深度分析传播的得失。我们还可以为关键词云图加上时间轴，使其连续化，从时间的指标上看出关键词的变化，这个变化一般能反映出企业、用户及媒体三者关注点的变化。

除了此之外，百度指数、微信指数等数据也是常用的统计工具。百度指数是公关界普遍采用的工具之一，它是反映用户搜索的一个指标，比如搜索某企业的百度指数，如果百度指数的上升和传播活动的开展正相关，则说明传播活动对用户行为产生了影响（影响用户进行了主动搜索）。

让传播结果数字化，也是呈现结果的重要手段。除了利用第三方工具，我们还可以通过"首页时长""有效点击"这样的媒体后台指标来进行分析。网络媒体和手机媒体的展示位置是导致曝光效果不同的重要因素，一般来说，在首页上展示的时间越久，曝光量越大，传播效果越好。网站后台统计的首页时长、有效点击，微信公众号后台的传播数据统计等，都可以作为我们分析传播效果的方向。

**3. 成效**

效果评估的第三个维度是成效。对于公关而言，这个维度不一定每次都要有，但是对于以销售目标为导向的公关活动，比如"电商618大促"，就需要重点评估公关提升销售的效果。对于通过电商平台销售消费品的企业来说，电商平台的预约量、销量及购买评论量（也包括好评率等），是他们看重的。对于B2B企业来说，客户信息、商机信息等销售线索是考核指标。

我们有必要对公关和广告各自的有效性做一个区隔：很多公关人员会用"广告价值"的模型来评估公关价值。比如根据广告的刊例价去计算在媒体上发布同等内容的软文的价格，这种做法看起来很"科学"，但是广告和公关的传播形式和内容风格完全不同，广告是从企业自身的角度进行内容策划的，而公关是从媒体的视角来进行内容策划的。值得注意的是，后者从媒体视角出发，往往更具有说服力和可信度。

在新媒体时代，公关人员有必要跨界了解数字化广告中专业数据和指标的用法，例如CPC、CPM等指标。公关人员可以参考这些指标改进工作，以达到最好的性价比。这些指标是从统计学的角度进行分析的，基于这些指标，可以从数据中分析出目标受众的画像。

在微信公众号"公关高手"中回复"数字化指标"了解更多。

我们不应只从公关本身这一孤立的角度进行效果评估，而应结合传播目标、资源多寡、历史经验来确定KPI，不可盲目要求高数据量。

下表所示是某地产公司对公关传播效果的一个总结，从这个总结中可以看到，H5 和活动的效果是最好的，以后对于类似的活动，企业可以把这种项目的资源多向 H5 和活动倾斜。

**某地产公司传播项目效果总结**

| 媒体类型 | 推广内容 | 传播特点 | 媒体效果评估 |
|---|---|---|---|
| 平面 | 品牌推广、产品推介 | 推广频次高、宣传效果好 | 市场覆盖面广、反响强烈、宣传推广度高，效果尚可，但投入耗费较大 |
| 网络 | 温馨活动维系老客户，拓展新客户 | 发掘特定客户群的方式较为独特、深入 | 时效性强，贴近青年客户群的心理需求。露出位置难以确定，效果不稳定 |
| H5 | 新项目开盘推广 | 产品推广的创意好，辐射面广 | 呈现形式新颖，令人耳目一新、印象深刻，互动效果好 |
| 短信 | 三期新开盘，创新型大户型推出 | 短信覆盖面广、回访客户数量大 | 客户来访转化成交数量少，效果一般 |
| 活动 | 客户老带新 | 贴近客户、针对性强 | 到访转化成交客户数量多，效果较好 |

既然有考核，有些时候，有些供应商会不惜通过操作数据的方式，达成考核目标。最后我们浅谈一下这个问题。

这个金字塔概括了我们常用的指标，从容易到困难的作弊成本。

针对单篇文章的点击量、阅读量、转发量及留言量，某些电商平台上有专门的公司承包了这些业务，且价格低廉。

虽然 KPI 要用数据作为衡量标准，但不要唯数据论。同时，KPI 数据不要和其他公司对比，因为品牌不同，拥有的资源不同，效果肯定不一样。作为公关，应建议企业高层与过去的成果对比：让每次都比原来有进步。最重要的，保证数据真实，效果真实。

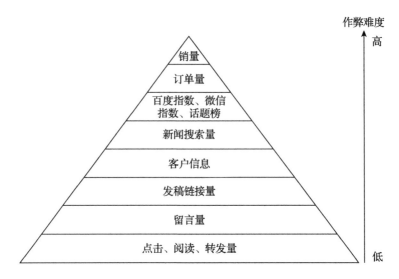

数据作弊难易程度预估

如果抛开大样本的数据,从身边的小样本来检查,我们还可以从三个方面来观察传播效果:

(1)公司高层认不认(表扬点赞)。
(2)内部员工转不转(自发转载)。
(3)竞争对手恨不恨(跟进模仿)。

### 3.3.3 传播报告的撰写技巧

传播报告为甲方、甲方的主管领导以及企业高管提供了一个集中呈现传播情况的机会。

传播报告制作次数一般为三次,时间点分别为:活动结束后的 24 小时、48 小时和一周内。超过一周后发布的媒体内容,一般是杂志的封面报道,这需要单独发送,将纸质版送给相关领导。报告发送的对象包括所有参与活动的管理层和内部人员,采用邮件形式。

传播报告建议采用倒金字塔结构：传播活动的概览、亮点、成绩，按三个维度阐述传播效果。

第一个维度是"产出"，包括发稿量，重点稿件的位置，以及带来的评论、转发等；第二维度是"影响"，包括首页时长、百度指数等数据；如果是助力销售的公关传播，还要包括第三个维度的"成效"。这和之前传播效果评估类似，这里不再展开。

除此之外，来自核心媒体的有价值的反馈、媒体文章中精彩的评价，也可以分组罗列出来并写入报告。

在最后一次报告中，开头的内容应该替换成结论性的观点，也即针对前期传播的分析总结。

传播报告可以是 PPT 形式，也可以是文字（Word）形式。文字形式的好处是内容可以写得比较详细，可以直接贴到邮件正文中，收信者不用打开附件，便可以完整看完内容。

传播报告示例：

"和美团圆项目"传播报告（部分内容）

- 上周五至本周一（2月15日—18日），在中国红十字基金会支持下，"和美团圆"公益活动在上海和广州落地，总计100位来自山东、广西和江西的留守儿童和在上海、广州打工的家长团圆，并一起参加了为期4天的游学活动。本次活动自春节前启动，并于春节后的本周落地，整体报道达320+篇次，CCTV、《公益时报》、《人民政协报》、《中国教育报》等核心党政类媒体，以及上海、广州两地的核心媒体均予以报道。
- 其中，在红十字基金会资源调度和支持下，CCTV新闻频道

《朝闻天下》栏目给出 2 分 32 秒的报道,指出"和美团圆"项目关爱留守儿童,"亲子时间,让孩子感受城市的温度"。
- 上海、广州两地也给予了本次活动较为丰富的报道支持。广东电视台新闻频道给出 3 分 2 秒的报道,内容为"留守儿童家庭乘坐观光巴士畅游羊城"。

## 3.4 需要建立的其他 6 种关系

在实际工作中,公关除了建立媒体关系,还需要和政府、员工、客户等其他"利益相关方"建立关系。总结而言,公关至少需要建立 7 种关系,如下图所示。

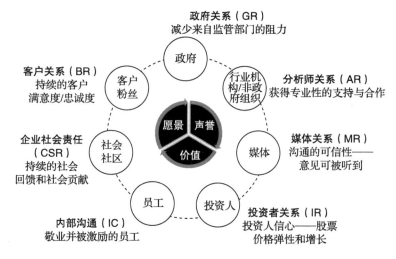

需要建立关系的 7 种利益相关方

对于不同的公司,这 7 种关系的建立也有轻重缓急之分。如果你所在的企业是互联网、地产公司,以政府为主要客户的公司等,那么建立强大的政府关系就是优先级最高的事情;如果你所在企业是 B2B 公司，面向行业客户售卖技术方案和服务，那么你就需要建立分析师关系；如果你所在公司是对环境和资源消耗巨大的企业，那么你就要通过做企业社会责任的项目来"对冲"风险；同样，投资者关系、客户关系和内部沟通等关系的建立，也需要针对不同类型的企业和企业所处的不同阶段分别规划。

## 3.4.1 内部沟通

内部沟通（Internal Communication，IC），顾名思义是针对企业内部进行传播和沟通。对外公关重要的是塑造企业品牌形象，对内重要的是"凝心聚气"。正如下图所示，在这个过程中，公关应该和 HR 一起，传递公司重大消息、振奋员工士气、搞好公司文化等。

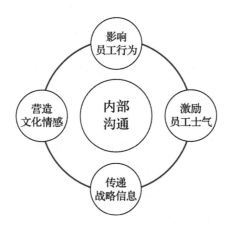

企业"内部沟通"主要工作内容

和做媒体传播的逻辑类似，公关可以利用内网、内宣等内部的传播平台以及外部的社交平台传递公司信息，同时还可以利用线下活动，让员工面对面参与，提升沟通的影响力。

在对内传播方面，华为公司做得比较好。华为建立了一个面向内部员工的心声社区，员工把对公司、工作的看法等内容都通过这个社区实名或者匿名发布，使之成为华为内部沟通的最重要阵地。由于华为的影响力，社区中的热帖也经常被外界关注和传播。因此，社区平台也成为"对外传播"的重要平台。如今，心声社区已经成为拥有包括华为家事、外媒看华为、七彩生活、视频、华为人、圈子、博客等一系列丰富内容的网络内容综合平台。因为有了"心声"社区，员工可以在上面匿名发布看法，这样员工反映的企业问题会直接被管理层看到，同时也满足了员工"吐槽"的需求，员工不需要再去外部平台表达。而在心声社区"曝光"的内部邮件也越来越外部化，尤其是创始人任正非的内部邮件，几乎每封都成为管理思想的"必读经典"，被外部读者追捧。

在线下活动方面，联想公司每年都会举行一次 Kick Off，中文名为誓师大会，全体员工参与，CEO 杨元庆与高管给员工宣讲公司战略、产品规划以及全年方向。在氛围上，活动会办成聚会的形式，除了领导讲话，还穿插了表演和音乐，大家能够自由地交流。这样的线下员工活动，成为联想促进员工关系的抓手。

和内部沟通相关的工作还有进行雇主品牌（Employer Brand）相关工作。它是以雇主为主体，以核心雇员为载体，以为雇员提供优质与特色服务为基础，旨在树立良好的雇主形象，提高雇主在人才市场的知名度与美誉度。

很多时候，雇主品牌工作是将企业的愿景、战略、文化、员工故事等，和 HR 一起提炼包装，并在职场类媒体、自媒体和社交网络（如脉脉、领英）进行传播。

### 3.4.2 企业社会责任

企业社会责任（Corporate Social Responsibility，CSR）是指

企业在创造利润、对股东和员工承担法律责任的同时,还要承担对消费者、社区和环境的责任。企业的社会责任要求企业必须超越把利润作为唯一目标的传统理念,强调要在生产过程中关注人的价值,强调对环境、对消费者、对社会的贡献。

在很多时候,企业社会责任表面上看是做慈善,做捐献,但实际上是企业价值不断升级的过程。如下图中三角形所示,企业在不同的发展阶段,需要体现自身对社会和股东不同的价值。这类似于"穷则独善其身,达则兼济天下"的过程:企业创业初期以"挣钱"生存为主,充分满足股东利益;随着企业规模的扩大,越来越多地考虑自身对社会的影响,也即更多地考虑创造社会价值,照顾更多利益相关方的利益,助力构建和谐社会;企业社会责任的最高阶段是"创造不同",除了考虑社会价值,更为社会创造不同的价值。这个时候的 CSR 更加关注企业和社会的关系,以及企业如何解决社会问题。

企业社会责任金字塔

当公司规模小、品牌知名度低的时候可以"独善其身",但如果公司业务上了规模、市场影响力变大就该改变原来的"规则",做到"兼济天下"。否则一旦企业问题曝光,就会成为很大的危机。比如当下某知名电商企业在创业前几年没人注意,但上市后就因为"假货"问题陷入了舆论的漩涡。

某知名房地产公司，以前一直低调发展，直到规模到了世界500强，再也无法"低调"，之前被忽略的问题和矛盾都被媒体用"放大镜"关注。因此 CSR 是"对冲"企业风险的有效手段，对于中型以上规模的企业来说，CSR 要和企业的价值观紧密挂钩，并成为企业的战略之一。

对于大企业来说，往往都是 CSR 三个层面兼顾。以华为为例：第一个层面，即最底层挣钱的层面，华为通过合规经营、努力经营为员工提供了丰厚的收入，同时为当地税收、就业各层面做出了贡献；第二个层面，华为坚持做中国 ICT 产业创新的引领者，推动各行业的升级转型；第三个层面，华为向全世界输出优秀的技术和产品，其创新、奋斗的作风不断鼓舞着更多的中国人。

### 3.4.3 政府关系

2018年年初，短短三个月的时间内，某互联网公司被政府部门多次点名批评，它的重要产品之一也被永久关停。这个问题的背后，公司产品本身固然是出了问题，但监管的处罚力度之大，也反映了该公司与监管部门沟通的能力薄弱。糟糕的政府关系，对企业带来的影响有时足以致命。其实无论是哪个国家商业和政治都是密不可分的关系。企业应该构建坚强、灵活的政府关系，为商业的合规和发展保驾护航。

如下图所示，在商业活动中，政府和企业分饰不同的角色。政府的角色是制定政策、引导行业和监管企业，因此构建政府关系的目标就是让企业更好地理解政府的政策，遵从法规的引导以及监管。这个过程中，企业应该积极推动寻求政府关系的利益结合点，从而让政府和企业能够获得双赢。同时，构建政府关系需要和构建媒体关系协同，因为政府关心的问题首先是被媒体广泛报道的问题。

# 第 3 章 关系维护

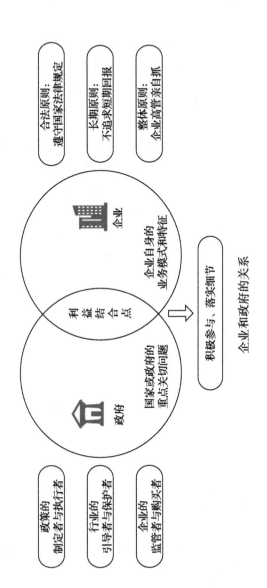

企业和政府的关系

要做好的政府关系，概括起来是"亲"和"清"这两个字。"亲"就是亲密，而"清"就是清廉。"亲密"要求企业了解政府的职能，了解它的运作机制等。一方面企业需要站在政府和政府主管部门的立场来思考问题，企业要把政府诉求与企业诉求有机结合起来；而另一个方面，"清廉"要求企业和政府的关系要清白，不能贿赂政府官员，搞权钱交易。

我们以滴滴和政府的关系策略举例。滴滴将自身的业务战略和政府关心的议程相结合，包括中国企业走出去（国际化）、互联网+、人工智能等技术的发展等。面向政府，滴滴提出了很多政府关心同时也有利于自身业务发展的方案。比如滴滴在两会时提出专车改革的提案；提出积极布局人工智能，取得局部领先的策略；同时它的智慧交通、新能源出行等策略也获得了政府的好评。除了两会这样的重要场合，滴滴也注意定期与政府主管领导沟通。滴滴出行的董事长兼 CEO 程维带头，亲自向政府部门官员们汇报滴滴的战略进展，分享对当前产业热点的看法，充当政府的"外脑"。同时滴滴公司还面向政府编辑"内参"，通过内参定期向政府通报滴滴的业务进展。

因为双方的沟通非常通畅而紧密，所以滴滴和政府关系非常融洽。在科技公司中，小米、阿里、腾讯、百度、美团等公司都是政府关系做得一流的企业，因此他们也享受到了政府关系带来的发展红利。

### 3.4.4 分析师关系

分析师是某个领域的跟踪者和研究者，公关在新闻传播中经常需要使用分析师的数据、报告和分析结论。分析师群体是一个类似于记者的群体，但和记者相比，他们更加专注于自己的研究领域。不同的分析机构、不同的分析师关注的领域不同，所以每个垂直行业，如互联网、制造、医药、通信、化工、汽车、旅游、地产等，都有他们专属的分析机构和分析师。我们在建立分析师关系的时候，可以参考建立和维护媒体中高层关系的策略和方式。

| 行业层面<br>趋势及策略研究 | | 宏观层面<br>趋势及策略研究 | | 营销层面<br>趋势及策略研究 | |
|---|---|---|---|---|---|
| 技术趋势 | 市场发展 | 社会学 | 经济学 | 市场营销 | 品牌战略 |
| 竞争格局 | 热点研究 | 文化研究 | 政策研究 | 产品战略 | 受众心理 |

分析师关注的领域

很多大公司会针对分析师专门召开"分析师大会"。比如华为公司每年都会召开全球分析师大会，这个大会的级别很高，轮值总裁带来各 BG 高层悉数登场介绍业务和产品。除了办线下的大会，企业还可以将内容"植入"分析机构的研究报告或者进入分析机构的"排行榜"。比如 ICT 知名咨询机构 Gartner，会定期发布名为"魔力四象限"的分析报告，将市场上相关的厂商和产品，在四个象限中进行排名和分析。产品进入魔力象限以及在象限中处于领先位置，对于客户采购产品有参考价值。所以他们华为的很多产品顺利进入了 Gartner 的魔力象限当中，并获得较好的排名，这固然是与产品品质分不开的，但华为和 Gartner 的紧密沟通也起着重要的作用。

分析机构还可以为企业提供对外传播的内容，比如与分析机构合作进行行业报告的传播。美团酒店在知名度上之前远低于携程，于是美团通过与分析机构 Trustdata 合作，寻找最有利于美团传播的点，从美团酒店"间夜量"第一、客户更年轻等角度来分析美团酒店在行业内的优势。基于这个数据报告，美团再邀请媒体结合企业的服务产品，以及未来发展路线图，进行采访和深度文章的传播。经过一轮大规模的传播，美团希望传递的信息被业界认知：携程方面特意组织话题"反击"。而资本市场也对此表示认可，美团的股价因此获得了提升。

### 3.4.5 投资者关系

投资者关系（IR）面向的投资者可以分成三种类型：第一种是企业高层级的战略投资者，往往是大机构或公司的绝对控股股东，他们是公司高层需要直接沟通的对象，公关一般不直接和他们建立关系；第二种是金融机构，一般来说是基金或者投行，他们是投资和资本运作的行家，我们前面建立的分析师关系和这些金融机构有密切的联系，金融分析师和产业分析师会共享情报，讨论观点；第三种是财经媒体，他们比较关注公司的业绩、市场的竞争格局，所以我们要尽量让他们感到信息透明。

如下图所示，整个这三个层级构成了投资者关系全景图。我们既需要照顾好机构，也要照顾好媒体。对于媒体和机构，我们需要再了解一下不同资本市场的风格，也即美股、港股和 A 股投资者（投资者结构）的不同。

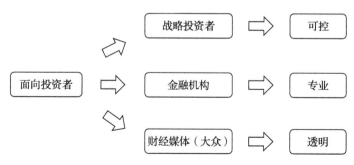

面向三类不同类型投资者的沟通侧重点

A股投资者以散户为主,虽然近年来机构投资者壮大了很多,但市场的交易主体依然是散户。且散户因为是机构投资者的主要持有人,也间接影响了机构投资者的行为,导致机构会表现出散户化的特征。港股市场以机构投资者为主,近几年随着内地市场的开放,中国内地投资者也稳步增加,这些人大多是较成熟的投资者。同时港币联系汇率和美元挂钩,股市受外围因素(如美元、美股)影响也较为明显。在美股市场,投资者以机构投资者为主。他们追求投资的保值、追求稳定,并不要求太高的收益率。

因为投资结构的不同,境外投资者以考察每股盈余(EPS)为主,A股投资者以考察估值波动为主。所以PR故事出现在港股、美股不一定都可以获得正面的反馈。以在香港交易所上市的联想为例,2014年1月,联想宣布收购IBM x86服务器部门时,市场的反应是正面的,因为从传统PC向数据中心业务转型,利用IBM的产品优势,可以打开更大的市场。而且,联想有并购整合IBM ThinkPad的成功先例。但一周后联想又宣布收购摩托罗拉移动的计划时,市场反应就是负面的了。市场觉得联想自己的手机产品和品牌力不行,这次整合摩托罗拉的品牌和团队失败的可能性大很多。

面向投资者,也需要定期举办线下活动。但针对投资者关系的活动还是以做业务介绍和沟通问答为主,形式简单。对于公关来说,更需要在投资者关系活动当中有财务的支持,你写的新闻稿也好,你所做沟通的内容也好,都必须能够达到财务的要求。

### 3.4.6 客户关系

最后我们来看客户关系(粉丝关系)。下图是对"客户"的通用分层。最底层数量最多的是大众消费者,他们是产品的购买者和使用者,往往比较关注产品的设计、品质和使用体验。针对大众消费者中的典型用户、粉丝，我们可以通过社交媒体、粉丝线下活动来与之互动，并鼓励这些用户转发企业信息、分享产品使用感受，从而建立初步的沟通关系。

面向不同层级用户的沟通策略

客户分层向上一层是企业用户，他们一般都会比较关心效率的提升、业务的增长，所以我们要着重从这个方面去与之沟通，同时通过社交媒体、客户俱乐部等线下活动和增值服务来维护关系。

客户分层的第三层是专业用户，他们可能来自大众消费者，也可能来自企业用户，是可以影响这两类用户的意见领袖。他们关心技术的发展，是技术专家，同时也是创新产品最早的体验用户，能对产品的优劣发表专业的评论。针对专业用户，我们可以采用媒体大咖的维护策略和方法来与之沟通，并力争打入他们的圈子，获得整个圈子的信任。

在客户分层模型的最上层是超级用户，他们往往是公知、名人、明星等公众人物。一般情况下，要让这类用户为企业发声都需要高昂的代言费用。但如果通过挖掘和匹配与他们共同的价值观，悉心寻找公众人物曝光的言论或产品使用体验，也可能获得借用其品牌形象对外传播的势能。

结合客户关系模型，我们以联想 ThinkPad 为例做一个梳理。模型最底层是 ThinkPad 的消费者用户，按照类型可以分成办公、设计、校园、电竞等用户，联想可以针对上述用户群，举办不同类型的粉丝活动。第二层企业用户中，ThinkPad 拥有大量知名的企业用户，所以它打造了一批明星用户案例，比如美国宇航局（NASA）让 ThinkPad 成为第一台上太空的笔记本。第三层专业用户中，ThinkPad 也拥有大量的极客。比如一位名叫王照宇的电脑极客，他不但是电脑技术专家，同时也是狂热的 ThinkPad 粉丝，他收藏有近 100 台各种型号的 ThinkPad，包括最早的 IBM 黑白机和被美国现代艺术博物馆（MOMA）收藏的蝴蝶机等经典。位于最顶层的超级用户，ThinkPad 也发掘了很多，比如美国前总统奥巴马、著名科幻作家刘慈欣等。这些名人在 ThinkPad 定制的场合，不但是产品非官方的产品"代言人"，也成为 ThinkPad 品牌理念——"知行合一"的代表，影响更多的用户和粉丝。

# 第4章
# 危机公关

平时我们的工作主要是内容策划和生产、媒体沟通维护等正面传播，但我们也需要第一时间应对和处理外部负面的声音，并代表公司尽力做好沟通。本质上，危机公关是沟通的艺术。很多时候，积极、迅速和有效地沟通是解决危机问题的关键：通过沟通，负面消息得以澄清、企业价值观得以彰显、大众情绪得以安抚，危机事件最终将向解决问题的有利方向发展。

由于危机时刻的特殊性、复杂性，沟通过程将充满不确定性。公关的任务就在于，利用危机公关的专业策略和执行，将沟通变得更加"可控"。本章就将围绕这个过程，详细解析危机的发生、发展和对应的危机公关"沟通"策略。

## 4.1 公关在危机中的角色和价值

就像"伞兵生来就是被包围的",公关生来也被用来处理企业的危机。公关是企业声誉的"医生":在危机发生前,帮助企业系统性"预防";在危机发生时,帮助企业消除负面影响;在危机渡过后,帮助企业重新建立美誉度,并防止相同危机再次发生。

### 4.1.1 危机公关语录

在正式介绍危机公关之前,我们先看 5 条有关危机公关的名言。

**"危机就像死亡和纳税一样,不可避免。"**
——美国危机管理专家史蒂文·芬克

**解读**:公司由人组成,人会犯错,公司也会犯错,因此发生危机不可避免,所有企业无一例外。

**"建立良好的声誉需要 20 年,而毁掉它只需要 5 分钟。"**
——"股神"沃伦·巴菲特

**解读**:一个品牌的建立需要漫长的时间,而一个品牌的毁灭只需要很短的时间。三鹿牛奶、冠生园倒闭,德隆系的坍塌都是几天的时间。

作为企业的宝贵资产,企业声誉的建立也应该像巴菲特提到的另一个投资理念——建立护城河。

**"一个"错误"的负面影响,足以摧毁九十九个"正确"积累起来的良好形象。万分之一的失误,对当事人的体验也是百分之百的伤害。"**
——某企业管理条例

**解读**：公关无小事。一个处理失当的危机，足以摧毁企业积累的良好公众形象。比如某中国 IT 公司，2019 年经过努力终于摆脱了前几年的亏损状态，收获了 10 年来最好业绩。当公关部终于可以对外好好"正面传播"的时候，企业的首席财务官在财报发布接受采访时，说出了"生产线可以迁离中国躲避关税"的回答，激怒了网民，不但让自己深陷舆论漩涡，也加剧了公众对企业的不信任感。

同时，在处理涉及用户的危机时，我们也一定要换位思考，理解当事人的感受。危机面前，如果企业表态不及时、处理不得当，"虽然是万分之一的失误，对当事人的体验也是百分之百的伤害"。

**"危机是企业平时作恶的零存整取。"**

——得到创始人罗振宇

**解读**：企业无论是提供产品服务还是从社会汲取资源，必然对环境、社区、用户以及相关人群产生影响。这些影响有正面，有负面。负面的影响反映到公关上，就是负面内容。这些负面内容，有的来自用户在社交媒体上的吐槽、投诉，有的来自政府部门（如质检总局、工商）的监管、处罚，还有一大部分来自媒体写的负面文章等。

部分企业应对负面的办法是：用大量稿件做"稀释"对冲负面，做 SEO 优化"沉降"负面，用"政府公关"安抚有关部门的监管，用广告投放合作费用"收买"媒体、自媒体。上述做法就是"企业作恶的零存整取"。小负面累积到一定程度，就会酿成一次大危机。

**"被误解是表达者的宿命。"**

——作家王朔

**解读**：危机公关中，公关是公司发言人背后的"大脑"。通过"发言人"表达歉意、澄清事实、解释疑问、说明难题、恢复信心等一系列正能量传递，都需要公关团队去努力。这个过程中被误解是常态，专业的公关不会因此而惊慌，相反，他们会分析被误解的原因，调整危机公关策略，用更有效的沟通方式消除误解，平息舆情。

### 4.1.2 危机来源和公关成败标准

从公关的内容层面来划分，一般分为企业的品牌公关和产品公关，而企业危机的来源也可以分为品牌和产品两方面。

**品牌危机**包括公司业绩下滑，以及领导人丑闻或不负责、缺乏同情心的公众言论等。

**产品危机**包括产品质量、服务或者渠道经销商的问题等。普通消费者的投诉一般很难形成大声量，而权威机构检测报告、主流媒体调查报告及大 V 的言论，都能够引起较为广泛的关注。

微博是网友情绪宣泄的集中地，对于企业的官方微博而言，公关做得好的企业，能够利用官微主动策划正面传播，获得较大的关注度；而平时公关做得不好的企业，官微关注度低，突然某一天急剧拉高，大概率是因为这家企业爆发了危机。

危机公关成败的原因千奇百怪、各不相同，因此很难有统一标准判断哪次危机公关算成功，哪次算失败。业界普遍的评判标准是，危机爆发后，事件得到控制，负面舆论没有被持续放大，就算公关成功，而公关界喜欢用"平稳可控"这样的词来描述公关成功。至于有少数危机能够反转，甚至"转危为机"，背后的原因往往是事先策划，在把大众消费者安抚到位后，再利用一些题材，比如娱乐，来满足大众的另一面情绪。

如果危机走向"平稳可控"的反面，通常被定义为危机公关失败。危机公关失败的原因错综复杂，我们试图从外部、内部和公关自身三个角度来总结归纳。

**外部因素**主要指宏观经济环境、政策法规、行业生态、舆论监督收紧等。2019年央视3·15晚会曝光电子烟也会释放有害物质，危害吸烟者和被动吸烟人群健康。各大电子烟厂商立刻陷入一片哀号之中，同时，主流电商平台京东也立刻做出下架所有电子烟产品的处理。这种行业性危机，公关难以在短期内发挥作用。

**内部因素**主要指公司业绩、产品服务质量、领导者或高管层面等出现问题。2015年到2018年期间，某著名IT企业的业绩持续亏损，股价腰斩，内部一系列问题让外界对其产生了诸多怀疑。面对内部深层次问题，该企业公关部也只能尽力做好对内、对外沟通，将内外部情绪矛盾降到最小。

**公关自身因素**主要是指公关部没有参与企业的战略规划、重要决策管理，对于公司的发展方向、产品服务的方向知之甚少；没有建立危机管理流程，没有针对企业内部的高管和部门负责人进行相关培训等。如果存在上述问题，在危机爆发时刻，公关部自身也陷入恐慌，不能提出有效应对策略，不能调动内外部资源协同解决问题。

要想成功做好危机公关，必须从公关自身出发，持续提升公关能力，稳定发挥，并通过专业性和创新，强化对内对外的影响力。

## 4.2 危机公关策略

危机公关是各种公关能力的集大成,需要策略、内容、媒介和内外部沟通综合协同。我们可以通过拆解危机的脉络流程,分析每个环节,力求像管理传播一样管理危机。

如下图所示,从发生到结束,危机公关流程可以分成三个大环节,六个小环节。

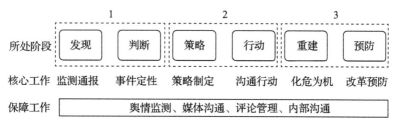

危机公关全流程

### 4.2.1 舆情监控和判断

"发现和判断",作为危机公关的第一个环节至关重要。

如何第一时间发现和判断舆情?答案是建立舆情预警机制。在没有舆情监控体系的创业公司,有时候公关部负责人会收到公司高层发来的负面报道链接。在这种情况下,公关比较被动,需要一边了解事实,一边向高层解释,留给他思考和处理的时间非常有限。

通过建立一套舆情监控体系,公关能够第一时间获取负面信息,避免上述被动局面。舆情监控体系的核心是舆情监控系统,该系统后台类似于搜索引擎,核心是经过优化的针对新闻信息的爬虫算法。百度等搜索引擎无法搜到很多新闻客户端发布的内容,而舆情监控系统通过自己的爬虫可以抓取到。不过,舆情监测系统也会有遗漏,比如很难监测到直播平台的信息,因为视频产生巨大的数据量,一般的舆情监控系统无法完整记录,更不用说分析了。

如下图所示,舆情监控系统自动在指定范围内反复搜索,并基于关键词反馈新的搜索结果。自动搜索结果再经过人工筛选,形成一份通报。爬虫搜索全网的时间频率、筛选通报的时间等,都可以根据需求提前设定。

舆情监控系统架构

什么时候该上舆情监测系统、采购舆情监测服务?大多企业"吃过亏"之后才上系统,算是"亡羊补牢"。一般来说,C轮及以上的创业公司,以及上市公司都有必要上。同时,C轮以下的企业,如果每周都有来自第三方的报道,也说明企业具有一定外部关注度,应尽早上监测系统。

如果企业所处的行业是舆情"高危"行业,那也必须上舆情监测系统。下图是央视3·15晚会曝光的行业统计,从2013年到2017年,信息安全和食品行业位居"高危"行业,分别有13家和10家企业被曝光,占比分别为29%和22%。信息安全问题大部分来自科技、互联网企业的隐私泄露、恶意软件等问题,这暴露了科技行业高速增长也带来了很多新的问题。而食品、药品等问题,一直也是舆论高度关注的领域。下图中,汽车行业排名第三，电器产品排名第四，上述两个行业上榜原因 90% 以上是产品或服务问题。

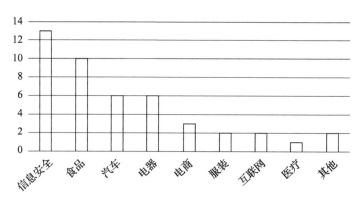

2013—2017 年 3·15 晚会曝光行业统计

如下图所示，舆情监测中日常的新闻排查时间段是工作日的 7:30-22:00，因为 90% 的新闻信息都在这个时段出现。但如果是特殊时期，就需要当天延长监控时间，比如 3 月 15 日，央视 3·15 晚会结束以后，媒体会集中写稿子，当晚 11 点左右发送。假如企业业务和度假相关，那么监控的重点时期应该是春节、国庆等节假日，因为这个时段是投诉和负面消息的高发时期。

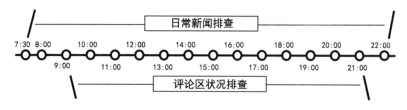

日常舆情排查时间段

监测内容的重点是新闻标题和正文，同时，新闻评论区也要监测（重点排查首页评论）。一般来说，评论区监测和排查应安排在 9:00-21:00。在企业开发布会等重要活动期间，更要加强评论区的排查，防止企业在新闻评论区集中受到负面评论的攻击。

舆情监测的费用是按照监测的范围、时间段和报告方式等维度来定的，从每月数千元到数万元不等。公关可以根据企业自身的需求，定制适合的监测方案。

如果企业暂时没有将舆情监测列入预算，你可以使用免费的工具，通过百度、谷歌等邮件新闻订阅工具可以定时获得网络搜索反馈。如果你需要获取一段时间的网络舆情统计和分析，可以试用一些免费的舆情平台的服务，比如新浪微博情。

如何选择合适的舆情服务供应商？你可以将企业的需求和供应商的优势进行匹配，目前市场上主流的舆情公司分为五类。

（1）**老牌舆情公司**。大多是由传统剪报公司转型而来，加入了新媒体的监控系统。例如红麦科技、慧聪、梅花等。他们的优势是对客户内容的理解力较强，监控范围较全面。

（2）**新媒体舆情公司**。新兴的监测公司从新媒体监测起家，擅长微信、头条、百家号等新媒体内容监测，例如知微、新榜等。其中新榜的微信自媒体数据已经成为新媒体领域的行业标准。

（3）**以大数据**能力形成的舆情监测服务。比如百度舆情（包括百度指数）、新浪舆情、清博大数据等。

（4）**外资**舆情公司。他们的优势是对于外媒的监控，例如惠科、融文公司（Meltwater）等。

（5）**官方属性**的舆情监测部门。如人民舆情、新华舆情、中科点击等。

通过舆情监测系统和媒介的配合，你可以掌握绝大部分的负面消息。但这些内容数量可能较多，因此，需要对负面消息进行分级，集中精力应对最亟须处理的内容。下面我们来模拟公关的日常，假设今天舆情系统发送了三条舆情通报：

（1）某微信公众号发出一篇公司产品的负面评价，半天时间内阅读量达到500；

（2）虎嗅首发一篇负面深度文章，腾讯网等新闻门户网站已经转载；

（3）某大V在新浪微博吐槽产品问题，并引发围观（评论转发数量约20条）。

同时，媒介同事还反馈记者提出了采访需求：36氪记者电话问询，希望针对公司股价连续下滑做一篇报道。

另外，你正好也在百度上搜到关于公司的如下信息：30条往期关于公司的负面内容（首屏2条，其他页面28条）。

这五种不同的负面信息，哪些是应该采取行动的危机？

如下图所示，从渠道和内容两个维度做评估，对负面消息的处理优先级就很清晰了。

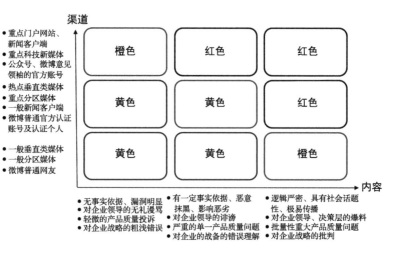

危机分级评估矩阵

对于上面的第二条,"虎嗅首发一篇负面深度文章,腾讯网等新闻门户网站已经转载",无论从渠道看,还是从内容看,都是比较严重的负面信息,属于红色级别,优先级最高,应立刻沟通处理。

对于第一条,"某微信公众号发出一篇公司产品的负面评价,半天时间内阅读量达到500",媒体影响力一般,属于黄色级别,这类无须行动,继续监控即可。

红色和黄色级别的负面消息,相对来说比较好判断,因为标准清晰。但中间地带橙色部分其实较模糊,在实际工作中很难判断。比如第三条"某大V在新浪微博吐槽产品问题,并引发围观(评论转发数量约20条)",对这条可以再加上一个维度"时间"。一方面向领导、相关负责人通报这个事件,另一方面观察文章的扩散情况,如果阅读和评论没有超过预期,没有其他媒体转载,或者只有少数不知名媒体转载,那么这篇文章就会自动失去热度,"沉下去"(对于第一条继续保持监控,也是这个逻辑)。如果走势相反,就要升级危机的级别,并采取行动。

对于第四条,"36氪记者电话问询,希望针对公司股价连续下滑做一篇报道",应安排时间与记者沟通选题,以确保内容的调性是积极向上的。最后,第五条"30条往期关于公司的负面内容(首屏2条,其他页面28条)",这样的内容不是新闻,因此属于重要但不紧急,可以通过做搜索引擎优化,将负面内容沉降到靠后的页面。

做好负面信息分级(危机预警分级)之后,我们要确定每个级别的预警"谁来主导处理"。

如下图所示,从上到下,危机逐步升级,主导处理危机的人员也逐步升级。黄色预警对应黄色级别，我们只需要保持监控。

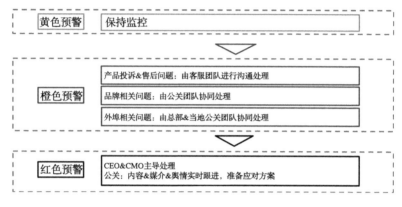

舆情升级体系

橙色预警对应中等负面消息，按情况不同，主导处理的人员也不同。如果是产品或者服务问题导致的，应该由客服团队进行沟通和处理（敏感投诉和名人投诉需要由公关主导处理）；如果是涉及媒体的投诉，或者品牌相关的负面消息，应该由公关团队来处理；而外地发生的问题，如果在外地有分公司的，应该由总部协同当地的团队一起处理。

危机如果升级到红色级别，就需要 CMO 甚至 CEO 来主导处理。这意味着调动全公司资源，应对和处理危机。

前面我们提到象限中的红色和黄色危机相对容易判断，中间的橙色危机需要持续观察，根据扩散程度做最终的判断。

观察周期一般以一周为限，如果声量下降，就等待其"自然消亡"。下图是脱敏处理后，某互联网公司橙色危机事件的声量曲线，可以看到，危机声量呈现抛物线走势，在一周时间内声量降低到趋近为零。

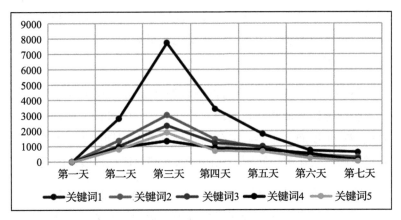

事件关键词声量曲线

如果橙色危机并没有按上面预期的走势发展,而是话题持续发酵、声量持续上升,就应升级为红色,立刻采取行动。

大多数橙色危机终局都是相似的,声量如上图抛物线一样消逝。但每个红色危机形成的背后,各有各的原因,比如危机本身就涉及生命财产损失等敏感话题;或者当事人有非凡的传播能力,能够调动"大V",甚至自己就是"大V"。

虽然危机背后的原因各异,但危机其实都是很多次小的负面累积之后的爆发。航空界有一个著名的"海恩法则":每一起严重事故的背后,必然有29次轻微事故、300起未遂先兆以及1000起事故隐患。

红色危机也是如此,大多是在负面因素累积之后爆发的。比如应对平时客户投诉,客服都按"标准流程"来处理,对于应该执行三倍赔偿的尽力避免和拖延。大多数消费者都接受了客服的"解释",当遇到懂法且有一定调查和传播力的消费者后,危机就可能会爆发。

很多危机本可以避免,比如服务投诉危机,企业从最初的处理投诉环节，就不应有侥幸心理，能够给予类似三倍赔偿这样的补救，就迅速行动，因为三倍赔偿比起事后的危机公关成本和代价要小得多。

很多时候，企业会受到自身客服体系成本规则的制约。那么，企业可以采取在特定时段，比如在3·15期间，电商公司在618、双11期间，旅游服务公司在假日黄金周期间等，调高客服赔付权限，快速解决问题，从而降低敏感时段危机爆发的概率。

除了负面因素累积之后的爆发，第二种情况是企业自身的中长期危机爆发，比如公司连续亏损、资金链吃紧、员工离职严重、行业萎缩、竞争过度、客户流失等。另外，也包括有隐患的产品，比如，滴滴出行的顺风车产品，背后是滴滴监管的松懈，以及顺风车产品的定位问题：滴滴有意将其设计成了一个O2O的社交平台，鼓励陌生人在一个密闭的车厢里社交，这个风险不言而喻。

产品风险的背后主要是公司对增长的过度追求。其实关于顺风车的投诉已经早有很多，滴滴的客服几乎每天都能收到顺风车司机骚扰乘客的投诉，舆情系统也经常监测到用户在社交媒体上的吐槽。但因为顺风车业务是当时滴滴增长的重点，部门内部一直疯狂推动规模的扩张，完全顾不上用户的投诉。直到21岁空姐被害事件发生，滴滴才被迫停下脚步，整改业务，补上之前没有做好的功课。

与滴滴形成对比的是支付宝，支付宝曾经上线过类似朋友圈的"白领日记"和"校园日记"的社交功能，但因此出现了大量违规图片。支付宝很快发出道歉声明，迅速下线了此功能。对于互联网公司而言，如果没有风险控制能力，宁可下线产品，也不要给品牌带来风险和危机。

无论是突发危机还是累积导致的危机，都有如下图所示的一个发展、发酵、传播、演变的发展路径。公关要做的，就是在发酵之前的阶段介入，避免引发下一个路径传播，以及传播之后的演变失控。

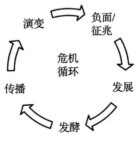

从负面到危机发展环路

## 4.2.2 负面舆情管理

舆情管理具有鲜明的特色：社会层面，经济高速发展和社会转型带来的矛盾在互联网等渠道集中凸现；技术层面，移动互联网的快速发展、新媒体的盛行使舆情风暴来得空前猛烈；市场层面，越来越多的企业在网上开始打起营销战，企业之间也在网络上长期攻防，舆论话语权的丧失对企业经营造成直接威胁。因此，舆情管理是企业的刚需。

长期以来，舆情管理的错误理念是将消灭舆情视为舆情干预的目的和方向，舆论引导被简单等同于删帖、删号、屏蔽和限流。这一错误理念，导致企业调用大量资源用于公关网络平台公司、协调政府网络管理部门。更为严重的是，由于网络舆情管理牵扯了企业大量资源与精力，问题本身的解决反而被忽略。结果本末倒置，消灭舆情成为舆情管理中的重中之重。

但是，如果网络舆情反映的问题不是企业自身的问题，而是谣言或是竞争对手的恶意攻击，那就需要"洗刷"舆情了。

正如汽车脏了，被动地等下雨，把脏东西冲走，还不如主动洗车。靠自然的流量企业很难摆脱沉积的负面舆情，而需要定期"洗刷"。

对于长期留下的舆情长尾，可以采用大量发稿沉降和搜索引擎优化等方式，对负面信息进行"清扫"。这样的做法也适用于应对突发的重大负面舆情。比如，在腾讯和360舆论大战期间，360每天的发稿量达到了惊人的100篇。高强度、多渠道的稿件发布，让360在短时间内占据了舆情的有利位置，获得了话语权。

还有一种方式是通过CEO大量接受采访。根据华为心声社区公布的数据：在2019年1月前，国际媒体对华为的报道90%以上都是偏负面的。经过华为创始人任正非频繁地接受全球媒体采访，截至2019年6月，国际媒体正面声音已经到达27%。

"过去6个月我多说话，未来6个月可能我还会说得更多，希望能够让世界增加更多明白。"任正非表示。2019年上半年，他在华为公关部的建议下，频繁"出镜"，对华为的海外舆情改善起到重大作用。

面对舆情，企业和公关普遍缺乏公开、理性地与舆情对话的勇气。华为舆情管理的策略值得其他企业借鉴。

舆情管理应重点关注媒体传播的信息和观点，同时也应兼顾新闻信息的评论区。如今，评论区已经变成了新闻信息的一部分，读者看新闻、读观点也看评论，尤其是热门新闻、深度文章的评论。另外，对于2C销售的企业而言，电商平台销售的评论区，也需要进行舆情管理。

对于评论区的管理，建议通过粉丝、用户来做引导。公关可以通过为粉丝、用户提供福利的方式，持续培训他们，与他们沟通，激励他们来产生内容，包括使用体验、产品评价、品牌印象等。然后，公关再通过他们或者第三方，将这些内容转化到评论区中。

### 4.2.3 危机应对策略和处置

关于危机应对策略和处置，我们先从一个典型的危机处理案例来看。

被网友戏称为"宇宙第一房企"的 B 企业，2018 年年初因为一本书而忧心忡忡，这本书是之前担任 B 企业首席财务官三年之久的吴某撰写，书名为《我在 B 企业的×××天》，书里有很多涉及 B 企业及其创始人"不可告人"的内幕。

B 企业处理这个危机用了三招。

首先，和作者吴某沟通，从软硬两方面入手，软是提出买断全书的版权，硬是拿出吴某入职 B 企业时签订的竞业和保密协议，这里面部分内容在离开公司后三年内依然有效。软硬兼施之下，吴某妥协了，发表声明，表示书里的情节大部分是虚构的。

其次，B 企业找到该书的出版社，通过谈判停止了书籍的出版和印刷，并封存已经印刷的书籍。

最后，通过公关公司将这本书回购，并将市场流出的书也买断，甚至大部分的赠书也通过各种途径索回。这本书基本是"灰飞烟灭"，线上书店当当和京东，包括线下书店，都是无货的状态。

B 企业使用的三招是我们在处理危机的时候最常用的三招。

| 负面主体 | 作者 | 媒体 | 其他平台 |
|---|---|---|---|
| 沟通策略 | ①<br>改成正面<br>留而不发 | ②<br>不转载<br>不跟进 | ③<br>正面引导<br>评论管理 |

如上表格所示,第一招是针对作者,沟通策略是"留而不发",与作者沟通,能否不发,或者是改掉不宜往外说的内容、负面内容。

第二招是针对作者所在的媒体,即当事发声渠道,在传播平台上,线上线下撤稿或者删稿。

第三招是针对其他媒体平台,通过大量发稿,避免更多用户看到,同时用另外的声音来冲淡用户的关注焦点。

| 内容话题 | 事实 | 质疑 | 谣言 |
|---|---|---|---|
| 回应策略 | 真诚道歉<br>就事论事 | (非恶意)低调处理<br>(恶意)针锋相对 | 权威证言<br>法律威慑 |

如果负面内容已发出,那么针对不同类型的负面内容,应采取不同的回应策略。

第一种是**事实清楚的负面报道**,也即内容属实,没有争议。企业应发布声明,真诚道歉。策略上,把企业角色定位、用户情绪和问题解决承诺做好。

第二种是**质疑企业的报道**,如果是非恶意的质疑,企业可以低调处理。策略上,先不公开发声,应加紧调查事实,同时内部准备应对媒体的话术。如果是竞争对手或者第三方对企业的恶意攻击,企业可以针锋相对,予以回击。

2014年知名自媒体人王某对锤子手机做评测,评测结果对锤子手机非常不利。知道对方来者不善,锤子手机创始人罗永浩选择迎战,通过在线直播的方式,直接回应对手的评测,指出不实,最后迫使王某公开道歉。

对于大多数企业来说,针锋相对的做法过于激烈,可以采用更容易掌控的方式,就是"抢先定调",在对方发出质疑后第一时间把真相和企业想表达的内容发布出来,使得对方无更多"想象"发挥的余地,让舆论优先偏向企业这方。

第三种是**谣言**。对于谣言的回应策略是直接澄清。2017年有谣言说某知名互联网公司CEO养"小三",CEO就亲自出来辟谣。2018年有谣言说另一知名企业CEO的女儿与某富商正式交往,该公司CEO也亲自出来辟谣,终结谣言扩散。

以上负面内容应对的策略,大部分源自传统媒体时代,在新媒体时代,虽然传播的链路和内容更加复杂,但基本的套路仍然不变,只是策略分得更细,上述做法依然被大部分公司采用。

上述危机的处理策略是从内容的层面来展开的,我们还可以从负面问题的目的和影响力两个维度再分析一次,如下图所示。

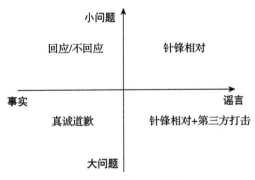

危机处理策略四象限

象限中我们根据影响力将问题分成小问题和大问题,而目的我们从恶意和非恶意这两个角度来看。

第一个象限是恶意的小问题。建议采用针锋相对的策略，回应要快速。

第二个象限是非恶意的小问题。建议私下回应，比如对方在微博质疑，你也通过微博私信。比较常见的有产品质量问题、消费者投诉等，可以转给客服部门处理。

第三个象限是非恶意的大问题，也就是事实确凿的危机，比如海底捞曾被曝光厨房卫生问题。事情发生后，海底捞处理得比较妥当，除了真诚道歉，关闭涉事门店，还主动请工商和卫生部门及媒体检查和参观改造后的厨房。

第四个象限是恶意的大问题。一般是对方有目的地策划、搜集企业黑材料，内容有深度，传播范围较大。对于这种情况我们就需要针锋相对，调动资源进行第三方打击，包括找微信投诉封号，请第三方 KOL 揭露对方的险恶用心等。

在策略执行环节，我们要考虑对内对外两个方面：

（1）**对内**主要是制定话术和进行内部通气，规定所有信息都只能从公关部出，确保口径保持一致；

（2）**对外**要做很多事情，包括当事人的沟通、媒体的沟通、合作伙伴的通气，以及第三方支持或者打击资源的协调等。

最后在评估和后续行动上，我们要从舆情上进行判断，负面的声量是不是已经下降到可接受的范围，如果是，那说明前面的做法是奏效的。你还可以从故事的三要素角色、场景和意外对主流舆情内容进行检验，看看是不是危机故事已经"解构"了。如果是，你就可以着手下一步——声誉重建。在策略制定之后，我们来看危机处理中的几个关键点。

## 4.3 危机声明

### 4.3.1 回应声明

危机公关的最高境界是把负面控制在小范围内，不让其发展成为危机。然而危机一旦发生，我们应拿出专业的水准来回应。危机声明往往是回应的第一步，也是关键一步。它的好坏直接影响危机的走势。

**1. 危机声明"模板"**

3·15 期间是企业危机爆发比较集中的时期。我们就从 3·15 的危机声明开始说起。

我们收看了中央电视台 3·15 晚会对我司（　　）问题的报道，这种个别的行为侵犯了消费者的利益（一定要强调是个别），构成了对我司品牌的极大伤害（表明公司也是受害者）。对此，我们将彻查并督促其做出整改，我们始终会把客户满意和消费者的权利放在首位，我们身为国际一流企业，致力于提供最好的产品和服务给中国消费者，这个初衷我们不会改变，也是我们生存的价值基础。（顺道再帮公司打个广告）今后我们将严格监督，避免此类事情再度发生。我们将及时向公众和媒体通报此事的进展情况，感谢央视和各媒体对我们的关注与监督。（过一周舆论差不多就过去了。）

这是网上一个关于危机声明的模板。类似的模板你肯定也看过。不得不说这个模板是逻辑清晰、用词准确的，但如果所有的企业都用这个模板来写公关声明，就会有问题。

我们结合案例来看，2015年3·15晚会上，央视曝光了部分车企过度维修的问题，他们的4S店把小毛病当成大毛病来修，为了赚取更多的钱。被曝光的三家汽车厂商分别是B品牌、D品牌和R品牌。

先看B品牌的声明，如下图所示，这个声明与网上模板的逻辑结构完全一致。在新媒体时代，这样的套路，虽然专业但是比较敷衍，有推脱责任和自我吹捧之嫌。

### 关于中央电视台3·15晚会相关报道的声明

我们收看了中央电视台3·15晚会对B品牌某经销店过度维修的报道。个别经销商的不当行为是对消费者利益的侵害，更是对品牌的不负责任；对此，我们坚决反对。B品牌始终将客户满意度做为工作的重中之重。我们将立即开展彻查并敦促有关经销商进行整改。此外，我们进一步在经销商网络严格规范售后维修操作，避免此类事件再度发生。我们将及时向公众与媒体通报此事的进展情况，感谢央视及各媒体对B品牌的关注与监督。

B品牌危机声明

下图中D品牌的声明也存在类似的问题，一笔带过三家店被央视曝光，之后立刻转到企业的价值观是"保证用户权益、提升客户满意度"，有自我吹捧的嫌疑，也让人感觉是想撇清关系，态度不真诚，这是典型的以企业为出发点、以自我为中心的声明。

## 第 4 章 危机公关

**R 品牌█关于央视 3·15 报道的声明**

在中央电视台 3·15 晚会报道了 R 品牌部分品牌授权经销商存在"小病大修"非诚信经营的消息后，R 品牌高度重视，并紧急成立了专项工作组开展调查。

在此，请各位车主、媒体和社会各界相信，R 品牌将始终秉承着"客户至上"的一贯原则，依法诚信经营的同时，加强对终端服务行为的监管，杜绝类似情况的发生。

后续的调查进展我们会及时与社会各界及广大 R 品牌车主进行沟通。

R 品牌 乘用车公司
2015年3月15日

**关于中央电视台 3·15 晚会报道天津 4S 店过度维修事宜的声明**

针对中央电视台 3·15 晚会对天津地区三家 4S 店过度维修问题的报道，上海 D 品牌非常重视。我们已启动对此事的调查。

保护用户权益、提升客户满意度一直是我们的首要任务。我们将对 4S 店的维修服务流程进一步加强监督和管理。对报道中天津三家 4S 店的过度维修行为给消费者带来的困扰和影响深表歉意。

上海 D 品牌有限公司
2015年3月15日

R 品牌和 D 品牌危机声明

而 R 品牌开头对事件做了定性，承认央视所曝光的小病大修是一个非诚信经营的问题，同时初步告知了解决流程，因为事件还在调查中，所以初步告知之后，后续怎么解决，还将有更多的方案。

R 品牌的声明是一个以用户为中心的声明，用户能够从中读到这家公司对于用户的关切，以及解决问题的态度。

如此抠字眼来判断声明的好坏，是不是太细了，公众能注意到吗？

其实站在用户角度的声明是解决危机的出发点，代表着企业的态度和价值观。道歉的时候，仅仅专业是不够的，最重要的是真诚。

比如 2018 年，H 品牌汽车出现了机油液位升高的问题，H 品牌及时发出了一份声明。声明中，首先表达了歉意，其次公布了调查事实的流程，再次基于事实，给出了一个正式的解释，最后提出解决方案。这张声明是比较真诚的，而且从消费者角度给出了他们所要的内容。最终 H 品牌汽车机油液位升高问题获得妥善解决，声明在推动问题解决的前期发挥了稳定人心和平衡舆情的重要作用。

## H 品 牌

### 声　明

由于搭载1.5L涡轮增压发动机车型出现的"机油液位升高",给广大车主朋友、媒体朋友以及所有关心H品牌汽车有限公司(以下简称H品牌)的社会各界带来的不便,我们深表歉意!

H品牌本着高度负责任的态度,在情况发生后第一时间就迅速组织了包括H品牌技术研究所在内的各方技术专家,进行了实地、实车的诊断和评估。目前,针对最终解决方案开展的验证性试验正在中国北部地区进行。H品牌将兑现承诺,于2018年2月12日公布解决方案。

与此同时,为了让车主朋友们更安心的用车,让喜爱H品牌产品的朋友们更放心的购车,针对搭载1.5L涡轮增压发动机的全新一代 CR-V、冠道(CIVIC)、思域、思铂睿、UR-V(具体对象车辆范围以H品牌官方通知为准),H品牌有限公司宣布将延长发动机包修期至6年或20万公里(H品牌特约销售服务店将与车主另行签署延保协议)。

遵守国家法规、诚信经营是H品牌的生存根本。对于产品质量问题,H品牌绝不推诿,一定会按照国家相关的法律法规积极处理,保障客户的合法权益。

H品牌成立十五年来,始终以"为消费者提供高质量、高标准的产品"为公司发展的源动力,绝不辜负每一位客户的选择。我们将用更可靠的产品和服务回报消费者的支持与信任。

H品牌汽车有限公司
2018年2月2日

H品牌汽车关于机油液位升高的危机声明

**2. 危机声明三要素**

正如H品牌汽车的危机声明,打动用户的声明是以用户为中心的声明,这种声明应该具备角色、情绪、承诺三个要素。

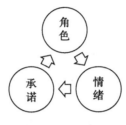

危机声明三要素

(1)**角色**:指企业在危机中对外的姿态,是外界感受到的一种态度,也是一个临时的身份。

(2)**情绪**:指消费者的情感表现。在危机中消费者最常见的情绪有两种:不爽和愤怒。不爽是因为产品服务没有满足消费者的预期,而愤怒则是不爽的升级,产品和服务严重侵害了消费者的权利。所以消费者要维权,要找说法。

(3)**承诺**:也就是企业解决问题的承诺。比如做出赔偿,让当事人满意;同时表明态度,请大家监督,让媒体和关注事态的群众满意。

所以拟定一份声明前,你要问自己三个问题:角色正不正?情绪稳不稳?承诺对不对?

第一个问题:**角色正不正?** 危机面前,人们可能表现出的态度有三种:脆弱、勇敢和正直。关于脆弱这一点,你可能会说,"我们是大公司,必须表现得非常强硬",或者"我们是创业公司,不能认怂,如果我一开始就是一个弱者,以后就没法抬头做品牌了",诸如此类。

如果上网搜索一下,你会发现很多知名企业家都有掉眼泪的场景,为什么他们爱哭呢?就是因为他们非常清楚在危机、在困难面前,这种真诚、脆弱的态度,能够获得大众以及员工的谅解和同情。

所以，真正勇敢的企业敢于面对公众的误解，用理性的思维来应对舆论，同时它能够主动承担责任，妥善解决问题。最重要的是，企业的 CEO、高管能够放下心理包袱，对外袒露真诚和脆弱。

第二个问题：**情绪稳不稳**？面对消费者不爽和愤怒的情绪，建议先道歉再解释。《乌合之众》对大众情绪做了比较深刻地剖析，这是一百多年前法国社会心理学家勒庞写的一本书，书中很多结论和观点在后续的社会事件中得到印证。

勒庞有两个重要的观点：第一，个体可能是睿智和理性的，但是如果个体组成一个群体，就变成感性或无意识的；第二，群体的情绪只有两个极端的状态，就是万岁和打倒，而群体一般更热衷于打倒。

所以你在做声明的时候，如果先解释，群众更热衷于打倒，从而导致更多的质疑，事态会进一步恶化；如果先道歉再解释，往往你就能赢得解释问题的机会，危机可以获得缓解。

这里有正反两个案例，第一个是某知名幼儿园虐童的案例，事件发生时全社会都极其关注，然而该幼儿园的声明却避重就轻，完全没有照顾家长的愤怒情绪。

---

**某知名幼儿园 ：听说、配合、等待**

近日，我公司 ▇▇▇ 幼儿园国小二班部分家长向公安机关报警，反映怀疑其孩子在幼儿园内受到侵害。对于此事给家长和社会带来的严重不安，我们深表歉意！目前我们已配合警方提供了相关监控资料及设备，涉事老师暂停职，配合公安部门调查，后续我们也将及时与相关各方保持沟通，等待政府部门的调查取证结论。

**某知名餐饮企业 ：锅我背，错我改、员工我养**

6、涉事停业的两家门店的干部和职工无需恐慌，你们只需按照制度要求进行整改并承担相应的责任，该类事件的发生，更多的是公司深层次的管理问题，主要责任由公司董事会承担；

7、各门店在此次整改活动中，应依据所在国家、地区的法律法规，以及公司相关规定进行整改。

正反两个声明对比

第二个是某知名餐饮企业后厨卫生出现状况的案例，它连续发了三份声明，总结起来有三个意思：第一，我们有错，为此道歉；第二，责任在管理层，员工不必惊慌；第三，我们立即关店整顿，解决问题。

该餐饮企业的声明在角色、情绪和承诺三个方面，表现和表达得都非常清晰。不但解决了危机，还为企业赢得了敢于承担责任的口碑。

第三个问题：**承诺对不对？** 承诺需要企业拿出真实的行动，企业有必选和加分 2 个项目可做。

必选项目就是付出该付的赔偿或补偿，赔偿的数目大多数时候是企业权衡声誉和成本的结果。

比如 iPhone 电池门事件中，苹果公司给出的解决方案是电池降价，用户以较便宜的价格更换电池，从而使旧手机获得较高的性能。这个决定是苹果公司平衡了供应链、电池的成本，以及对消费者情绪的判断之后，做出的妥协。虽然并不能让所有人满意，但是能够安抚住大部分人。

### 3. 危机声明加分项

前面讲的必选项目只是基本项，还可以做加分项，分为两类：超出消费者的预期和让消费者理解和看见。

第一类加分项是超出消费者的预期。比如某护卫品牌的卫生棉事件，当时有一个卫生棉产品因质量问题需要停产，这本来算是一个负面新闻，可是该品牌企业把它做成了个公关事件。具体做法是设计一个 H5 页面，让用户输入要感谢的人，做成一个很酷炫的美好回忆，同时推送优惠券，类似感恩节的感觉。所以很多人都参与了，且进行了分享，负面事件反而变成一个正面宣传。

比如某 H 品牌电脑游戏笔记本出了问题，该品牌迅速做出反应，直接给出用户三倍的赔偿，它的这个反应和给用户三倍赔偿这样的行为，让很多网友觉得很惊喜。事实上，该品牌在前几年是吃过苦头的，被央视 3·15 晚会曝光之后，因为反应迟钝，其市场份额和口碑一路下降，并且持续有产品被媒体爆出问题。而这次迅速做出三倍赔偿的危机公关是成功的。

面对愤怒的消费者，不要反复试探他们的底线，讨价还价。企业出现错误，就按照自己可以承受的范围赔偿，快速解决问题。

第二类加分项是让消费者理解和看见。

很多危机是突发的，刚开始你来不及给出解决方案，也搞不清楚问题到底出在哪儿，这时候必须对外解释公司内部的处理流程，并定期通报进展。

大多数大中型企业的供应链都比较长，以汽车企业为例，如果出现质量问题，会涉及设计、生产制造、质检和售后等一系列流程。当然，也有很多创业公司、服务型的公司相对扁平一些，但是作为公关，我们要给自己留出一些时间，告知利益相关方公司内部的处理流程，预计什么时候完成什么样的调查，预计何时会给出解决方案。这样就能够给利益相关方一个比较明确的答案，有助于稳定情绪，继续后续的沟通。

整改之后让消费者看见也能获得加分。前面例子中的知名餐饮企业整改后，开放后厨，邀请媒体去参观后厨的卫生状况。三星手机发生自燃之后，三星没有抓住机会组织参观手机制造工厂，反而是华为趁机邀请媒体参观工厂在品控特别是安全方面是如何做的，使得华为从三星的危机中获得了一些自己正面的声音。

## 4.3.2　CEO 道歉信

写危机声明应首先考虑角色、情绪和承诺，那么接下来应该考虑清楚，以谁的名义来写，这其中也大有讲究。

一般来说，涉及公司业务模式、整体业绩、品牌等方面的危机，应由 CEO 出来道歉。而产品和服务的危机，可以考虑以高管的名义或者只署公司名。当企业犯了很严重的错误，就需要以创始人或者 CEO 的身份来写道歉信和检讨书。

2018 年 5 月，Facebook 创始人扎克伯格在媒体上发出一封道歉信，他就剑桥分析公司窃取 Facebook 个人用户信息的丑闻进行道歉，我们来看一下这封道歉信的结构：

- 角色：创始人、CEO、公司负责人
- 情绪：道歉、悔恨
- 承诺：反思，改正，以后会做得更好

角色方面，他说自己作为 Facebook 的创始人，无论是在战略、产品上，还是在管理上，都有失察的责任；在情绪方面，他提出两点，一是错在于他自己，他要承担全部的责任，二是表达歉意和悔恨的情绪；最后给出承诺，公司要反思这种错误，及时改正，以保证这种事情不再发生，并且未来要提供更好的服务。这是道歉信的经典结构。

2019 年 2 月 1 日，某知名自媒体发表因虚构文章产生不良社会影响的道歉信：

针对团队在网上引发的负面影响，我们进行了认真深刻地反省。我们为所犯的错误，真诚地向大家道歉。我们决定从今天开始，微信公众号停更 2 个月、微博永久关停。用这个时间，全面反思，积极调整，为大家提供更有价值的内容。作为一个有影响力的自媒体，我们应该承担起相应的社会责任，传递更正能量的价值观。再次向大家表示真诚的歉意。

《人民日报》官微这样点评上述道歉信：避实就虚，避重就轻，暴露出一贯的擦边球思维。当文字商人没错，但不能尽熬有毒鸡汤；不是打鸡血就是洒狗血，热衷精神传销，操纵大众情绪，尤为可鄙。若不锚定健康的价值坐标，道歉就是暂避风头，"承担起相应的社会责任"就变成一地鸡毛。

显然"避实就虚，避重就轻"是道歉信的大忌。道歉信的对象既有普通大众，也包括监管部门。除了角色、情绪和承诺三要素之外，也要有一定"高度"让后者认可。

2018年，某互联网公司创始人CEO张某在接受监管部门处罚后，发出一封道歉信。首先，他真诚地向监管部门道歉，也向用户和同事们道歉。表示"从接到通知到现在，一直处在自责和内疚当中，一夜未眠"，这个态度非常真诚。然后，他表示"产品走错了路，出现了与社会主义核心价值观不符的内容，没有贯彻好舆论导向，接受处罚，所有责任在我"。

这个道歉信已经可以打80分了，但还可以对错误的本质进行剖析，比如："部分产品内容辜负了伟大的新时代，也辜负了国家对于信息互联网及企业的期许。非但不能在推动社会主义核心价值观体系和中国特色社会主义精神文明方面有任何建树，反而以低俗、媚俗的内容拖了后腿。"

总之，除了角色情绪和承诺之外，重大问题应由CEO署名道歉，检讨还要深刻。这个道理，也适用于面向政府的正面传播，内容的高度决定稿件影响力。

### 4.3.3 澄清声明

除了危机声明、道歉信，第三种情况是企业被谣言中伤，发表辟谣声明。

谣言很多时候是新媒体上的流言蜚语，或者是竞品恶意为之，面对谣言，公关只需做三步：

首先，明确指出谣言不实，或者是哪里不属实。

其次，说明已经收集造谣的第三方公司的证据，并将通过法律手段进行诉讼。

最后，强调自己公司的愿景，重建大家对公司的信心。

---

**严正声明**

近期发现有个别文章对我司的融资、估值及股权情况做了不符合事实的报道，现就相关事宜做如下声明：

一、我司的融资行为合法合规，每一次融资后官方报道的估值都是获得投资人认可的真实数值。我司的股权明晰。

二、经我司调查，相关不实报道中关于我司经营、股权等数据信息及内容截屏与事实严重不符。这是有预谋、有计划对我司进行攻击的恶性行为。我司欢迎各界朋友的监督，但对于上述恶性攻击和故意散播行为，我司将采取合法的司法途径追究相应责任。

三、我司自成立以来，积极响应国家的"大众创业、万众创新"号召，竭诚服务于广大的企业和创业者。三年来发展成为一个集线上服务平台、线下办公空间，具有互联网服务属性的"独角兽"公司，是广大投资人、社会各界和所有会员企业的大力支持和全体员工创业奋斗的共同结果。我们将继续坚守服务于广大创新创业者的初心，为中国创新者赋能。

优客工场（北京）创业投资有限公司
2018年3月28日

---

谣言澄清声明

这是国内共享办公企业优客工场的辟谣声明，首先，针对假消息，或者是造谣的内容进行澄清，另外，把涉及造谣的微信号罗列出来，提交给腾讯微信平台，进行屏蔽和申请冻结，也起到了一定的效果。

### 4.3.4 如何应对竞品的攻击

第四种情况是受到竞品攻击,怎么应对?这里所谓的攻击,就是拿一些片面的信息来挑战,从而激怒对方。

如果你所在的是大公司,不建议回应。2018年6月某咖啡品牌不断攻击星巴克垄断,而星巴克聪明地选择了不回应,使该咖啡品牌"碰瓷"的计划没有得逞。

但不回应的代价是要承受内部对公关的指责,为什么不反击?因此你要做好内部沟通解释工作,同时公布下一步的策略。

如果你所在的是小公司,毫无疑问,就应当回应。

如果是被大公司攻击,你就要扮演正义的角色,和对方针锋相对。如果对方和你实力规模差不多,互相攻击,其实也是互相抬,把自身的曝光度趁机炒作起来。汽车行业里,奔驰、宝马、奥迪互相攻击,就是这个逻辑。

很多时候,互相攻击还会发展成互相借力传播,有利于提升品牌关注度。这方面的内容,我们将在第5章"进攻型公关"中分析。

### 4.3.5 如何应对公司业绩下滑

第五种情况,公司业绩不被看好,上市公司股票大跌,公关怎么做?

如果公司业绩真的不好,资金链吃紧,建议暂不回应,等业绩变好或者融资成功后再回应。2018年年初,联想股票跌破3元港币,被港交所清理出蓝筹股列表,联想公关部没做回应。同年9月公司业绩好转，联想股价上升了将近一倍，这时候他们才启动宣传。

当然，当公司股价受外部大环境影响而出现问题，可以实事求是地对外说明情况。2018年上半年，A股熊市加剧，华夏幸福股票暴跌，高管增加持有股票，表现对公司的信心，以此来回应外界质疑。

另外，也可以表示长期有耐心。2018年7月小米在港交所上市，上市第一天股票就破发，但雷军高调表示：短期股价不是最重要的，小米过去8年虽然有起有落，但总体特别顺；这次IPO从低点开始，未必不是好事，最重要的是调整心态，把公司做好。

### 4.3.6　声明的风格

最后我们再来谈一谈声明的风格。我们前面提到，按驱动力来分，公司分为三种：技术驱动型、营销社交型，以及技术、营销双驱动的综合型。

技术驱动型公司的风格往往比较严谨、内敛，营销社交型则比较活泼、外向，综合型的公司往往因为既有2B的客户群，也有2C的客户群，对外的品牌形象比较平衡，严谨和活泼兼而有之。

对于一些非重大危机，我们可以结合企业自身的人格特点来进行发声。

网易云音乐因为没有和某版权方及时签约，导致平台上所有周杰伦相关的歌曲都被下架，这个事件闹得上了微博热搜。网易云音乐的声明很有意思，虽然从结构上看，是类似于角色、情绪和承诺来布局的,但是语言风格诙谐幽默,一开头说"对此猪头得不能再猪头的行为我们表示深刻反省和最深的歉意",用自嘲的方式,拉近了和用户的距离。

> 昨天,因为我们的错误,导致杰威尔公司音乐在腾讯对网易进行转授权的合约到期后的7个小时内还在线且在售。对此猪头得不能再猪头的行为我们表示深刻反省和最深的歉意。我们会于今天完成全部延期售卖的退款。
>
> 请允许我们多说两句。

网易云音乐的道歉声明

## 4.4 新闻发言人制度

新闻发言人制度的重要性在于,确保发言人和公众沟通传递正确的信息,不说错话。在危机时刻,通过新闻发言人对外发声,消除公众误解,缓解危机发生。

### 4.4.1 为什么要建立新闻发言人制度

我们先来看一个案例,在一次重要的论坛上,某知名互联网公司的 CEO 说:"我想中国人可以更加开放,对隐私问题没有那么敏感。如果他们愿意用隐私交换便捷性,很多情况下他们是愿意的,那我们就可以用数据做一些事情"。作为一家掌握网民大数据的互联网公司,其 CEO 这样的表述非常不恰当。

为了避免类似情况的发生,我们要建立新闻发言人制度,指导发言人对外的一言一行。

首先,我们要搞清楚谁是新闻发言人。CEO 当然是新闻发言人,其他人如果受到了公司的授权,也可以成为新闻发言人。

新闻发言人可以分成固定和指定两种：固定的发言人一般是公司 CEO 或总经理级别的高管；指定的发言人一般是按场合安排相应的人员。产品发布会上，产品经理、相关技术人员可以作为新闻发言人，指定发言人与媒体沟通的时候，应限定范围，例如技术人员只能回答技术问题，而不应该回答公司业务或者战略等超出其职能范围的问题。

其次，新闻发言人传递的信息要和公司的核心信息屋顶图保持一致。按影响的层面来分，信息一般可以分为两类：一类是决定性信息；一类是普通信息。决定性信息是比较重大的信息，如公司战略、财务数据等；普通信息是日常发布产品信息，以及市场推广信息。因此，新闻发言人的英文是"spokesperson"，而不是"answersperson"。

### 4.4.2 新闻发言人培训

一个好的新闻发言人，关键在于他能够根据之前的准备来表达信息，接受采访不是为了测试新闻发言人回答问题的能力，而是赋予新闻发言人表达内容、观点的机会。

**1. 两个"发言"案例**

发言人是怎么练就的？靠事前的准备，以及一套体系。我们先看两个案例。

第一个案例之前已提到过，就是 2014 年自媒体人王某和锤子手机 CEO 罗永浩在网络上的论战。当时王某对锤子 1 代进行评测，并发布了评测结果，罗永浩对结果提出了质疑，于是双方破天荒地通过优酷展开一次长时间的辩论。王某提早很长时间到达优酷直播室，与现场工作人员侃侃而谈，非常自信，而罗永浩开播前半小时才到,带上了大量的材料,因为现场不方便放 PPT,他还把很多关键的内容打印在大纸板上。一开始,王某就被罗永浩的议题设置所牵制,顺着罗永浩的议题一步步往下走,疲于应对一波又一波的炮轰。整整 2 个小时,罗永浩完全掌控了局面,主导了话题,并用大量材料佐证了自己的观点。王某从开播前的自信,到最后非常沮丧,都快说不出话了。辩论结束后,王某在网上公开道歉。第二年,他对锤子手机的评测就变得非常谨慎,甚至到了害怕的地步。罗永浩通过大量的准备,打赢了这场辩论。

如何准备采访?电影《福斯特对话尼克松》给了很好的回答,展示了西方记者是如何做采访准备的,你可以参考里面的方法,帮新闻发言人做准备。在微信公众账号"公关高手"中回复"福斯特"了解更多。

新闻发言人应特别注意信息逻辑保持一致,这个一致不单指在一场发布会上全程保持逻辑一致,而是每个场合都应保持一致。

我们再来看第二个案例。某平台 M 在两个场合分别提了自相矛盾的信息,第一张图出现在渠道大会上,表达要"灭饿除滴";而第二张图第二周出现在另一个会上,提出了需要有两个打车平台。于是就出现了逻辑矛盾:为什么在外卖品牌上要消灭竞争对手，而在打车平台却要给对手增加竞争对手？这虽然是因为两个会议由不同的公关小组负责造成，但 M 的公关人员都集中在一个部门，这反映出小组之间沟通和协同出了问题。

通过案例，我们对于新闻发言人制度的重要性有了一个感性的认识，接下来，我们来探讨如何准备新闻发言和体系化建设。

**2. 如何准备新闻发言**

从采访的场景来切入新闻发言人的注意事项。接受采访之前，你应给新闻发言人提供采访提要，发言人应仔细阅读。你应确保发言人做到以下几点：

（1）应充分吸收和了解核心信息。合格的新闻发言人能够把公关提供的核心信息变成自己的东西，用自己的话讲出来。

（2）了解采访背景以及相关的一些场景。

（3）了解记者的风格，阅读记者过去的报道。

（4）建议新闻发言人做预演。预演可以朗读采访 QA，增加对内容的熟悉程度，甚至可以背诵核心信息，背诵虽然是个笨办法，但可确保不出错。如果新闻发言人有需求，建议你协助其进行模拟的采访演练，做好 100% 的准备。

采访前一天，你应再次提醒发言人几点细节：

（1）服装建议：可以参考采访提要的提示，前面的采访和提要的章节介绍过，什么样的场合应该穿什么样的服装。

（2）到达时间：提前到达很重要，不需要提前太久，但是至少提前 30 分钟。如果接受视频采访，发言人应提前一个小时到达采访地点，预留化妆的时间。提前到达还有一个好处是，可以帮助发言人产生一种主场优势。

以上介绍了普通采访的准备过程,当发生危机、需要面对媒体或政府质询时,应将准备工作进一步升级。

### 4.4.3　扎克伯格的谈话技巧

2018年5月,Facebook创始人扎克伯格在美国国会接受议员的质询。这是一场历时五个多小时的听证会,很多国会议员对扎克伯格提出问题,应该说是一个非常严峻的挑战。

扎克伯格在美国国会接受议员质询场景1

从入场开始,扎克伯格的表情是自信的;入座时,身板笔挺,特意在椅子上加了一个软垫,为了让自己的身板显得挺直,集中精神回答问题;起身离开的时候,及时扣上西服扣,说明他懂得西服的穿着规范,而他平时喜欢穿T恤。

表情的训练也非常到位,一个参议员问了他一个小白的问题:"Facebook有这么多用户,但怎么赚钱?"扎克伯格回答:"我们卖广告。"虽然问题比较小白,为了表示礼貌,他用了一个标准的"公关微笑",也就是稍微嘴角上扬、露出牙齿,然后迅速收拢表情。

周边熟悉的物品可以帮助缓解压力,扎克伯格也利用喝水来缓解面对刁钻问题的压力,在不说话的时候,扎克伯格尽量紧闭双唇,睁大眼睛保持镇定和专注。

镇定专注

沟通简报

扎克伯格在美国国会接受议员质询场景 2

听证会上,在他的面前摆了几张字迹密密麻麻的纸,这就是公关为他准备的采访提要。在他接受国会质询之前,Facebook 雇用全美最好的一群公关专家,对扎克伯格进行了全面指导和演练,包括模拟议员可能问到的所有问题;如果提问被打断时应该怎么回应,应该用怎么样表情等。其中,可能被问到的问题列举得非常详细,比如怎么运营 Facebook,犯了错怎么解决,怎么解决挑战,还有各种刁难的问题,比如你是不是应该辞职。虽然很多问题都没用上,但是这份采访提要给了扎克伯格极强的安全感。

在公关专家给扎克伯格的培训内容中,有三个重要的谈话技巧,分别是搭桥、挥旗和重复。

**1. 搭桥**

对于媒体提出的负面问题或敏感问题,发言人不能直接回答,而应将其转成正面的回答,这就要使用搭桥的技巧。

搭桥技巧分两步:首先,负面问题过来,你要进行简短承接,也就是从中选择突破点，利用这个突破点，做简短的回答；然后，用一两句话过渡，把话题转到你想表达的内容上，也就是核心信息上。

| 问题类型 | 问题举例 | 搭桥举例 |
| --- | --- | --- |
| 当下痛点 | ××共享单车至今不盈利，怎么解决？ | 我明白你的意思，但是我们应该记住："核心信息"解决了城市的拥堵…… |
| 负面前提 | 为什么××手机的退货率很高？ | 我很高兴你问到这个问题。很多人都有类似的看法，真实的情况是行业平均是1%，而我们产品只有行业平均的不到一半。 |
| 以偏概全 | 喝×××饮料，能够长寿？ | 不，你误会了我的意思，我来澄清一下："核心信息" |

需要使用搭桥技术的典型情景

对于第一类问题，记者问到当下痛点，该怎么回答？我们假设一个场景，媒体问共享单车发言人："共享单车到现在还不盈利，请问你们怎么解决？"

共享单车的发言人可以这样回答："我明白你的意思，但是我们应该记住……"转到核心信息，比如"我们解决了城市的拥堵，我们利用这种方便出行的方式改善了大众交通"等。

第二类问题问到负面消息，比如记者问为什么你们的手机退货率很高。记者假设了一个负面的前提。该手机品牌的发言人可以先简单承接问题："我很高兴你问这个问题，很多人可能也有类似的看法，但其实这是一个误解，真实的情况是行业平均退货率是1%，而我们的退货率不到行业平均的一半，因为我们的出货量特别大，所以难免也会有一些退货或返修，但是我们客户服务也做得很好。"诸如此类，把问题转移到核心信息上。

第三个类型是以偏概全的问法。比如记者说"我们听说喝你们的饮料能够长寿。"当然，品牌方本身在公关宣传上就有误区，假设是媒体误解了该饮料能够长寿这个信息，那么作为品牌方的新闻发言人就应该用搭桥的方式来说："很感谢你提出这个疑问，我来澄清一下……"把问题扭转过来，直接转到核心信息上。

### 2. 挥旗

第二个技巧是挥旗，你可以理解为老师讲课时敲黑板。它有两个用途，一个是开场给整个采访定调；另一个是总结自己的思路，让大家抓住你的要点，这就像在赛车比赛当中一样，挥旗手给赛车手一个提示，让他知道现在是多少圈，是不是要进站，要加油还是继续跑下去。

挥旗法可以用于发布会的开头，比如"今天我有两件事情给大家说一说，然后这两件事分别说完再提问"，这样大家会遵照这样的一个秩序。

还可以用在发布会的总结："今天我的要点是三条，分别是……"这样大家会对你的要点更加清晰。

我们看下面这个例子。

今天我们围绕未来汽车新品发布的这个话题和大家进行沟通（整个媒体发布会的问答就由此定调），我们只回答未来汽车新品发布的一个问题，我们的电动汽车续航达到 550 公里，超过了特斯拉，大家记住这三点就行了。其中有一点要强调一下，就是新品的续航达到了 550 公里。

### 3. 重复

第三个技巧是重复，我们说"重要的话要说三遍"就是这个意思。我们要围绕核心信息设法去重复,让媒体加深印象。

比如:"我必须重申一遍……""请不要忽视这一点……""我们是不是可以换一个角度思考……"这些都是利用重复的技巧。

新媒体时代,传播更加碎片化,重要的话说三遍其实都远远不够,应该说三十遍,甚至三百遍。除了发言人说,公关也要利用这个内容,在各种媒体上传播。

### 4.4.4 为什么要说"不"

搭桥、挥旗、重复是发言人需要掌握的三种技巧,"说不",相当于第四种。之所以要说"不",是因为发言人不是对所有问题都有权限,或者不是对所有问题都懂,或者有些问题没有进行核实,需要时间去核实。

"说不"的技巧也有很多,比如对于你不了解的情况,可以明确表示:"这个情况我不太清楚,我希望在复核之后给出一个完整的回答。"

有时候记者会反复问你不想回答的问题,如果是你经过搭桥已经回答过的问题,再次被问到,可以说"我刚才已经回答过了",然后把刚才的搭桥再重复一遍。有些记者喜欢打听敏感信息,比如财报数据、还未发布的新品的细节,你可以说"我们会在适当的时候发布"。

在实际情况中,要综合运用这几种技巧。假设有这样一个场景,你是一家手机公司的公关,记者问你:"你们公司的手机产品市场占有率下降了2%,请问是什么原因?"你可以采用搭桥技术,搭到核心信息上,比如"实际上我们的出货量增加了,更重要的是,我们手机产品的利润率提升了,这说明我们的高端产品有突破"等,把核心信息带出来。

此时，记者继续追问："手机产品的销量下降对于公司来说有什么影响？"你可以用"说不"的技巧，"刚才我已经回答过了"，然后再把核心信息重复一遍。

面对媒体刁钻问题的时候，你一定要灵活使用发言技术，比如反诘，这是一种更加简洁的应对技巧。曾有美国媒体问姚明，中国 14 亿人怎么找不到 5 个打篮球厉害的？而姚明聪明地反问，美国 3 亿人怎么找不到 1 个打乒乓球好的？

除此之外，姚明还有很多精彩回答。他刚到 NBA 的时候，有些早到 NBA 已经成名的前辈对他很不屑，他们的言行被一些外国记者利用，作为挑衅姚明的工具。有一次媒体问姚明："你如何看待巴克利说你不可能在职业生涯中一场比赛拿到 19 分的？"姚明微微一笑，回答说："好，那我每场拿 18 分就好了。"这种回答既尊重了前辈，又不示弱，显得机智幽默。

发言人在接受采访时，应该避免以下几种错误。

（1）不懂装懂。如果发言人被问到不懂的话题时，应该表示自己不知道，而不是自以为是地回答。

（2）说无可奉告。这样的回答会被媒体写进报道里，显得发言人故意隐瞒真相。正确的公关回答是，这件事情目前还在调查中，等过几天调查结果出来后，我们会向你们通报结果。

（3）逻辑混乱。这会让媒体抓不到重点，甚至对内容产生曲解。

（4）不合时宜的幽默和表情。这一点在严肃的场合，或者是发生灾难、危机的场合尤其需要注意。

### 4.4.5 注意肢体语言

话语语言只能表达 30% 的信息。而肢体却能传递 70% 的信息。面对媒体，发言人应注意肢体语言。

比如在面对镜头的时候，发言人应保持正面、直视的微笑。接受采访的时候，发言人注意一定不要手托下巴，如果无意识地托了下巴，应抬头，眼睛往前眺望，表示在专注地听对方说话。

有的人有转眼睛的习惯，发言人应尽量避免，特别是在回答问题的时候，转眼可能被理解为在撒谎。

在危机事件中，最安全的就是全程保持严肃表情，给人的感觉是你在全力处理危机。

2018年6月，在B企业楼塌危机的新闻发布会上，有媒体拍到B企业某高管一直在微笑，这个肢体语言和楼塌的话题非常不协调，成为B企业二次危机的一个槽点。

公关应和新闻发言人做好配合，具体要注意以下几点。

（1）发言人接受所有的新闻媒体采访，公关人员都必须在场。公关人员的作用在于给新闻发言人安全感，使其能掌控场面；公关帮助记录新闻发言人回答得不好地方，或者可能产生负面影响的地方，事后跟媒体沟通；当媒体提出敏感问题，或者当新闻发言人答不上来的时候，公关要伸出援手，进行技术上的救助。

（2）公关平时要多和记者交流，采访之前先了解到记者的问题，这样发言人对问题比较熟悉，更利于临场回答。

在采访中，注意不要让一两个特别活跃的记者主导整个过程，恰当地打断这类记者，比如说："对不起，时间关系，希望每个人都有提问的机会，希望你先只问一个问题。"

有的记者希望获得发言人的演讲PPT作为参考，你应视情况决定是否发给记者。如果内容可以对外，你可以将PPT转成

PDF 格式，发给媒体参考；如果演讲内容不宜对外，或者发言人不希望对外，你应与媒体沟通清楚，截取其中可公开的部分发给媒体。

假如采访结束的时间恰好是用餐时间，不建议安排新闻发言人与媒体一起用餐，由公关陪同媒体即可。

（3）在没有向公关备案的情况下，发言人不得接受媒体采访。有的媒体可能会私下绕开公关，直接联系发言人。你应提醒发言人，任何媒体的采访都由公关人员作为统一接口来进行回复。如果会后记者坚持私下问发言人问题，你一定要提醒新闻发言人，遵循新闻发言人规则，围绕关键信息来进行回答，而不应该发表所谓的个人意见。

## 4.4.6 发言人着装

衣着的细节也不容忽视，公关应提醒发言人以下几点：

首先是新闻发言人的着装，建议根据场合的不同，选择适合的服装。在实验室、在工厂、在展厅接受采访，需穿着与地点风格一致的服装；在发布会上，尽量穿正装。如果是电视采访，不应穿细条纹衣服，因为细条纹出现在电视屏幕上会闪烁。

特别值得注意的是，在危机事件中，建议发言人衣着简朴。忌讳穿戴奢侈品牌上台道歉。

发言人除了现场代表公司"出镜"，在书面对外介绍以及新闻报道配图中还需要适当的"公关照"。除此之外，公关照还可以在发言人简历中、百度百科等网络档案平台使用。

发言人公关照拍摄时，建议最好穿正装，显得正式。一般采用半身照，背景建议是带有光影的纯色或企业相关元素的背景。

公关照在提供给媒体时，需要带上企业名称、发言人职位和姓名等信息。

## 4.4.7　发言人简历

发言人的简历是对发言人重要的对外描述文字。简历有两种版本，一种是简洁版，列出从业经历；另一种是详细版，除了从业经历，还介绍个人特点和业绩等信息。

以下是发言人简历的结构（详细版）：首先是姓名职位；然后交代负责的领域，如果是不知名的公司，可以用不超过50字简单介绍公司；接下来是发言人的业绩；最后是过往的就职以及学历背景。

×××姓名

××××职位

×××先生现任××公司××××，负责×××××××（主要业务职责概述）。

××公司创立于××××年，是中国领先的××××，××××。

（50字以内的公司介绍，如果公司比较知名则内容从简。）

×××先生在任职以来主导完成多个××××，帮助企业规模实力迅速扩大，实现××××，使××公司成为产业××××的龙头企业，统筹人数近××××人。（目前具体职责和成绩）

在加入××公司之前，×××先生曾就职于××、××等多个全球500强企业，拥有超过××年的丰富××经验……

(以往相关工作经验和成绩)

×××先生毕业于××××大学，拥有×××学位。

## 4.5　危机公关体系升级和声誉重建

危机过后，相当于最惊心动魄的时刻已经过去，但是真正的挑战还在后面，那就是声誉重建和危机预防。俗话说"吃一堑长一智"，我们必须总结经验，防止危机再一次发生。在大多数公关人的眼中，危机处理那种惊心动魄的场景是最体现自身价值的时候，但是，实际上预防才是最好的危机公关。就像防火一样，最好的防火方式并不是灭火，而是在火灾发生之前就做好了防范。

**1. 危机预防**

所谓"善战者无赫赫之功，善医者无煌煌之名"。从投入产出的角度来看，预防也是最好的选择，前期投入1元钱，后期也许就能节省100元以上的处理费用。

| 预算 | |
|---|---|
| 一　用户沟通费用 | |
| 　　三次往返西安差旅费 | 9000元 |
| 　　用户沟通交际费 | 3500元 |
| 二　媒体沟通费用 | |
| 　　应酬费 | 3000元 |
| 　　记者协调费 | 20000元 |
| 三　双方谅解费用 | 10000元 |
| 四　传播费用（单独核算，不计入此报价） | |
| 成本总计45,500元 | |

| 预算 | | | | |
|---|---|---|---|---|
| 危机处理项目组人员服务费用 | | | | |
| 职位 | 姓名 | 有效工时 | 元时 | 费用 |
| 副总经理 | | 60 | 800 | 48000 |
| 项目经理 | | 30 | 500 | 15000 |
| 媒体顾问 | | 90 | 300 | 27000 |
| 项目客户代表 | | 80 | 300 | 24000 |
| 总计 | | | | 114000 |
| 总费用：159,500元 | | | | |

某电脑厂商危机后期公关费用

上图是一个危机处理预算表，左边是媒体沟通、用户沟通、双方谅解等各种费用，4万多元；右边是公关公司帮企业做这些沟通进行危机处理的费用，将近16万元，两项合计超过20万元。这只是2013年的价格，现在公关公司的人员服务费上涨不少，同样的服务企业的花费远不止这个数。而且这个危机只是当时一个非常小的电脑质量问题，对于出货量大的电脑厂商来说，每年的质量问题可以说是层出不穷，如果都照这样的预算费用处理的话，将是一笔巨额花费。

舆情监控在危机公关当中往往扮演眼睛的作用，我们依靠它来发现危机，然后做出判断，再进行处理。在未来，我们希望舆情监控能够从被动发现变成主动防范。但是，现在舆情监控系统的问题在于：首先，它的数据处理能力是有限的，它并不能处理所谓的大数据；其次，它对于危机的识别能力是有限的，很多数据要通过人工判断，不够智能；最后，它对于危机的预判能力更加有限，我们很难通过它来预判未来一段时间内可能发生什么危机，或者预判什么记者可能会写负面报道。

**2. 危机防范体系升级**

尽管如此，我们还是可以从三方面进行努力，升级危机公关的防范体系。

- 危机公关1.0阶段，我们都是以产品业务为核心，以应急响应为主，也就是灭火；
- 危机公关2.0阶段，要以品牌声誉为核心，以统战为主，也就是团结媒体、团结意见领袖为主，主要的任务是进行用户口碑的管理；
- 危机公关3.0阶段，我们要以企业的精神为核心，利用舆情的大数据技术来做到主动预测和防范。

### 3. 定期舆情复盘

重大的危机不是每天都会发生，但是，对于大公司而言，零敲碎打的小危机每天都有，创业公司也不能掉以轻心。建议每个月都对舆情通报机制做一次汇总，包括对监测到的舆情关键词进行分析，将媒体和网络上的核心观点进行汇总，总结和分析问题，提出改进建议，再根据危机的复盘，进行危机预防体系的调研和行动指引。这样，我们就能够较为周全地预防危机的发生。

某知名汽车品牌曾拍了一支二手车广告，广告中把女性比作二手车，像牲口一样进行牙齿、眼睛等检查。针对这样侮辱女性的做法，该汽车品牌事后进行反思，以后广告创意、视频文案必须先经过公关部审核，虽然流程会更长一些，但是值得。

无论你是在大公司还是创业公司，每个月对舆情进行汇总和分析，将有利于你建立一个长期的危机公关基础。

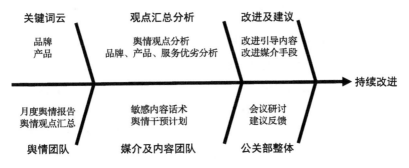

舆情定期复盘流程

首先，对于品牌和产品的关键词进行分析，可以帮助舆情团队做好观点的汇总。在观点汇总之后，内容团队就可以相应地拟定针对敏感话题的话术，然后和媒介团队进行有效沟通。接下来可以针对这些敏感内容和与媒介沟通的情况，进一步讨论改进和提升的方向。整个公关部因此能够保持信息同步，而且能够提升工作效率。

其次，评估是对关键得失的总结，比如某电商平台在客服和公关的衔接方面做得不好，那么应该对这个关键点重视起来，并在流程方面进行改进。具体来说，改进的策略包括三个方面：第一是流程方面，找出流程当中所谓的"卡点"，对这些"卡点"进行更新处理；第二是能力方面，无论是公关人员还是客服人员，或者是新闻发言人，谁的能力有缺失，就应接受相应的强化培训；第三是资源方面，包括政府资源、媒体资源、第三方的专家资源等。

最后，要进行其他影响的评估，包括员工的士气、合作伙伴的关系等。

### 4. 声誉重建

危机复盘之后，我们应尽快做好声誉的恢复和关系的重建，这属于传播新故事的阶段。

我们有必要回顾一下整个危机处理的流程。危机处理的本质是化解危机故事的三要素（角色、场景和意外），也就是让危机本身不再具有传播的价值。我们从内容和渠道两方面入手来破解这三要素，具体来说，有前面说的一系列动作，包括从查证原因到策略制定，到行动，到后续的评估动作，直至危机解除，整个危机处置是针对危机故事以内容为中心来进行破解的。

同样的逻辑，声誉重建的本质是构建新故事，也是以内容为中心，这里的内容是企业的正能量，从信息屋入手，通过内容和渠道来构建新故事。这个新故事也要符合角色、场景和意外这三要素，我们要从前面讲的内容传播的角度去设计新故事，使得内容更加吸引人，更有传播的穿透力。接下来用两个案例来做说明。

第一个是某知名互联网公司 T 的加班门事件。当时有媒体曝光 T 公司是一个逼员工加班的公司，像血汗工厂。T 公司很快做出回复，除了回应媒体的质疑，还抛出了 T 公司的各项福利，并且插入了很多故事进去，将大众的关注焦点从逼加班转移到了晒福利。这样，加班门很快就被遗忘，焦点转移到了有利于 T 公司的话题上了。

第二个是某知名互联网公司 B 的案例。魏则西事件之后，B 公司做了大量的声誉重建工作。魏则西事件是因为 B 公司的血友吧被商业利益所承包，一个患者因误信贴吧内容而耽误治疗最终导致死亡。这件事情造成了朋友圈刷屏，引发媒体疯狂抨击，国家卫计委也介入了调查。

在这个事件中，B 公司做了四件事情来恢复声誉：

第一，以 CEO 的名义发出内部信（当然在网络时代内部信也就相当于公开信），提出要反思公司的价值观，要重塑 B 公司在业界的形象。同时他喊出了"投降还是比别人更强这样"的口号激励员工，也向外界表明了决心。

第二，建立了一个微信公众号，这个号和以前的公众号不同的是，更加务实，敢于自黑，而且对诸多热点事件第一时间做出反应。不仅扭转了外界对 B 公司公关不好的印象，更让外界看到 B 公司公关的睿智和才艺。

第三，围绕 CEO 进行了一系列包装。B 公司 CEO 参加了《荒野求生》这样的真人秀节目，光着膀子生吃牛肉，展示他偶像形象的魅力，同时请央视来采访，直面魏则西事件，化解信任危机。

第四，在企业社会责任方面，推出萤火虫计划，请王珞丹当公益大使，加强 B 公司在公益方面的积累。在业务层面，也进行了很大的变革，首先下架了所有的军警医院，把搜索结果的广告标识做得更加显著，卖掉了外卖业务，整个公司向人工智能转型。转型的故事比前面这个危机倒逼的故事更加具体，更加有战略方向感。从此以后，B 公司告别了战略不清晰的迷茫局面，所有的公关内容和宣传口径，都指向了人工智能。

## 4.6　从传播和故事两个角度重新看危机公关

虽然现在信息这么通畅，但是大多数企业对于外界来说还是像个"黑匣子"。尤其是危机来临时，外界更加不知道企业内部发生了什么。公关需要适当地把内部变得更加"透明"，以消除谣言和赢得外界信任。更重要的是，公关需要主导信息在"黑匣子"中的流转。在企业内部，建立对应的功能模块（实体和虚拟的组织），确保危机在内部得到有效处理。

从信息传播的角度来看，危机公关的核心就是下面的危机信息管理的路线图。

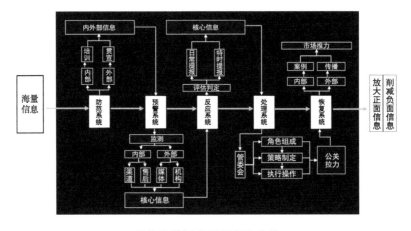

从信息传播角度看危机公关

第一是防范系统，就是前面说的危机预防。这里，内外部的培训、宣贯的沟通非常重要。

第二是预警系统，主要是舆情监测，并做好内外部沟通。

第三是反应系统，我们需要评估负面信息是否需要处理，是否需要升级到高层。

第四是处理系统，确定危机处理的策略，包括什么时间、由谁、以什么样的方式处理。

第五是恢复系统，这里开始利用新故事调动资源正面传播，重塑品牌或者产品形象。

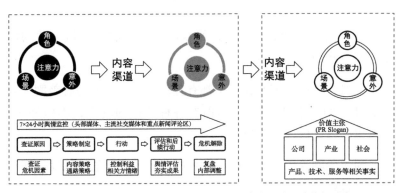

从故事角度看危机公关

正如上面的总结，危机公关是削减负面信息，放大正面信息。

可以说，危机公关的本质其实是"解构旧故事和构建新故事"。上面这张图看起来很复杂，但所有的危机都是用"解构旧故事和构建新故事"的思路来解决的。

## 4.7 三个危机案例完整分析

前面我们已经掌握了危机公关各个环节的策略和技巧。在实际操作中，上述技能是连贯执行的。同时，不同企业内部和纷繁复杂的外部形成了众多不确定性的组合，在实际执行中，危机公关更考验公关人员的"心态"和灵活变通的能力。

接下来，我们通过三个案例，一个影视剧案例和两个真实企业的案例，来回顾不同类似危机公关的全过程。希望通过这种"操盘"式的案例，能够给你带来更多启发。

### 4.7.1　通过美剧《纸牌屋》看危机公关全过程

与现实的案例相比，通过影视剧更容易看清危机公关的场景、情绪和细节等完整要素。

危机公关在很多影视剧中都有呈现。比较典型的有美剧《丑闻》和日剧《危机之神》，里面有各种危机的场景，不但好看，也可以学习危机公关技巧。

通过美剧《纸牌屋》的一个片段，可以了解危机从发生到解决的全过程。

我们分几个部分来看这个环节。

当时是参议院党鞭的弗兰克正忙着处理棘手的教育法案，而他同时收到在他的选区中有一个女孩发生车祸死亡的消息。

这个时候，如果是你会怎么判断？是判断这件事情和自己没有直接关系，不予理睬，还是判断这件事情对自己有影响，但没有那么严重，容易处理，所以派一个下属去解决？

第三种判断是，这件事情潜在风险很大，特别是女孩的父母决定起诉，竞争对手也趁机希望利用此事赢得选区。

综合考虑，弗兰克认为是第三种，而且决定亲自出马，哪怕现在正是准备教育法案的关键时刻。

弗兰克是怎么处理的呢?

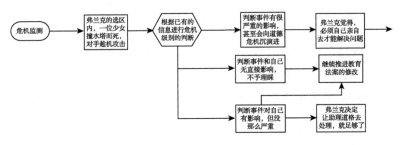

发现和评判危机

我们很多时候没有机会到现场考察,危机的处理方案效果就会弱很多。因为你只能做舆情管理之类的表面动作。

弗兰克自己对这个事情进行了全面调研,与团队制定了相应的策略,并开始和危机的源头进行沟通。这里的危机源头其实是有两个:一个是被害少女的父母,一个是他的竞争对手。

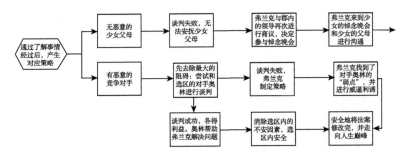

针对利益相关方的沟通

首先弗兰克去参加了当事女孩的悼念晚会,和女孩父母进行了第一次沟通,也是面对面的沟通,虽然沟通没有取得实质性的结果,但在对方心中还是留下了一个弗兰克本人亲自到场、真诚道歉的印象。

再看本剧的另外一条线,他的竞争对手很得意,好不容易抓到弗兰克的一个弱点,希望以此把这个选区争取过来。弗兰克还是尝试去沟通,希望减少一个敌人,但结果发现对手很难争取过来。

既然对方不肯合作,弗兰克就决心扫除这个障碍。他也开始派人去找这个竞争对手的弱点,进行反击。此时,时间过去了 24 小时,各方的情况和态度都摸清了,危机进入了攻坚阶段。

弗兰克在教堂的演讲就相当于一个危机声明,有了这个真诚的声明做铺垫,他再给出解决方案,就非常有效了。于是他第二次和女孩父母面对面沟通。第一次沟通时,他只是表达悲伤,表示安慰,而这次,他已经有了解决方案,这个方案可以说是超出对方的预期,双方很快就达成一致,危机解除。

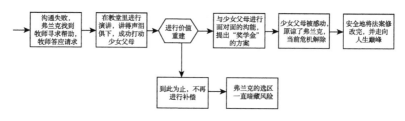

弗兰克的危机处理流程

危机解除后,对于竞争对手,弗兰克也不忘继续"打击"。之前他收集了竞争对手大量的黑材料,这些黑材料能够证明,无论是在其他方面还是在女孩车祸这件事上,竞争对手都是有纰漏的,所以他把这些消息对外发布,把责任推给竞争对手。

最后的声誉重建方面,这部剧中并没有演出来,但是我们可以猜想,因为危机在发生之后得到妥善处理,为纪念车祸女孩的奖学金也会对当地的选民带来一定的影响。弗兰克给人留下做事周全的印象,而他的竞争对手却对女孩的死负有一定责任,因此他在这个危机之后有很多的牌可以打。

关于本内容相关的更多视频内容,你可以回复"视频",在《公关高手》微信公众号上看到。

## 4.7.2  L 公司的恶意谣言类危机

2017 年 5 月,著名 IT 公司 L 的舆情系统监测到了一篇标题是《真相:杨某某是合格的 L 公司 CEO 吗?》的微信文章,文中历数 L 公司的失败及其 CEO 杨某某的失误,高呼杨某某下台,否则 L 公司不久就会倒闭。

文章内容既惊悚又有深度,故事的三要素全部满足,很快开始在一些媒体的朋友圈刷屏。

当时 L 公司的公关人员通过第三方联系到了这篇文章的作者,但他对公关人员的见面沟通要求一概拒绝,删稿更是不可能了。

后来公关人员查了作者迟某某的背景,他在 20 年前曾经为 L 公司写过书,但是因为书的内容没有得到当时的 CEO 认可,L 公司另请了一位著名作家重写,图书不但最终正式出版而且成为畅销书。迟某某在没有被 L 公司认可的情况下依然单方面把自己写的书出版了。这件事情埋下了此次危机的伏笔。2017 年年初,迟某某开始自媒体创业,做了一个微信公众号,但那个时间点早已过了微信红利期,所以通过写上述那类文章来赚取眼球。

搞清楚了对方的目的之后,L 公司制定了三条策略开始反击。

当晚 L 公司的公关人员通宵写了一篇文章,指出文章中的事实和逻辑错误,同时把问题总结为四个方面:数据失真、偷换概念、断章取义和阴谋论。标题为《你是一名合格的自媒体人吗?》,发布在第三方的公众号上。

在传播通路方面，L公司与新浪、今日头条等头部媒体沟通，请他们不要把该作者的文章放到重要位置，对于实在是沟通不下来的转载的内容，对评论区进行了干预。

第二天早上，L公司的舆论先锋——前一晚发布的文章开始刷屏。同时，第三方意见领袖也开始进入舆论战局。主要包括两类意见领袖：一类是支持L公司的，大概占了90%；另一类是批评L公司的，不到10%。后者不但数量少，质量也差，基本是和迟某某动机相同的微信号和头条号。

更多有影响力的第三方意见领袖，除了力挺L公司，还开始揭露迟某某的黑暗动机。

在90%支持L公司的媒体和意见领袖中，有的是出于对L公司的支持，自发写了文章。

在渠道控制方面，像新浪这种头部媒体，在新闻出现了之后，不到一个小时就撤下来了。发现其他转载的平台和负面作者也一家家沟通，一条条撤掉。

在评论区方面，L公司的公关人员优选了正面优质的评论来置顶，而且有一些很有趣的评论被放到了上面。

迟某某看到L公司这一系列的动作，也摆出作战姿态，继续推出了第二篇和第三篇文章，但是阅读量和传播力已经比第一篇差了很多。

在处理危机的时候，L公司的公关人员成立了很多个小组，分头来推进不同的工作。第一个小组负责舆情监控，对于掌控整个局面非常重要。第二个负责媒体的沟通，尤其是针对头部媒体的沟通非常重要。第三个小组通过网信办或者说法律手段，对于这种恶意攻击进行威慑。

第四个小组负责盯住竞争对手。当时另一家知名公司发布了二合一的笔记本产品，该公司之前还没有笔记本产品线，所以将这次发布做得非常盛大，同时做了大量推广工作。这些都被L公司的舆情系统记录下来，所以在这种鱼龙混杂的局面之下，L公司也分出了一些精力通过一篇微信文章，隔空喊话，起到了敲山震虎的效果。

在这个事件逐渐平息之后，我们就开始声誉重建。首先，L公司的CEO做了两件事情来扩大正面故事的影响力：

第一，邀请到全国重量级的媒体和意见领袖来L公司座谈。听取他们对L公司的建议，同时也传递L公司的战略布局、谈创新能力等信息。

第二，接受央视财经频道采访，正面回应迟某某的质疑。

通过这么几轮公关传播之后，正面的故事基本上形成了。

第三个阶段是危机重建阶段，L公司的策略是进一步传播L公司的创新、年轻化和时尚化的故事。

具体来说，通过几个路径：一是在亚布力论坛上发言谈创新（亚布力论坛是一个中国知名的企业家论坛）；二是时尚先生颁奖，传播L公司的时尚化；第三，滑雪体现了50多岁CEO本人的年轻化。

这场危机公关至此基本结束。

仔细想一想，还有什么美中不足？

我觉得一开始用公司对抗个人，有点以大欺小的感觉。但如果不这么做，话题可能失控，危机中的破窗效应可能显现。所以危机公关要两害相权取其轻。更重要的是，我们有效的干预，体现了公关的价值。

### 4.7.3　J 电商平台的非谣言类危机

一位消费者在 J 电商平台买了一个枕头，品牌名为 Comfort U，收到实物之后发现是 Contour U 品牌，他希望退货，而客服人员却以各种理由推托搪塞，消费者非常愤怒。

其实从聊天记录上可以清楚看到，这个专营店的客服小妹很可能没有搞清楚这两个品牌的区别在哪里，觉得她没有发错货，所以她们一直在争论。于是消费者非常愤怒，不但要退货，还要求十倍赔偿。

客户投诉到了 J 电商平台售后，电商平台经过审查之后，同意退货，但不同意赔偿。

于是这位愤怒的消费者，就找到她的朋友，某知名作家 L，用她的公众号发布了一篇批评 J 电商平台的文章。

一石激起千层浪，很快这个事件就扩散到了全网，成为刷屏事件。

以上是我事后用上帝视角，给你还原的真实情况。

我之所以花这么多时间来解释前因后果，就是要让你理解在很多时候比如像客服处理消费者问题的时候，存在一些误会和信息不对称的情况，导致双方的误解越来越深，特别是客户的情绪被酝酿到无以复加的愤怒，那最后事件就会失控。

刚才我们开的是上帝视角，但当时，在 L 发出了这个文章之后，J 电商平台并没有意识到自己的问题在于没有察觉到，客户要十倍赔偿是愤怒升级之后的要求。J 电商平台完全没有体察客户的情绪，而是公事公办，把收集到的材料做了汇总，发布声明。声明大意是，经过调查平台没错，平台的卖家也没错，希望

## 第 4 章 危机公关

大家别听一面之词。

我们前面说了危机声明角色、情绪和承诺三要素。这种傲慢的姿态，立刻换来网友更大的吐槽。很多第三方 KOL 也开始跟进批评 J 电商平台的傲慢。

除了糟糕的声明，还出现了水军对 L 进行攻击和封杀，使得话题进一步升级。J 电商平台不但做错事，而且还在用更大的错误奋力掩盖。外界对于 J 电商平台作恶的角色印象进一步强化。

而从我从 J 电商平台内部了解到，他们并没有对 L 使用所谓的水军。因此这个事情有可能是竞争对手移花接木的陷害。所以在互联网行业，各种险恶也在这个事件上充分暴露。

在这个风口浪尖，J 电商平台公关团队开始正式接手，收拾局面。你可能会问，一开始他们为何不介入？确实就应该一开始就让公关介入，客户服务部不要发声明，但因为大公司的条块分割，造成了信息不通畅。

我这里先把时间往前推，说一下在公关介入之前，客服人员应该怎么和消费者沟通。

首先应该与客户进行一次完整全面的沟通，以了解客户的整体信息，这些信息将决定后续怎样处理客户的诉求。比如，这次我们就可以列这样几个问题：

第一，我们要了解用户的问题到底是因为假货还是发错货，因为这是性质完全不同的两个问题。

第二，我们造成的影响对于客户来说是物质上的还是精神上的？现在已经从物质上升到精神了，因为客户已经出离愤怒了。

第三，用户要求十倍的赔偿是不是合理。如果从不考虑背景，十倍赔偿显然是不合规定的，但如果考虑到背景的话，我们是不是可以妥协？如果妥协，我们付出的代价是多赔十倍，一万多元，J 电商平台是否承受得起？

第四，用户是什么背景？他这样做是胡搅蛮缠还是事出有因？

第五，看一下客户是不是有潜在的媒体关系，包括有没有一些潜在的媒体会对此事进行放大。进行这样一轮问题清单的沟通之后，你就能看到这个客户其实是很有实力的。

沟通方式上，客服人员往往会通过在线方式进行，一次对很多人，对于这种情况而言，效果不好。

在处理多次投诉的客户时，我们至少要保证通过电话沟通，从电话当中我们能够感受到对方的语气语调，感受到他的情绪。最佳的方式是，尤其是当他已经诉诸媒体的时候，争取面对面沟通。只有面对面我们才能够互相摊牌，最后把事情解决掉。

沟通问题清单如下：

（1）对产品和服务为用户带来的不便表示歉意。但同时表明，J 电商平台对消费者利益始终是高度关注的。

（2）进一步试探和了解（是坚决要曝光还是解决了则不会投诉等）。

（3）用良好的态度和坦诚先稳住消费者，让他看到事情被解决的希望，同时也给内部处理危机争取时间。

（4）表示会尽快给他回复或处理意见。

通过上述沟通，我们获知用户是一个中欧的 EMBA，买了 1400 多元的护腰枕。基于这个信息，基本可以做出这么一个用户画像：首先，她有较高的消费水平；其次，她很可能有一些媒体或大V的关系；最后，她现在处于很愤怒的状态，需要获得三倍赔偿，把她自己这种情绪发泄出来。

有了这些全面的信息之后，你就能够作出判断或者建议你的老板来判断。不管是赔偿他还是进一步协商，都会有很好的依据。这个问题清单要求在前期客服人员和客户沟通的时候就直接沟通到，这样问题就不会扩散到媒体那里，客服人员就能够根据掌握的信息来判断，给出赔偿或问题的其他解决方案，问题也就画上了句号。

公关团队接手后的第一件事是全面了解情况。他们进行了内部的沟通查证，包括联系与这件事情相关的人员，通过客服部联系第三方卖家，也就是和当事消费者沟通。

此外，还进行了外部查证，分析舆情。他们看到网民对这件事情的观点大概分成三类：一类是挺L的人，这个占绝大多数；另外两类是挺J电商平台的人和反对L的人，只占少部分。

掌握了这些情况，J电商平台公关直接与消费者、L进行了面对面地沟通。用道歉和赔偿获得了他们的原谅。

最后，J电商平台内部做了这么几件事情。首先由负责对外沟通的高管CMO（首席市场官）出面做一个道歉声明。

下图中的声明主要内容是：在角色上，J电商平台重新回到真诚、敢于承担的形象上。情绪上，表达自己确实做错了，这件事情要全面调查；为了照顾当事人的情绪，之前CMO已经亲自出面去沟通，向L和她的朋友解释清楚，大家一笑泯恩仇了。最后给出承诺，要成立客户卓越体验部来提升服务水平和客户体验。

J 电商平台 CMO 道歉声明

下图是 J 电商平台当时的舆情曲线,在 3 月 13 日 L 发文指责 J 电商平台的时候,J 电商平台搜索量只有小幅提升,当时 3·15 期间还有蓝色光标事件等多个负面热点爆出。但 J 电商平台客服的回应让搜索量持续不断攀升,受关注度越来越高。在 16 日高峰后,急转直下。在 17 日 CMO 发布声明后,又一次攀升,说明有更多的网友通过搜索关键词来了解事情的始末。也间接说明 CMO 的发声起到了一定的效果。

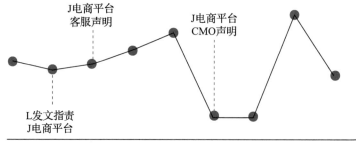

J 电商平台三次发声效果监测

最后 J 电商平台还做了三件事情。第一件事是对残留在网络上的负面信息进行沉降，第二件事是内部反思和复盘（这是下一节的内容）。这次反思和复盘包括三方面的问题：首先是 J 电商平台东和客服、J 电商平台客服和公关的协同，客服在面对这种意见领袖型的客户投诉的时候，应该怎样判断，判断之后怎样升级给公关，这个流程一定要打通；其次是发生危机之后，大家怎么统一口径，怎么通过流程和制度保证让公关部领导来处理这样的危机；最后是对经销商的管理。

这个危机虽然过去了，但是需要有一个新故事来重新唤起消费者对 J 电商平台的信任。J 电商平台构思了一个新故事，并通过他们的传播资源、媒体资源来进行传播，这就是第四部分声誉重建的部分。

> 然而，相信大家肯定都关注到了，前一段时间，一位中欧校友在我们平台上一次非常不愉快的购物体验所引发的舆论风波。事件发生后，全集团的高管围绕这个案例进行了多次的剖析，并开展了深刻的反思，为此，公司专门推出了全流程更高标准的客户满意度准则，并在集团层面成立了客户卓越体验部，以消费者体验为唯一依据和评判标准去推动各个部门提升服务水平、质量和客户满意度。
>
> **为一起投诉在全公司上下进行深刻反思、架构调整，这在 J 公司的历史上应该是第一次。** 为什么要这样做，我想非常有必要和全体兄弟们分享一下我的思考：
>
> 为此，经过公司管理层的充分讨论，在今天这样一个有纪念意义的时间点，**我正式向大家公布，J 公司的价值观从今天起将全面升级为 "T 型文化"——即 "正道成功" "客户为先" 和 "只做第一"**，虽然只有简简单单的十二个字，但却高度概括了 J 公司最本源的基因、最鲜明的气质和最内核的 DNA。

J 电商平台 CEO 全员邮件

最后 "恢复声誉" 阶段，J 电商平台 CEO 刘某对外发声。他通过内部邮件（新媒体时代，"全员邮件" 也等同对外发声）表达了对这件事情的看法，提出要把企业价值观全面升级为所谓的 "T 型文化"，让外界了解到 J 电商平台是有勇气来深刻反思错误的，知错能改，而且会把客服和客户服务做得更好等。终于，整个危机 J 电商平台 "惊险过关"。

# 第5章

# 活动管理

2008年至2011年，我在奥美工作，平时会接触到一些美国的公关顾问。每当我跟他们谈到发布会时，他们喜欢用"You need an army"（你需要一支军队）来形容，可见发布会对团队和资源的要求极高。

之前我们讨论过内容的写作、媒体关系的维护，本章将重点介绍如何组织发布会等各种规模的活动，以及如何进行项目管理。

你可能参加过不少发布会，也可能在发布会中担任过重要的职责，但如果你不是操盘者的角色，就可能"不识庐山真面目，只缘身在此山中"。我们在这个章节将为你开启上帝视角，对大部分类型的活动做整体、系统介绍，帮你早日胜任活动的策划和操盘工作。

## 5.1 发布会

### 5.1.1 会前，准备流程和清单

公关部组织得最多的活动就是发布会，公司的新品上市，公关部需要先与市场部协同做新品的品牌、内容梳理，接下来就进入发布会的策划准备阶段。下面我们按时间顺序来介绍发布会的准备路径。

**1. 策划环节**

最理想的情形是，公司领导人设立一个清晰的目标，公关部根据目标策划活动的形式、流程和创意。但绝大多数情况下，目标和策划一样，都处于待讨论的状态，我们需要在思考和讨论的过程中，经过几次汇报、来回确认管理层的需求，最终确定目标。

目标确定后，应确定配套的活动预算。记者参加发布会的体验，就像住酒店，低星酒店和五星级酒店的体验差距明显，这里面显然是不同的成本价格造成的结果。大部分情况下，活动的现场效果与预算成正比。

在酒店行业，出现一种创新模式：经济型酒店，如宜必思、如家等，他们将资源集中在客户最关心的床、卫生等核心要素上，降低了酒店的整体价格。类似的创新模式也发生在活动策划领域，通过事件、话题等方式吸引粉丝、用户，成为新媒体时代活动创意策划的重要方向。爆款创意不仅节省了成本，更带来了巨大的用户关注度。不过遗憾的是，爆款的创意不常有，而活动却常有。

大多数时候，我们仍必须从预算的角度来限定策划的范围，

否则方案就成了一个好看,但无法执行、不可实现的"飞机稿"。

在向老板汇报活动方案的时候,配套的预算、人员、物资等要一次性列齐,最好也留出一些冗余,这样确保"不可预见费用",在整体预算中体现出来,避免再次申请预算。

**2. 发布会的"四菜一汤"**

举办一个发布会需要准备五个方面的内容,我们可以用"**四菜一汤**"来形容。这"四菜一汤"包含"说什么""对谁说""怎么说""何时说"和"谁来说"这五类核心问题。

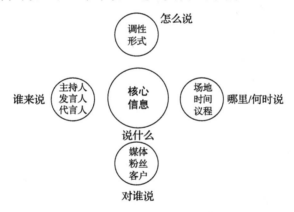

(1)**"一汤"——"说什么"**:指核心信息。这是贯穿整个发布会策划的内容主线。活动前,我们需要梳理活动的主题、内容,专门定制发布会项目的核心信息。

(2)**"四菜"——"对谁说""怎么说""何时说"和"谁来说"**。

- **"对谁说"**:参会受众是谁?是专家还是大众?现场邀请哪些媒体和嘉宾?
- **"怎么说"**:发布会的调性应如何?以什么样的形式呈现?议程安排怎么做?
- **"哪里何时说"**:发布会的预热时间、正式举办时间点和场地等信息。
- **"谁来说"**：邀请公司哪位管理层上台发言，是否需要主持人，是否请明星大咖来助阵等。

说什么：活动内容和媒体资料

"四菜一汤"中的"汤"其实是指活动的内容部分，包括核心信息屋顶图、主要嘉宾的演讲、活动新闻稿、采访提要等。上述内容的撰写我们在之前章节介绍过，这里补充活动中，内容资料准备的清单。

内容资料的准备可以分成对内和对外两部分：

**对内资料**包括执行方案、流程表、项目进度表、物料清单等。为演讲嘉宾准备的参考文档，包括参会和专访的指引、主持人串词、演讲PPT和演讲稿、采访提纲等。

**对外资料**包括媒体邀请函、新闻稿、角度稿、公司介绍、新品资料等。给媒体的邀请函有时候可以不采用电子版，而用实物，目的是通过有创意的实物形式，对活动进行预热传播，引导记者拍照发朋友圈。新闻稿件一般都是用电子版发送。公司介绍和新品资料，如果是较大的图片或视频，可以用网盘形式发送。所有对外的新闻资料，必须统一格式，包括文件名格式的统一，以体现专业、规范和美观。

除了以上基本资料，你还应为媒体准备一些背景资料，例如行业分析、重要观点和数据，帮助媒体了解新闻背景，提升稿件的深度。

以往为了显得正式，往往会将资料打印出来，放入资料袋给记者，现在为了环保，建议用电子版的形式发给记者。

内容资料清单参考：

| 对内 | 对外 |
| --- | --- |
| • 执行方案<br>• 流程表<br>    ■ 项目清单<br>    ■ 现场执行流程<br>    ■ 人员联系表<br>    ■ 物资表<br>• 项目简报文档<br>• 嘉宾发言稿<br>• 主持人串词<br>• 现场演示串词 | • 邀请函（含议程安排）<br>• 新闻稿<br>• 演讲发言稿（视情况）<br>• 发言人简历（格式见危机公关发言人章节）<br>• 公司宣传册（或招商手册等）<br>• 产品说明资料（针对新品发布会）<br>• 视频图片（带文字说明）<br>• 纪念品<br>• 公关人员名片<br>• 空白信笺、笔（方便记者记录）<br>• 其他（如需，餐券等） |

**对谁说：活动的受众**

接下来，我们对"四菜一汤"中的"四菜"部分分别进行说明。首先来看"对谁说"。我们要区分好两种典型的受众：

第一类是**专业受众**，比如工程师、程序员，这类受众主要想听干货，他们往往是比较重要的采购决策人，同时也是重度用户。我们应该尽可能满足他们获取信息的需求，同时留存好他们的信息，包括所在公司、职位信息、联系方式等，并在会后由业务人员进行回访式销售。

第二类是**普通大众**，这类受众主要希望获得资讯，获得不一样的体验。所以他们的信息是否被留存不那么重要，重要的是他们可以带动场外的其他人，带来人气，形成二次传播，从而让更多的大众知道发布会的内容。

那么媒体属于什么类型呢？**媒体邀请名单**是我们按照活动内容和性质来拟定的，所以受邀的记者既是专业受众，又是可以影响更多受众的"中介"。参会媒体的选择在于寻找和活动调性、内容一致的媒体，所以，面向专业受众的大会，应以专业媒体为主，而面向大众的活动，应邀请覆盖大众消费者的大众媒体。

在做媒体邀约之前，我们应了解公司内部的预期，包括举办活动的目的、希望达到的效果。不同的预期导致在媒体名单和采访安排上有不同的策略。

正式邀请媒体时，一般包括几个环节：电话邀约，确定记者可以参加；发送正式邀请函；收集记者感兴趣的问题；活动前一天温馨提醒记者准时出席等。也就是说，会至少进行四轮沟通，这里面也要注意节奏，四轮沟通不应都用电话的方式，这会对媒体造成骚扰，也不要透露太多发布会的细节信息，应保密的内容不要提前泄漏。

同时，应准备危机预案，提醒负责邀约媒体的同事，保持口径统一，不宜提前透露的话题不要对外说。如果竞品在发布会前在媒体上发表一些挑衅的内容，应制定相应的危机预案以应对。

除此之外，还有几点需要注意：

（1）如果期望媒体写出深度稿件，一定要安排三五个记者的小型群访，或者1对1的专访。如果没有充分的时间做采访，记者只能基于活动上获取的信息，以及新闻稿来写稿，无法做深度分析，一定程度上"浪费"了媒体的能力。

（2）邀请媒体的数量，不是越多越好，数量多并不代表传播效果好，应重点关注传播内容是否触达目标受众。例如大公司的新闻，由《中国企业家》来报道比较合适，像《创业家》这类媒体则更关注创业公司。所以目标受众的选择也是很重要的，选错媒体可能造成传播不精准，影响传播效果。

（3）可以邀请有影响力的分析师、粉丝客户到场，这两个人群影响的圈层各有不同，例如某手机新品发布会，很多分析师和粉丝到场，他们对于记者来说，就是天然的补充采访对象；同时，受邀的分析师和粉丝大多都是KOL，有自媒体账号，能影响相关群体。

（4）如果邀请电视台媒体，应安排单独的采访环节，并且提前布置拍摄场地和背景。如果安排了网络主播直播，应提醒网络主播不要在发布会进行中，拿自拍杆在现场采访，因为这样会打扰嘉宾发言，最好将采访安排在会议开始前或者结束后。

**怎么说：活动调性和设计风格**

受众的不同决定了发布会的风格不同，也决定了内容呈现的不同。同样是人工智能产品发布会，面向大众消费者的终端产品，如智能音箱，可以设计吸引观众发朋友圈的拍照墙、有科技感的游戏环境、新奇的互动体验等；面向专业受众的人工智能技术发布会，活动现场可以简单些，除了产品展台，主要精力应放在发布的内容上。

无论是面向大众还是面向专业受众，活动的主视觉、背景板设计，以及其他物料都是必不可少的。

媒体采访活动的主题可以非正式一些，比如"XX媒体见面会""XX新闻发布会"，而新闻发布会、新品发布会需要有一个正式的主题来体现活动的规格和重要性。就像一篇文章，有实题和虚题组合，或主标题和副标题组合。

部分公司举办活动，喜欢用惯用的、统一的风格，比如我在奥美服务的英特尔，它是一家芯片公司，几乎所有的活动主题，都有一个"芯"字，以凸显公司的特色和整体性，例如"芯芯相印""芯潮澎湃"等。

一个适合的主题，是结合公司、发布会和热点话题三者的共通点，用心设计的结果。比如，腾讯 WE 大会的主题："连接一切"，背后有设计者比较深远的寓意。联想在举办首届"全球科技大会"的时候，公关部提出两个词的主题："连接想象"，理由有三个：首先大会是关于智能互联的内容，"连接"体现了互联的核心信息;第二,"想象"既有联想的关联,也有智能互联打开无限想象空间的含义;第三,"连接想象"听起来简洁清晰,朗朗上口。

我们再看发布会的主视觉(KV)的形式。首先KV必须和品牌的调性保持一致,也就是符合公司的视觉规范。如果公司没有制定视觉规范,在活动背景板等各种制作物的设计上,也要有设计感,至少做到风格统一。

为什么公关要重视主视觉的设计?因为这是发布会传递公关信息的重要出口。大家平时应多学习大型活动的背景板设计,从构图、字体、配色等维度去积累感觉。

一般而言,每一场发布会都应有一个高潮环节,媒体往往会选择这个环节的照片,作为文章的头图。高潮环节通常有两种类型:第一种,作为一个单独环节,比如嘉宾上台集体亮相,进行某种发布或启动仪式,留下集体合影;第二种是通过发言人发布产品或进行内容总结,留下金句和"定妆照"。高潮环节的设计需要集群体的力量开脑洞,好的发布环节永远激动人心。

**谁来说:上台的三类人**

根据主题、议程和嘉宾的特点,我们需要决定谁上台"呈现"内容。发布会上有三类人可以供我们选择和安排:

- 发言人:公司CEO或高管、业界专家、重要客户和合作伙伴等。
- 主持人:包括外请的专业主持人,内部或外部的行业资深人士,有时候公关总监自己也可以作为主持人。
- 代言人:包括明星(可以是公司产品的代言人,也可以不是)、行业大咖(包括知名KOL),以及超级用户(或者著名粉丝)。

选定了上台代表之后，就需要考虑不同人的角色和流程的分配。

如果是 CEO 或其他高管并只在上台致辞或讲话，那么你可以参考第 2 章中关于演讲稿准备方法的介绍。但如果他们希望主持整场发布会，或是像产品经理一样讲产品，那么就需要以发言人为中心，巧妙设计发布会流程。

你可以提供两个方案：第一种，CEO 承包全场；第二种，CEO 先抛出"钩子"（引发兴趣），然后由产品负责人详细介绍产品。一般而言，只有少数 CEO 具有超强的表达和控场能力，你可以采用由 CEO 先讲一部分，再引出产品负责人"接力"的形式。

除了发言人，发布会上的主持人和代言人这两类，也必须事先做充分地沟通。确保他们的串词、台词流畅、生动。

活动开始前一晚，安排所有上台的人现场彩排，也是非常必要的。

**哪里 / 何时说：活动流程动线，一切以人为中心设计**

发布会的地点一般选择交通便利的场地，为了确保场地有档期，你应尽早预定。很多场地需要提前 1 个月预定，热门场地甚至需要半年。

场地宁可小一些也不要过大，这不只是出于预算的考虑，更重要的是，过大的场地会显得参与人员稀少。

如果参会人数上了规模，还应去派出所报备（根据主管派出所的要求，部分地区超过 100 人就要报备，大部分地区是超过 500 人），而使用大型场馆也需要场馆主管部门审批。

如果你使用的场地是政府主管或涉外的场地，还要确认同期是否有重大活动，尽量避免档期冲突的场地。

一个发布会现场,一般会有会场、通道、序厅、展示区等区域。VIP嘉宾、媒体和观众这三类人从进入到离开,怎么走的路线需要提前设计。据说日本迪士尼在刚建完的时候,草地上并没有路。通过试营业三个月,看人群喜欢按什么线路走,最后根据多数人群的选择,再铺设行走的路。会场上人流的动线也可以参考这种办法。也就是模拟三类参会者的角色,分别走一遍。

VIP动线管理:你可以想象,如果自己就是VIP,会经过哪些地点。进入活动大厦的停车场后你会面临如下问题:是否有VIP停车证;到达现场后,是先去签到、去休息室,还是先去展区参观;之后从哪里进入会场,坐在什么位置;活动结束后从什么路线离开等。按照这样的情景模拟后,你就可以设计出最佳的VIP动线图,同时安排人员对接,不会错失细节。

相对而言,媒体和现场观众的动线更简单一些,可以考虑设计一些新颖的环节,增加趣味性。比如人脸识别签到(需要参会者提前提交照片),用室内导航帮助参会者在不同分会场自由切换,在会议中搜集反馈问题,并及时推送会议资料等。

关于会场座次安排,可在微信公众账号"公关高手"回复"座次",查看更多内容。

讨论完场地之后,有必要提示一下时间的注意事项。

发布会的时间长度最好不超过2个小时,超过这个时间,人的注意力容易分散。

选日子需要避开哪些时间段呢?首先,应避开重大事件的时间段,比如两会、世界杯期间,这些时间段媒体的关注点都集中在两会和世界杯上;其次,应避开周一、周五,媒体一般在周一开选题会,比较忙碌,而周五紧接着是周末,即使记者发稿,稿件在周末的传播效果也不好;再次,不要安排在节假日前后一周,记者可能休假,影响到场率。

时间点的选择还有一个技巧,为了更好地传播效果,可以找一些可借势的时间点。例如 517 世界电信日,对于通信企业、手机企业来说是比较重要的,垂直媒体会特别关注;例如春节(线上活动)、学生假期等,在特定时间点开发布会,除了应景,传播主题也更容易得到节庆日的强化。

**3. 发布会管理清单**

一场成功的发布会是细节的胜利。如果细节准备不足,会影响整体的体验。记得有一次,记者在嘉宾簿签名,全场找不到一支马克笔,只能尴尬地用圆珠笔代替。如果会前有详细的准备清单来管理物料,就可以避免这种情况。类似的细节问题,也很容易成为"负面记忆点",可能发布会的内容都记不起来了,但失误和事故却印象深刻。

所以每一场活动都应该列一份完整清单,帮助我们从不同维度把活动管理起来。

**举办活动需要考虑的 8 个维度**

| 序号 | 管理维度 | 维度细分 | | | | | |
|---|---|---|---|---|---|---|---|
| 1 | 项目 | 预算 | 合作模式 | 人员架构 | 搭建管理 | 内容管理 | |
| 2 | 外场 | 场地周边概述 | 车辆管理 | 外场嘉宾动线 | 氛围营造 | 检票 | |
| 3 | 内场 | 整体平面图 | 内场嘉宾动线 | 序厅氛围 | 安检 | 会场指引 | |
| 4 | VIP | 接待方案 | 动线 | 用餐饮水 | 彩排 | 偏好 | |
| 5 | 证件 | 工作证件 | 媒体证件 | VIP 证件 | 其他证件 | 票务 | |
| 6 | 场地方 | 场地协调 | 前期沟通 | 中期运营 | 后期结算 | 展商管理 | |
| 7 | 供应商 | 导播摄影摄像 | 兼职 | 礼仪 | 安保 | 保洁 | |
| 8 | 后勤方 | 会议演出服装 | 用餐饮水 | 物流 | 网络 | 应急预案 | |

在这 8 个维度中，项目的整体管理，决定着活动的进展是否顺利；内、外场，以及 VIP 管理，反映活动的细节是否执行到位。

我们曾邀请原华远集团董事长任志强参加活动，他没带秘书，自己在签到处咨询嘉宾流程，引起观众围观，持续了大概十几分钟，这是比较严重的细节事故。

与外场相比，内场更加重要，应重点考虑舞台灯核心区域的效果。下图是一个户外发布会的场地规划图，你能看出场地安排的问题吗？

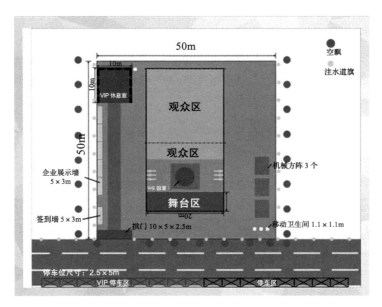

某户外活动现场全局平面示意图

没错，舞台区的朝向有问题，舞台坐南朝北，阳光从舞台背后射过来，观众会感到刺眼，拍摄照片也会逆光，把舞台区和观众区对调后，就比较合适了。

在场地方、供应商、后勤管理这三个维度中，要特别注意摄影摄像。如需网络直播，应提前测试摄像信号；提前与摄影师沟通活动流程，确定重点拍摄环节和人物，最好请摄影师参加彩排。

后勤方面需注意一个小细节，应撕掉专访间的矿泉水瓶瓶标，这是体现组织者是否专业的小细节。

为保证活动顺利召开，活动现场堪勤和彩排非常重要。

活动现场堪勤包括：与场地方落实设备、餐饮等服务，比如瓶装水、话筒等；与供应商做好无缝对接，明确各环节的职责和注意事项，特别是摄影摄像，注意新闻点、拍摄角度、高潮环节等。

活动的彩排分两个部分：技术彩排和实战彩排。技术彩排主要是发现设备和议程当中的一些问题；实战彩排就是模拟真实活动的彩排，对于嘉宾熟悉活动流程和舞台很有帮助。彩排是最后排查问题的关键时刻，要高度重视彩排。

最后分享一个小故事，让你更加了解清单对于活动保障的重要性。

著名摇滚乐手大卫·罗斯是范·海伦乐队的主唱之一。每次签订巡演合同，罗斯都会坚持在合同中包含这样一个条款：后台化妆间里必须摆放一碗 M&M 巧克力豆，而且里面不能有一粒棕色巧克力豆，如果主办方没有做到的话，演唱会将被取消，而且主办方还要对乐队进行全额赔偿。至少有那么一次，范·海伦乐队霸道地取消了科罗拉多的一场演唱会，因为罗斯在化妆间里找到了棕色的巧克力豆。或许有人会认为大明星总是喜欢摆谱，提出不近人情的苛刻要求。

罗斯在其自传中写道:"范·海伦是第一支将演唱会开到偏远城市的乐队。我们的设备足足装了9辆18轮卡车,而一般的演唱会只需要3辆卡车就行了。工作人员一不留神就会犯技术错误,比如横梁因为无法负重而倒塌,地板也会因为不堪重负而塌陷,还有舞台的门不够大,舞台置景无法通过。演出的合同附文读起来就像是看黄页一样,因为设备实在是太多了,调试安装工作需要大量人手。"所以,他们设计了一个小测试,也就是合同附文第126条那个关于巧克力豆的条款。这些可不是鸡毛蒜皮的小事,一些小细节会威胁到人们的生命安全。

就这样,后台的巧克力豆成了保障演唱会安全的试金石。

## 5.1.2 会中,点燃现场气氛

发布会的本质是一个仪式,是企业在某个阶段最重要的仪式。

- **对于2C企业来说**,发布会是企业和用户的"共振场";
- **对于2B企业来说**,发布会是推介产品和收获销售线索的机会。

如何通过这场仪式,让企业与用户之间产生"共振"?为参会者创造"独特体验"也许是一条可行的路径。

**1. 用户体验的四个层级**

用户对发布会的体验可以分为以下四种,它们是如下图所示的不断升级的关系。

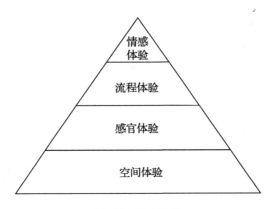

活动体验四层级

底层是**空间体验**,也就是活动场所带给你的感觉。正如你到了家里,可以放松下来,而到了办公室,就会有一种紧张感。场地的风格,决定了空间体验,公司的大会议室和三里屯酒吧街完全是两种风格。

第二层是**感官体验**。这种体验来自视觉、听觉、嗅觉、味觉等感官的综合体验。我们所说的氛围营造、效果展示等,都是围绕受众的感官体验来策划的,现场造型和视频等内容是重要的感官体验元素。

第三层是**流程体验**。流程体验考验着每一个内容和细节。表演、视频、致辞、圆桌论坛、启动仪式、晚宴……每个环节如何安排、如何衔接都应考虑到。在发布会整个过程中,用流程引导观众参与感从浅到深,使活动氛围渐入高潮。

最高层级是**情感体验**。无论是运用形象直观的造型、生动有趣的内容,还是丰富多彩的流程,基于前三者的体验,受众主观感受和产生的情绪是活动在受众心中的最终印记。对于大多数人来说,会议上谁说了什么,都记不得了,但当时的感觉、共鸣、振奋、欢乐……都将让短时间的活动成为一时"永恒"。

活动的体验虽然是参会者主观的感受，但这些感受都来自活动本身所传递信息的"刺激"。那么如何打造好的活动体验呢？我们可以从感官体验入手，来规划活动的亮点，连带提升其他层面的体验。

**2. 五觉在发布会中的应用**

感官体验包括五个方面，这五个方面被称为活动"五觉"，对应人体感官的"色、声、香、味、触"。下面我们分别说明。

**色——视觉**

如烟花般绚烂的视觉场景给人的印象非常强烈。举一个很早的例子，爱迪生首次向公众发布电灯的时候，选了一个公园作为发布会现场，时间定在晚上。等人都到齐后，突然把之前隐藏在四周的电灯同时打开。霎时间，整个公园就像白天一样明亮。以前只见过油灯的市民，被电灯的光照效果惊得目瞪口呆。

人们接受的外界信息中，超过70%来自视觉。因此，视觉最能够影响人们的感官感受，并且留下更深的印象。

几乎所有发布会都会在视觉上下功夫。就连最基础的颜色，企业也会不遗余力地表现。有一个不为人知的例子，在我们印象中圣诞老人是穿着红袍子、带着红帽子的慈祥形象。但这其实是可口可乐为了提升可乐在圣诞期间的销售，把圣诞老人包装成红色，以前的圣诞老人是绿色的（绿色在西方是精灵和神的颜色），穿绿袍、戴绿帽，背着绿口袋和绿色圣诞树。

显然，颜色在某种程度上就代表了一家公司，更加著名的例子是美国奢侈品公司蒂芙尼（Tiffany），无论什么场合，永远都是用知更鸟蛋的颜色（蒂芙尼蓝）。

除了颜色，裸眼 3D、激光等各种先进的视觉表现技术，也经常被用来提升发布会的视觉冲击力。2018 年韩国平昌冬奥会开幕式，就采用了英特尔的无人机点亮了整个夜空。100 架发光的无人机组合成一只大鸟的形状，时而展翅飞翔，时而变换姿态，非常震撼。

产品和场地的风格混搭，可以创造出不同的空间体验。比如奢侈品品牌香奈儿，曾在超市举办一场产品发布秀。和以往的 T 台不同，人们看到香奈儿的模特们推着购物车、背着购物袋，在遍布百货的超市中走动。模特身上奢侈品的高端、稀缺和超市中物品的平凡、丰富，形成对比。通过两者巧妙的搭配，又消除了违和感。这样的跨界、混合，让整个发布会充满了视觉的张力和故事性。

通过创意的组合、情节的设置，可以让视觉发挥最大的效果，引发观众情感的共鸣。我们以乔布斯的发布会为例说明。可以说，乔布斯主办的每一场发布会都是值得我们学习的教科书级别案例。

在 2001 年 Mac OS X 发布会上，乔布斯把整个舞台布景设计成葬礼现场，还专门做了一口棺材摆放在舞台中央。在发布 Mac OS X 前，他先对着棺材里上一个版本的产品念悼词。之后为了营造新品像"神降临"一样的效果，他要求全场绝对黑暗，为此他命令关掉整个剧场所有灯光，包括"安全出口"这样的消防提示灯，这个做法违反了美国的消防规定，后来苹果的活动团队花费了巨大的沟通成本才达到目的。

2008 年 Macbook Air 发布会上，乔布斯从一个大信封里掏出 MacBook Air，引来了无数尖叫声，那一刻也成为数码产品发布会历史上经典的一幕。在乔布斯从信封中拿出 MacBook Air 的 3 年前，他在展示 iPod 新品的时候，也呈现了类似的"表演"，他问现场观众:"你知道牛仔裤的大口袋上那个小口袋是做什么用的?"然后他从小口袋中掏出了一个小小的 iPod Nano:"现在你知道了。"

2001 年 iPod 一代产品首发,乔布斯也是以充满画面感的话来介绍这款产品的:"在你的口袋里装下 1000 首歌曲。"

### 声——听觉

我们前面提到很多品牌为自己设计了专属的视觉颜色,同理,部分企业也会定制专属的声音。比如大众汽车使用了"咚咚、咚咚"心跳的声音;英特尔的"噔,等噔等噔",可以说是家喻户晓。

在活动中如何设计出独特的听觉体验,我们先看两个案例。

第一个是腾讯三维虚拟听觉解决方案发布会。在活动现场,腾讯设计了一个模拟的体验环境,让受众更好地听到声音环绕的效果。我也在现场,听到一段关于法律的讨论,能明显地感知到说话声音的远近和说话人的方位。补充一点,语音识别公司科大讯飞在翻译机和智能录音笔发布会上,也制造了一个真实的体验环境,体现产品远距离收音、智能降噪以及将声音转换成文字(包括英文转中文)的能力。

第二个是某汽车品牌的发布会,邀请了 DJ 来现场表演打碟,DJ 特意模拟了车门关闭的声音,声音富有厚重感,顿时让人感觉汽车的用料很足。

声音的设计,不但可以用在活动上,在产品设计方面的运用也值得被重视。以前汽车导航的声音是标准的男声、女声,自从高德导航推出林志玲等明星语音导航,产品获得了极大的差异化。

**香——嗅觉**

嗅觉可以创造不同的氛围，比如你在星巴克能闻到浓浓的咖啡香味，在巴黎贝甜能闻到浓浓的奶香味，在五星酒店、百货商店、珠宝、高端服装店等场合一般都会有独特的嗅觉体验。

嗅觉能够触动人的潜意识，从而唤醒一些潜在的记忆，包括喜爱、舒适、幸福等情感状态。

我们一般使用香水或香氛来调节活动现场的嗅觉体验。在使用香水之前，要充分了解香水的前调、中调、尾调。

前调是香水最先透露的信息，一般只能维持几分钟，前调并不是一瓶香水的真正味道，但它是给人的第一印象；中调是活动中最需要关注的部分，它在前调消失之后开始散发出来，一般可持续数小时；尾调也就是我们常所说的"余"香，作用是营造一种绕梁三日不绝的韵味。

除了香水，我们也可以利用各种各样的气味来创造不同的体验。

俄罗斯某服装设计师选择在一个农场的牛圈里，举行服装新品发布活动。让嘉宾穿上羊皮大衣和胶靴，在弥漫着牛粪味的会场欣赏服装秀。这个发布会不但让人印象深刻，有趣的是，活动结束后的一段时间内，农场的牛奶销量和奶酪销量都增加了一倍。

**味——味觉**

第四种感官体验是味觉。你可能会理解为是吃东西。确实如此，因为味觉必须通过吃来表现。活动设计时，可以通过食物品尝给参会者提供一种新奇感。

有一次我参加香格里拉酒店举办的媒体开放日，其中一个环节是品尝中国、日本和法国三个国家厨师的拿手菜，让媒体感受到香格里拉在美食上的积累；媒体还参观了美食的制作过程，继而对香格里拉在美食上的实力有更深入的了解。

味觉体验往往需要和其他感官体验组合。比如在某乐团的中秋主题新歌发布会上，媒体一边品尝乐队设计的素月饼，一边欣赏乐团现场表演的中秋乐曲，享受视觉、听觉和味觉融合的体验。

再比如某国际冰激凌品牌，选择在法国戛纳发布新品。发布会上邀请维密模特米兰达可儿现场试吃，同时现场让每一个参会者也都有充分品尝新品冰激凌的机会，台上台下，充满了大快朵颐的感觉。

**触——触觉**

"五觉"的最后是触觉。对于重在参与、把玩的硬件类产品，重要的是能提供参会人充分互动、充分上手的机会。

活动中参会者的全身参与也是创造触觉体验的重点。在"Mini Cooper 全家体验日"的活动中，围绕"车小容量不小"这个主题，专门设计了一个环节，让参与者把很多东西装进去。通过这样的体验，使得参与者对 Mini Cooper 有了重新的认识：车小但是能装的东西多。

2018 年微信小游戏"跳一跳"很火，一个理财品牌为了让用户产生信赖感，把"跳一跳"变成了真人版的活动，胜利者可获得现金奖。挑战者有的太急，用力过猛就跳出去了；有的太谨慎，又跳得不够远；最后胜利属于发挥稳定、心态稳定的人。稳，这个关键词，通过这场体验感很强的活动得到传播。

"五觉"整合起来往往能发挥更大效果。以联想 ThinkPad 25 周年的品牌活动为例,在视觉上,运用了 ThinkPad 一直以来传承的黑红色调的主视觉,体现冷静的思考;在听觉上,用科技感的音乐营造一种神秘、新奇的现场氛围;在嗅觉上,采用阿迪达斯古龙味香氛,烘托出稳重的情绪;在味觉上,特意设计了"小黑"造型的黑巧克力蛋糕;在触觉上,设置了可以让观众把玩的笔记本产品体验区。

## 5.2 不同类型的活动

### 5.2.1 活动的四种类型

前面我们详细讨论了发布会的准备,以及如何调动"五觉"提升发布会的体验感。实际上,掌握了发布会的准备和管理,对其他类型活动也可以做到触类旁通了。整体而言,公关活动可以分为四种类型。

**1. 关系型活动**

第一类是**关系型活动**,小到请媒体喝咖啡,大到媒体答谢会等都属于这类。这类活动的特点是重在参与与交流。首先,明确活动目的、参与者是谁,以参与者为中心来设定活动形式。如果目的是希望媒体为公司的战略、产品提出观点洞察,或是希望媒体出一篇"定妆照式"的深度稿,那么可以邀请一两家能力强、关系好的媒体,在一个私密的场所座谈。如果目的是年底答谢媒体,就可以邀请几十家甚至上百家媒体,在一个比较热闹、轻松的氛围举行。如果目的是做一场上规模的媒体沟通,一般涉及邀请公司高层领导或者业务相关部门参加,那么活动的安排应同时考虑他们的偏好和媒体的需求，进行调整。

关系型活动一般是闭门性质，即受到邀请才能参加，一般不做传播。但是在对传播频率要求越来越高的新媒体时代，很多公司也在努力为这类活动安排传播。比如公司动员会、供应商大会、渠道合作伙伴会等，把机密、敏感信息筛选掉，提炼鼓舞士气、提振信心的信息，通过媒体第三方的视角做报道，有时候关系型活动的传播甚至会比正式的发布会引发更大的关注。

**2. 内容型活动**

第二类是**内容型活动**。比较常见的名称有：××大会、××论坛、××峰会或××沟通会，例如腾讯 WE 大会、阿里云栖大会、华为分析师大会等。同时，在发生危机时举行的新闻发布会也属于这个类型。

这类活动的目的在于内容的传递。媒体重点关注重量级嘉宾的演讲内容，所以不需要对活动形式做过多的创意，而是集中力量把内容做好。

**3. 体验型活动**

第三类是**体验型活动**。一般是线下、实体的体验。对于大多数产品和内容的传播而言，线上活动的效果无法取代线下活动。品鉴会、嘉年华、造物节这样的体验活动，重点在于对体验者"五觉"感官的调动。与单纯地听介绍相比，通过现场体验，用户或者媒体会产生深刻得多的使用体验和印象。

相比于以往发布会场地选在酒店、会展中心、剧院等常规场地，某汽车公司 SUV 新品发布会的场地选址在重庆武隆天坑，一场"在山里"的发布会，再结合巨幅的三维楼体投影（3D Mapping）投影技术，让参与的媒体和用户充分体验到产品的"高端"。

**4. 事件型活动**

第四类是**事件型活动**。产品发布、战略签约、数据趋势发布等都属于这类活动,主要是围绕某项产品、某个事件为中心来设计。事件型活动应重视事前预热传播,即围绕产品点提前"种草"传播,在发布会当天引爆达到高潮,事后还有一段收尾的延续传播。

事件型活动的重点在于"创造新闻事件",因此有很多公司策划了"不同凡响"的事件。曾有一个沙拉品牌希望传递沙拉和身材的关联,邀请 30 位外国模特"肌肉男",装扮成斯巴达勇士的造型,手拿摇滚甜心沙拉在街头游行,引发大量行人关注。本来他们还计划一周之后,再举办一场"斯巴达游泳池派对",在派对上正式发布沙拉品牌和产品。但这个活动是闹剧收场,模特被城管驱逐,并且该品牌进行了处罚。事后该沙拉品牌公开道歉,并把斯巴达游泳池派对等活动全部取消。

这个事件起到了两面相反的效果:一面确实引发了轰动的效果。当时朋友圈刷屏,免费获得腾讯 QQ 两次弹窗推送;但是另一面,活动的失控和后续的处罚,不得已以道歉收场。整体来说,事件对品牌的作用是弊大于利。

同样是创业公司为了引发关注,武汉某公司的事件策划就更加稳妥。他们安排了 10 名员工,骑马上班。当早高峰时期,10 匹高头大马和身穿带有公司 LOGO 服装的员工出现在街头时,引发了巨大关注,湖北电视台甚至也第一时间赶赴现场报道。

## 5.2.2 中小预算活动策划

前面我们讲了,活动有四种体验。如果你的预算多,那么你可以尽可能地设计好活动的各层面体验。但如果你预算有限，一定要抓住其中某一项，做到最好，以凸显活动效果。

**1. 零预算**

预算是零，此时应该怎么做呢？答案就是不做。你可能会说了，零预算也有成功的案例，比如之前的小米，小米联合创始人黎万强号称零预算做小米的粉丝、社区、公关等一系列营销。其实小米一开始创业就是"豪华团队"，小米所谓的零预算也是强调和大公司动辄几百万的大预算相比，小米的传播更富有性价比。

**2. 不超过 10 万元的小预算**

很多创业公司都面临这样的困难，再大的项目都是 10 万以内。要做好小预算的项目活动，本质就是调动自己更多的时间和精力来帮助公司省钱。同时，你要注意预算比较少的情况下，更应该聚焦到一个小目标，避免使用大公司的策划套路。

2017 年底，线上培训品牌三节课，举办了第一次年度大会"有可能大会"。从成本上看，整个大会包括场租、活动物料，成本不超过 8 万元。外场展览的成本只花了 1 万元，但是取得了非常轰动的效果，大会的到场人数超过 1000 人，不仅如此，大会还因为一个事件的策划而被刷屏。这个策划是三节课和美团的跨界合作，在活动现场，一位外卖小哥现场送完外卖后，并没有立刻离开，而是在展览展示区驻足观看学员们展示的课程作业。片刻后，他有所触动，于是现场报名，希望通过学习，成为一名产品经理。

**3. 10 万～100 万的中等预算**

10 万～100 万之间的中等预算可供发挥的空间比较大。这个区间里，50 万和 100 万是两个分水岭。资源的分配方面，后者可以考虑进行更多的现场声光电和吊装等形式创意。

中等预算的活动最重要的是设定好活动目标，并做好任务分工。这一档位的预算可以调动更多的部门、更多的合作伙伴参与；内容的创作和呈现也可以更加复杂。同时，在预算的分配上，你需要提前规划视频制作费用，海报设计、制作费用，"五觉"体验设计、制作费用，传播费用等。

一开始，无论是活动目标，还是需求，往往都不明确。一位蓝色光标的负责人回忆道："当我接到锤子手机的 brief 时，客户只有一句话：2017 年 5 月 9 日锤子科技新品发布会。"

对于发布会而言，一般情况下，由客户提供产品的功能、卖点，公关公司来推导市场、洞察、策略。但在目标和需求都极度匮乏的情况下，如何另辟蹊径？或许可以抛开从产品推市场的思维惯式，反过来从市场推产品。

蓝标作为锤子手机的乙方，在提案时，推荐了京东直播的形式。因为 2017 年直播还很火，而且京东直播室有别于其他直播平台的一点是，用户能边看发布会边下单。锤子手机的目的是提高新品在平台上的销售，所以采用直播的方式最有效。

怎么做直播的活动才能与众不同？毫无疑问，锤子手机创始人罗永浩（网络红人老罗），是锤子手机最重要的标志。因为老罗在每次直播发布会上都会说一些备受关注的经典语录，因此蓝标将老罗的语录做成一个个口令，和用户进行互动。具体来说，老罗每说一句语录口令，送一台锤子手机。每个口令既与老罗和锤子科技有天然的结合点，同时又有未知的惊喜，你永远不知道老罗在哪一秒说这样一个口令，观众们会保持时刻专注，这也就保证了整场发布会的传播效果和平台转化率。

**4. 大于 100 万的大预算**

预算充足的情况下,在活动形式上,我们可以做"海陆空"全方位的策划;在时间周期上,也拉长,覆盖活动前、中、后整个周期,从几天拉到数周甚至更长;在渠道和合作伙伴上,一定要选最优质的行业资源和合作伙伴,因为优质的合作伙伴一般都做过大预算的项目,对项目的大方向、资源的调动、项目的细节,可以掌控得更好。

2018 年 VIVO X21 手机新品发布会亮点迭出。VIVO 邀请北京奥运会开幕式"大脚印"的设计者,在现场设计了"大指纹",凸显 VIVO 领先的屏下指纹技术;开场采用一段幻化神奇的舞蹈,与整个目眩神迷的外相空间呼应;发布会主持人由知名综艺节目主持人蔡康永担任,由他来诠释 VIVO 通过不断追求突破自我,打造有温度的科技等核心信息;由国际最顶尖的视觉艺术团队打造 3D 互动,现场几千位粉丝,欢呼尖叫之余,十多名空中飞人从天而降,将全新的 VIVO X21 新品精彩展现……

在外场,VIVO 继续发挥了它"土豪"的一面,不但用灯光把舞台照亮,而且把发布会所在的乌镇整体地亮化了(对应 VIVO 一句核心信息:照亮你的美)。亮化工程的供应商是知名照明设计公司 BPI(曾负责美国自由女神像的亮化项目)。

对于每一个公关人员而言,我们手上有两种资源,一种是看得见的资源"预算";另一种是看不见的资源"时间"。大企业有预算铺设大场面,获得更大曝光,但有时候大场面的活动集中在声光电等效果本身,在创意和内容上,没有太多突破。

而小企业可以通过投入更多的时间、精力来做策划,寻找新奇特的点,从而实现创新突破,甚至可以取得小预算、大反响。

最后,通过下面这张表比较直观地感受不同预算的优劣势:

**不同预算的优势和劣势对比**

| | 大预算 | 小预算 |
|---|---|---|
| 优势 | 更高预算、更多资源<br>更受消费者关注 | 产品更新奇<br>创业者更有故事<br>决策更快<br>更愿意尝试新形式<br>公众预期低 |
| 劣势 | 公众对产品没有新鲜感<br>决策流程长<br>形式更倾向保守<br>公众预期高 | 预算有限<br>经验欠缺 |

### 5.2.3 会后，如何做好传播

活动的时间是有限的，一场发布会长则两个小时，短则半个小时，参与人数也是有限的。2018 年锤子新品发布会，在万人体育馆举办，但即便如此，现场人数也依然有限。

为了使传播效果"无限"，除了影响现场受众，更重要的是要影响更多场外的受众。除非是纯关系型活动，不需要传播，否则活动传播没做好，活动也就失去了举办的意义。本节我们就来讨论活动中如何争取更多的报道，更长的曝光时间，从而影响更多场外受众。

**1. 公关活动的三大阶段**

如何做好活动传播？我们将活动按受众的接触点，分成 3 个阶段。

- **活动前**，制造悬念和话题；
- **活动中**，利用现场的"五觉"以及内容等设置吸引受众注意力；

- **活动后**，进一步强化活动口碑，持续引流，延续活动的热度。

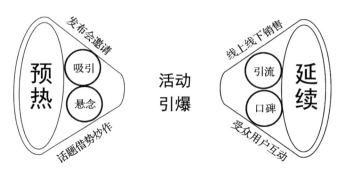

活动的"前、中、后"三个阶段

活动预热几乎是发布会的标配，一般采用线上预热的方式。为什么要重视预热？因为预热有三个作用：引发好奇；植入卖点；获得互动以及相应的 UGC。

那么预热具体怎么做？我们建议从三个方面来考虑，最终预热的内容，应该是这三个方面的交圈。

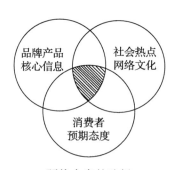

预热内容的选择

### 2. 寻找预热方向

首先是**考虑品牌产品**的核心信息；

其次要有**消费者洞察**,也就是了解消费者在购买这个产品、接收产品信息的时候,会抱着什么样的预期态度;

最后,要考虑**社会热点**、网络文化等。

以某个国产手机的预热策略为例:

(1)预热期的核心信息是相机暗光长焦、功能面面俱到、发布会前1个月预售;

(2)目标受众是轻极客人群。轻极客的特点是对3C产品比较熟悉,喜欢率先尝试有重大功能革新的产品;

(3)针对目标人群关心的话题,参考新近天猫大数据发布的消费趋势报告,越来越多年轻人热衷于消费国货。买国货、用国货、晒国货,成为"国潮青年"一种新的生活方式。于是,该手机把上述信息融合起来,围绕"新国潮"为产品设计了一组颇具影响力的预热内容。

从手段上看,预热内容包括邀请函、预热稿、预热海报等。

**邀请函**

邀请函的作用类似参会的门票,提供了活动时间、地点、日程等信息。一个新颖、独特的邀请函往往也会成为公关传播的亮点,收到邀请函的媒体和参会人员都会拍照、截图或者转发,在社交网络里分享。

比如,苹果发布会的邀请函,几乎每次都是一张隐藏着重要信息的"寻宝图"。大量的媒体会拿着苹果的邀请函,对发布会内容进行猜测和分析。同时苹果的邀请函很有设计感,收到邀请的媒体非常愿意在网络上分享。

邀请函一般不透露发布会的具体内容,它的使命在于引发关注和猜想。比如2017年苹果秋季发布会的邀请函,除了少量参会信息，邀请函中央只有一个三种颜色组合的苹果的 Logo，引发媒体对这次发布会将有多款新品的猜测。

HTML5（H5）因为可以实现更强的页面表现性能，如今也被广泛用于制作邀请函。比如某智能电动牙刷品牌策划"拜仁集体转会"营销事件，用 H5 酷炫的 3D 解剖动画让用户直观地了解产品亮点，获得很好的转发效果。

**预热稿**

预热稿可有两种形式：一种是新闻稿的形式，传递发布会的主题、时间、地点、日程等信息，相当于邀请函的变种；还有一种是站在媒体的角度，发表预测、分析，或少量剧透，吸引受众来关注发布会。

在预热稿中，我们需要重复地提及活动的核心信息，让更多的消费者能够接收到这些信息，或以这些信息为关键词进行搜索，了解更多。

小米在深圳发布小米 8 手机的时候，围绕手机名字说故事，之所以跳过小米 7，而命名为小米 8，是因为新品全面超越了 7 代。同时，发布会正值小米 8 周年，小米 8，代表了小米 8 年的奋斗。

当然，软发布的传播力度和效果不如召开一场线下的预热沟通会，也叫"吹风会"，邀请媒体参加，升级预热传播。

很多公司都会在产品发布会前发出大量的预热内容来扩散新品信息。在搜索引擎上，让新产品的内容超过以前的产品内容。也就是说，在预热阶段发布大量稿件，把之前的产品新闻都覆盖掉，让新品信息曝光在搜索的第一页。这样消费者在浏览网页，或者在网上搜索关键词时，能够第一时间看到新品的内容。

**预热海报和病毒视频**

倒计时海报，一般提前 3～5 天开始发出，每天发一张，主要在内外部渠道转发。一般来说，视频的感染力比海报更大，但是拍摄和剪辑的周期也更长，更适合于预算充裕、时间充裕的项目。

预热也可以考虑传统渠道，包括户外广告、楼宇广告、报纸广告等。如果在另一个城市召开发布会，常见的操作手法是在当地找一家影响力最大的报纸媒体，通过软文投放的配合，与互联网媒体同步进行预热。在当地影响力较大的报纸媒体除了报纸，一般都配套有新媒体平台，在软文发布之后，你可以"一媒多用"，请他们在本地圈子转发，造成更大的影响。

需要特别注意的是，预热海报和视频的主要目的是要引发用户情感的认同，让用户为情感、为相关的情绪，产生他们的反馈，从而造成讨论。所以海报或视频尽量不要"独自表达"，而是要做"领舞者"，做好气氛的营造，这里面我们有三类资源或者三个角度可供选择："大咖""悬念"和"差异"。

"大咖"类。联想 2017 年创新科技大会，邀请四位"大咖"演讲，分别是微软、英特尔和百度的 CEO，以及联想 CEO 杨元庆，将全球四家重要科技公司掌门人都聚集起来，预热重点宣传这方面的内容，自然吸引关注。

"悬念"类。OPPO 2017 年秋季新品发布会的预热传播，炒作的是代言人话题：张震＋王家卫班底的文艺片杀青后的首度曝光，该片据说创下史上 NG 最多的镜头等。这些话题与 OPPO 的年轻用户产生很好的关联和互动。

"差异"类。美团发布新配送品牌的预热，采用"梦想"的话题，用现在和未来做对比，这种差异随着倒计时海报逐渐靠近,象征着梦想的一步步实现。

总之,无论哪种角度或形式,预热目的必须很明确,就是引发受众对活动的关注和好奇心。

**高潮传播**

在预热传播打过"头阵"之后,意味着传播的高潮也即将到来。

活动中这个阶段我们应注意三点:

(1)**不要为了活动创意而创意**。我们不是希望大家参加这个发布会后感到活动很牛,但在酷炫的声光电效果之后,却觉得内容空洞,似乎看了一场烟火表演。我们需要延续预热传播,把活动需要传递的关键信息,反复强化。

(2)**要了解记者想听什么**。我们在日常的沟通中,就要做到这一点。通过活动的由头,更能够建立和记者讨论的话题。经过充分沟通,媒体会通过文章传递相关的信息和深度。

(3)**我们要影响的不仅仅是场内的受众**。活动传播更重要的是场外观众,信息一定要扩散到场外去,形成二次传播。这个阶段,我们需要集中最大的资源,包括前期预热。所有资源形成同频共振,把发布会的声量打到最大,将传播推到高潮。

**3. 把握传播节奏,延长传播周期**

活动结束之后,我们应尽力延长传播的周期,维持影响力。

(1)应配合媒体的发稿时间。发布会结束后24小时,是媒体把稿子发给你确认的高峰期,我们内部确认一定要快,不要让确认稿件成为卡点。

(2)大多数媒体希望采用官方拍摄的图片、采访速记,这些内容应该在会后第一时间就发给记者。

如果你邀请了很多杂志、报纸类媒体，发稿时间比网络媒体更延迟一些。你在前期做媒体邀请的时候，应设计好传播节奏，使得发布会后一段时间内，持续有报道发出。

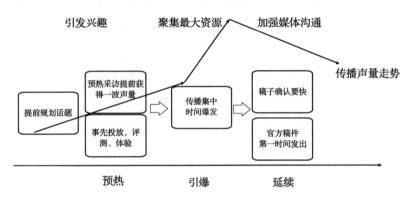

在活动传播的三个阶段，也即预热、活动当期和活动后续，都可以参考故事三要素来设计和打磨传播内容。

**首先是角色**，这里对应活动定位。定位决定内容，也决定下面的话题性，一场发布活动，嘉宾观点和金句是最重要的传播点。

**其次是情绪**，这里对应活动的体验。如何带来受众期待之外的体验？你可以参考前面介绍的"五觉"的方法，为参会者设计不一样的参会体验。另外也可以制造悬念，比如宣传参会门票非常稀缺，让外界产生好奇。

**再次是仪式感**，仪式感是我们前面讲到的活动体验的关键。作为活动主办方，你要为参与者，为他们想好传播、拍照、发朋友圈的环节和地点，能够引发他们分享场景、分享欲望的点在哪儿？在入场处设置签名墙，每个来宾在此签名、留影、合照，这个会成为参与者一个重要的收获；启动仪式、集体拍摄环节、酷炫的现场声光电效果等也可以引起发圈。

除此之外，还可以通过设计消费相关的话题，和消费者产生互动等，增强故事性，提升传播的声量。

这里顺便说一下，部分公关从业者在设计公关活动时，会设计派对环节，如果是产品的体验还算合理，但如果是毫不相关的游玩活动，可能会影响记者写稿，所以不建议安排。

我们希望媒体在发布会结束后，能够立刻投入到发稿的过程当中，所以发布会流程的最基础原则就是不耽误记者写稿。

## 5.3 活动效果评估

### 5.3.1 复盘总结

随着活动后期传播的结束，应该尽早总结经验和教训。你可能会说，活动的管理和传播已经很费时费力了，为什么还要花时间做总结？事实上，总结是项目的另一个"高光时刻"，如果总结得不好，你的工作很可能缺乏必要的表现，甚至相当于白做。

在写总结之前，应该界定一下什么是成功的发布会。其实，成功的标准就是达成活动的目标（超出预期就是优秀）。具体表现在：

（1）发布会的流程很顺畅，没有事故和意外。

（2）发布会的传播很到位，预热和媒体的导报结果符合预期，负面舆情管理到位。

（3）供应商管理到位，预算使用合理。除此之外，达成项目设立的其他 KPI。

正如评价项目的框架，总结项目的思路也是一致的。

第 5 章 活动管理

复盘框架

复盘的步骤：回顾目标→评估结果→分析原因→总结规律。

复盘的态度：开放心态，坦诚表达，实事求是，反思自我，集思广益。

"复盘"是项目总结的利器，这个词是围棋当中的术语，联想的创始人柳传志把"复盘"发展成为一个管理学的工具。

复盘分四个步骤：

第一步是回顾**目标和目的**，当初想要做什么；

第二步是**评估结果**，即事情做得怎么样，与目标相比，执行中做得好的地方是什么，不好的地方是什么；

第三步是**分析原因**：能够做好是靠什么，是因为创意、内容，还是媒体关系好等；同时，做得不好的地方，失败的根本原因是什么。在失败当中，有哪些主观原因和必然因素（重点分析）、客观原因和偶然因素等；

第四步是**总结**，总结主要是寻找规律，从中能学到什么，有什么经验可以传承，未来应该采取怎样的行动。

这里想特别强调复盘的态度，在复盘的过程中，每个参与者都应保持开放的心态，坦诚地表达，实事求是地反思自我，集思广益，这样才能够让复盘更有效地进行下去。

除此之外，身为公关人员，你还可以做一个后期调研。回访参会媒体，了解对于活动的时间、流程、现场演讲，以及外场的展览展示讲解等，是否满意，有什么建议等。对于出差过来开发布会的媒体，还可以询问对酒店住宿行程安排的满意程度。媒体的反馈，可以为复盘总结提供更鲜活和更多角度的素材。

有时候，复盘文件本身就是一种系统地总结。如果你进行了媒体调研，也进行了复盘，你也可以整合这些素材，按照上面的结构，做出活动总结的PPT。为什么要用PPT格式？因为PPT的结构更加清晰，更加适合阅读和展示。这也是我们不建议用Word版本的原因。它类似于新闻稿的结构，是一个"倒金字塔"，特点是结论先行，以上统下。最重要的事情在最前面，然后像剥洋葱一样，层层分解。

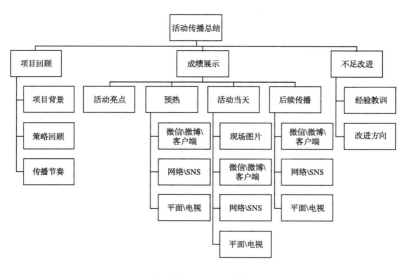

活动总结PPT结构

复盘的重点内容是：对项目的回顾，成绩、亮点的展示，以及不足改进的总结。

成绩亮点是报告中篇幅较大的部分,在描述时,除了按照结构中的时间顺序,也建议在描述每个重点子项时采用 STAR 结构。STAR 结构是四个英文单词的首字母的缩写。第一个 S 是情景,Situation,我们面临什么样的挑战?第二个是 T 任务,Task,比如我们要向年轻人传递产品的品牌信息。A 是行动,Action。基于前面的 S 和 T,我们做了什么。比如活动前期进行调研,对接的内外部资源等。最后的 R 是结果,Result,即最终完成了什么。比如说,预热有什么产出,活动和传播有什么产出等,以及活动在圈内引发什么样的反响等。所以通过这个 STAR 模型,我们可以把整个活动的亮点说得透彻清楚。

## 5.3.2 赢得国内外奖项

某家知名互联网公司每次在较大的传播活动之后,都会在知识社区"知乎"上发布项目的策略"解密"。这样的自我宣传引发了业界不少的围观,也为产品和品牌,做了另一个维度的传播。

同样的,我们在操盘了一个大项目之后,除了总结呈现给内部阅读,也应该考虑把它案例化,在知乎等网络社区传播,或者包装后到相应的营销专业评审机构、评审委员会,进行申报,争取奖项。这是公关人建立自我品牌的好时机,我们可以将自己操盘的项目,再次用营销视角进行解剖、分析。

**重要公关奖项**

先来了解国内外影响力较大的 PR 奖项。国际上有三个重要的公关奖项:第一个是 PR Week Awards,该奖项由国际公关权威杂志《PR Week(公关周刊)》评选和颁发;第二个是 SABRE Award,由知名公关咨询机构 HOLMES 举办,HOLMES 以发布各种公关调研报告闻名；第三个是 Golden World Award，简称 GWA，由国际公共关系协会评选和颁发。

如果你申报的项目不是单纯的公关项目，而是整合营销项目，你还可以考虑申请：艾菲奖（Effie Awards）、戛纳奖（Cannes Lions Awards）、克里奥奖（Clio Awards）等国际广告营销的奖项。

同时，国内也有很多较有影响力的公关奖项。比如：金旗奖，由中国国际公共关系协会主办，关注最具公众影响力的公共关系事件评选；金鼠标奖，北京大学新闻与传播学院主办，面向数字营销领域的创新奖项；蒲公英奖，由传播行业商会苏秦会创立，挖掘和展现创新传播的奖项。

**如何参与评奖**

下面我们就针对如何筛选合适的案例参与评奖进行介绍。

并不是所有案例都适合申报评奖，申报的项目一定是你现阶段感觉做得最好、最受好评的项目。在申请之前，你应该收集近年该奖项入选的案例，比对这些案例在创意和策略方向上是否有重复，避免出现方向相同的案例。

在案例包装方面，可以从三方面入手：

（1）**突出价值性**：选择具有社会视角、人文关怀，站在行业高度审视、驱动行业、改变行业的案例。

（2）**强调创新性**，最新技术的成功应用，独特洞察、创意与实施的案例非常容易受到关注。

（3）**凸显实效性**，一个推动品牌高曝光、产品市场高增长的案例，天生具有吸引评委眼球的能力。

在案例申报中，重点并非技术本身，而是技术所体现出的价值。公关界更看重内容的共鸣和触达，纯粹酷炫的技术难以打动评委，他们更在意你到底用技术传递了什么故事，解决了什么问题。

对于新入行的公关人来说，争取 PR 奖项可能有些遥远，但应该有这个目标意识，因为奖项将是你整个职业生涯的亮点，也是个人价值被更多人看到的途径。

| 第6章 |

# 传播策划

到目前为止,我们讨论了内容的生产、关系的维护、活动的管理以及危机的应对,本章将要介绍的传播策划的内容将站在前面知识的基础上进行,从而实现综合运用,完成品牌的特定任务。和前面的知识点一样,我们会把传播策划拆解成若干步骤,并为每个步骤引入思考框架,从而让你能够独立完成一个结构完整、逻辑清晰的传播策划方案。

## 6.1 什么是传播策划?

我们先来看一个传播策划的场景:背景是一个主打美白功效的高端化妆品品牌 SK-II,其想针对双十一进行一系列公关传播策划。

某公关公司给 SK-II 提供了这样一个策划案:根据 SK-II 主打美白的功效,做一场美白健身秀,鼓励用户用"健身+护肤"的策略,保持健康、持久的美丽。

第一步,通过微信公众号、官方微博,发起对"美白+健身"话题的讨论;

第二步,提供双十一商品预约购买的折扣和试用装,在社交平台向用户征集"美白+健身"的照片和故事;

第三步,邀请品牌明星代言人拍摄一段微视频,通过各个渠道推广视频,引发更多网友的关注和参与。

这个策划案貌似具备公关传播策划的"样子":列出了基本操作手法,但感觉有一些缺失。细究后发现,这个策划案缺少分析推导的过程,仅凭品牌的卖点就直接策划对应的活动。对于品牌的决策者来说,"为什么要做这场活动""活动针对哪类受众"等关键问题表述不清晰,无法做出有效评估和决策。

事实上,传播策划就像战斗中进行射击。射击一般分两种,一种是"蒙着打"的扫射,这个打法的重点在于把子弹第一时间打出去,适用于目标众多且距离较近的情况;另一种是"瞄着打"的射击和狙击,这样的打法特点是精准,力求"每一颗子弹消灭一个敌人"。在传播策划中,企业的资源就是"子弹",无论是中大型公司还是创业公司,资源永远是有限的,因此企业必须用第二种"瞄着打",其中包括了一系列的观察、推导和创意的过程。

如果按"瞄着打"的方式,上述产品的传播策划应该怎么做呢?

(1)设定项目目标,目标尽可能具体化。针对双十一的传播,SK-II 设立了三个目标:

- 提升品牌认知；
- 拉新；
- 带动销售转化。

（2）确定项目受众，筛选出三类人群作为 SK-II 的受众：

- **SK-II 的用户**。包括既有用户和潜在用户。SK-II 以过去 12 个月作为调查周期，从过往用户中挑出最具代表性的特征，形成"用户画像"。然后，根据画像，通过第三方大数据，获得潜在用户群，锁定并将其作为目标受众，针对这个群体的传播目标是带动销售转化。
- **SK-II 品牌的粉丝**。通过 SK-II 微信公众号、官方微博的后台数据，以及第三方监测数据，搜集关注、阅读、点赞、转发过品牌内容的粉丝，运用算法进行粉丝"画像"，根据"画像"寻找潜在粉丝。针对粉丝的传播目标就是拉新增粉，同时也兼具销售的目的。
- **SK-II 品牌代言人的粉丝**。该品牌当前代言人是当红男影星×××，选择其作为代言人，是基于市场调研：×××的粉丝和品牌用户群的特征高度吻合，通过聚焦代言人的粉丝群体，也可以让部分非用户转化成品牌用户。

（3）无须过多介绍产品，可以直接主打优惠促销。针对品牌和代言人粉丝，不直接进行销售，而是通过引发情感共鸣，加强粉丝与品牌的互动。

在创意执行层面，以代言人×××为主角，进行情感内容的传播和互动，传播形式包括文章、海报、视频及互动直播。

事实证明，这个策划方案取得了不错的效果，双十一当天该品牌官方微博新增粉丝量相当于之前两个月之和，且包括很多加V认证的高价值粉丝。微信公众号发出的品牌情感类文章，获得了 10 万以上的阅读量。更耀眼的成绩在产品销量方面，销量比前一年双十一翻了三番。

从设定传播目标、分析受众特点,到制定符合受众需求的传播策略、制定符合调性的创意执行,整个过程精准而清晰,传播策划决定了传播效果。

通过上述案例我们可以看到,一个合格的传播策划的完整过程(如下图所示)。

成功传播策划过程(形式一)

传播策划的起点是目标,终点是结果。这个目标可以是公关部自己设定的,也可以是根据客户需求分析出来的。所以"目标和需求"是品牌传播的方向,最终要利用策划方案和相关手段,拿到结果和产出。

策划的过程就是发现问题和解决问题的过程。我们可以利用趋势分析,受众洞察等手段来"发现问题";根据分析结果制定策略方向,做出具体的创意内容,并进行行动排期,从而"解决问题",获得预期的结果和产出。

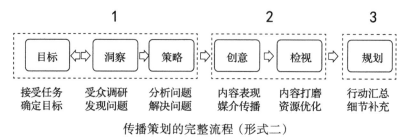

传播策划的完整流程(形式二)

上图是一个传播策划的完整流程,分为三大块。在第一大块中,目标、洞察这两个阶段是双向关系,有时是甲方或者是上级领导直接派给你一个任务;有时候是反过来,你通过受众洞察找到"方向",从而设立一个目标。"策略"阶段是在目标和洞察的基础上来进行的,需要细致地调研、严谨地分析以及推导,是整个流程中最耗时的阶段。策略完成后,也就意味着整个策划完成了一半。但是在大多数情况下,这个本应该花大量时间的环节,被一带而过,很多从业者把时间和精力着重放到了创意环节,力求创意内容的精彩呈现,这种做法显然是本末倒置了。

策略完成后开始策划创意内容和传播方式,并对创意内容进行检视,最后,把前面思考、创意的内容进行整合,对应传播渠道(媒介),并按时间编排,变成一个执行时间表,补充团队分工、预算资源等信息,从而完成整个传播策划方案。

## 6.2 目标的确定

具体来说,好的目标要符合 SMART 原则。

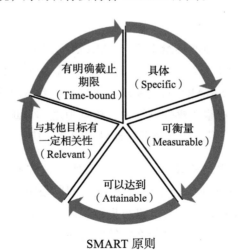

SMART 原则

SMART 原则确保制定的目标是在"适当的阶段做适当的事情"。我们以前面的 SK-II 的传播策划为例。

具体：提升品牌认知、增加新用户、销售转化。

可衡量：该要求和"具体"一起出现，一般是数据维度的"衡量"。但对于公关来说，有时候会有难以量化的部分，此也可以利用过程指标或者定性衡量进行量化。比如 SK-II 案例中的三个目标。第二和第三个目标，可用数据直接衡量，但"提升品牌认知"这个目标需要事后做品牌调研时才能进行数据化衡量，因此短期可以不衡量这个目标。

可以达到：这是需求方和服务方平衡的艺术。对于服务方（执行者）来说，总是希望较低的承诺目标，而对于需求的企业方（领导者）来说，总希望项目目标制定得高一些。双方经过讨论，最终达成一个"合理"的目标，也即资源和目标匹配。在目标确定后，"人财物事权"到位，可以保证目标最终实现，而不是空中楼阁。

相关性：三个目标是互相促进的关系。

时间期限：双十一前。

如果上级领导能够给出符合 SMART 原则的目标，你的传播策划也就成功了一半。但大多时候上级领导只给出一句话的要求，并不符合 SMART 原则要求。可能是上级思考得不够充分，也可能是上级希望考察你的能力，故意为之。为此，你需要利用"收敛性目标工具"，帮领导更好地界定问题，从而设定合理目标。

我们还是以 SK-II 举例，如下图所示。先提出一个问题："SK-II 的品牌如何年轻化？"显然这个问题很宽泛，没有办法就此做出具体计划，应该对此进行拆解。第一步是问题界定：品牌年轻化是什么？年轻化是什么？答案应该是，在中国市场，品牌对于 90 后年轻女性的吸引力。具体的指标是指针，对 90 后女性调研后的品牌美誉度（品牌美誉度是常用品牌调研）。

对于品牌美誉度提升的期望是什么？比如以前品牌美誉度是 30%，期望是提升到 35%。最后获得收敛性的问题："面向中国 90 后女性，今年将品牌美誉度提升 5 个百分点"。

只有把宽泛的问题转化成收敛性问题，才能够刺激思考，寻找原因，并得出符合 SMART 原则的目标，由此再分析出具体的解决方案。

| 发散性问题 | 对品牌年轻化的理解？ | 具体的指标？ | 品牌美誉度的期望？ | 收敛性问题 |
| --- | --- | --- | --- | --- |
| 中国市场，品牌对90后的吸引力 | 品牌如何年轻化？ | 90后女性品牌美誉度为典型指标 | 面向90后女性的品牌美誉度提升至35的水平 | 面向中国90后女性，今年将品牌美誉度提升5个百分点 |

SK-II 问题拆解

除了运用前面的"收敛性工具"，下面这个分为四组的"5W1H"问题清单，也可以产生收敛问题的效果。

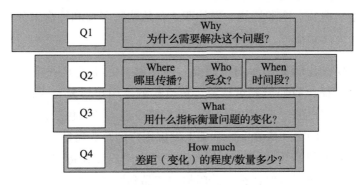

5W1H 问题清单

以 SK-II 传播策划案例为例：

第一部分 Why，为什么要解决这个问题？因为 SK-II 面临用户老龄化趋势，需要通过品牌年轻化吸引更多用户。

第二部分 Where，在哪里传播？年轻人爱看的媒体；Who，受众是谁？ 90后的女性；When，时间段传播？ 2018年全年。

第三部分 What，用什么指标衡量问题变化？用品牌美誉度这个指标。

第四部分 How much，数量是多少？提升5个百分点。

使用这个工具，我们也可以写出一个符合SMART原则的目标。

目标设定完毕，接下来我们要进一步分析目标所指向的受众，从而更加了解受众的需求。

首先，这个阶段应收集尽可能多的用户信息。然后，基于搜集的信息，依据项目领域内的用户创建一个大致的"摘要"（profile）：包括用户的年龄、教育背景、职业、收入等基本数据。需要注意的是，用户"摘要"可能有多个，分别代表不同的用户类型。比如电商网站中的用户画像从年龄维度划分，分为在校大学生、白领、全职妈妈、退休职工；从购物习惯和频次来分，可以分为高频用户、中频用户和低频用户。

要做出策略，单有"摘要"还不够，它毕竟是一个泛化的用户表征，我们需要更具象、更直接的"用户形象"，帮我们一眼看穿用户的"长相"。因此，我们需要进入"角色"（Personas）阶段，也即在"摘要"的基础上发掘用户的行为特征：生活方式、信息获取等行为模式。为此，你需要将用户放在特定的场景中，用户想要或者需要什么，利用你的产品和服务在场景中解决用户的问题。

"用户画像"要不断趋近用户，在绘制用户画像的过程中要做到像用户一样思考，因此这个过程又称为"共情"。如下图所示,最终要找到用户行为特征背后的思维模式:价值观(三观)、认知(他们在什么情况下会关注这些信息)、动机(他们为什么要了解这些信息)、态度(他们喜欢以什么角度接受和解读这些信息)。

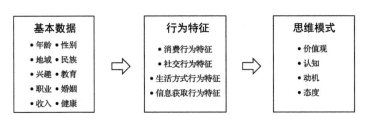

寻找用户行为特征背后的思维模式

用户画像也是一个动态的过程,我们需要不断更新数据和素材,不断调整画像。同时,我们更需要有独立思考的能力,从用户调研的结论中发现问题,从而调整传播的策略点。

比如某婴儿推车品牌经过调研发现:在品牌、设计、价格、材质、舒适及安全这六个维度中,家长最关注婴儿推车的安全性。"安全第一"这个结果在家长看来无可厚非,但如果你就此制定策略进行传播,总感觉有些奇怪。

问题在于家长只是婴儿推车的购买者,而不是使用者。如果以使用者——婴童的角度来看,推车是否安全,自己无从知晓;推车的品牌知名度,更是不能理解;而设计、价格和材质,婴儿也无从判断,婴童能感受的只有是否舒适。

那么如何向购买者——家长来说明这个洞察呢?那就是:舒适的童车孩子坐着不容易哭闹。所以这个话题又延伸到:什么样的婴儿推车才舒适?

我们必须假设自己是婴儿,亲自坐到推车里被推着走感觉一番。实际上,传统的婴儿推车就被发现有几个问题:首先婴儿是朝前(外)面看的,婴儿看不到推车的爸爸或妈妈,没有安全感。第二,传统婴儿车底座很低,婴儿大多看到的是他人膝盖以下的部位。第三,传统婴儿车在遮挡光线方面比较差,太阳容易直射眼睛。

经过改进之后,新款婴儿推车的朝向倒过来,面向推车人;底座上升,使得孩子和父母平视;加上遮阳遮雨棚。

发现问题,找出解决方案不是一件容易的事情。我这里给你介绍一个分析工具——5WHY 分析法。

如下图所示,我们把问题想象成一座冰山。我们看到的只有问题(冰山)的表面。为了了解问题的底层原因,我们应针对问题,不断往下提问(为什么),并回答提问,直到找到真正的答案。这个过程叫"5WHY 分析法"(5 是一个概述,遇到复杂问题时可以问更多。遇到简单问题,也可以少于 5 次。)

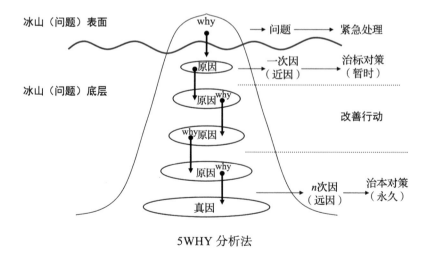

5WHY 分析法

举个例子,比如表面的问题是:这次发布会后记者写的深度报道很少。

WHY1：为什么很少？因为大部分记者的对产品理解不深。

WHY2：为什么大部分记者对产品理解不深？因为记者得到的产品信息太简单。

WHY3：为什么记者获得的产品信息太简单？因为你没有时间去梳理总结。

WHY4：为什么没有时间去梳理总结？因为时间都被上级安排的其他事情给占去了。

WHY5：为什么会被其他事情占据时间？因为其他事情更重要紧急。

WHY6：为什么没有其他人来共同分担？因为人手不够。

此时，问题的真正原因找到，解决方案自然也显而易见了：在活动筹备期间，临时加派人手分担工作，让公关人员能够专注梳理项目的核心信息。

如果你没有用这种"打破砂锅问到底"的方法来分析问题，对于已经发生的问题，只能"处理"，而不会"解决"，相同的问题下一次可能又会重复。

分析问题时，要注意保持客观：描述事实，而不是自己主观臆断。如果在这个过程当中，你觉得有些事实不清楚，可以邀请更了解事实的人一起来完成分析。

## 6.3 策略的推导

调研结束后，通常就可以开始撰写公关策略了。但对于复杂项目，建议使用工具和理论来辅助推导出策略。

这样做有三点好处：

- **工具和理论可以提供简明的指导思路**。大部分工具和理论都是辅助型的模型，策划人员只需按模型的要求填写，就不会走偏或遗漏重要内容。
- **可以获得理论依据**。这些工具和理论本身就是模型或是对营销规律的归纳，或源自学术研究，或经过长期运用和检验，被行业推崇。
- **工具和理论还扮演着强说服的角色**。因为"披着工具的外壳"，在呈现方案时，可以让方案显得理性、客观、不容置疑。

使用工具整理的过程是对调研信息的二次梳理。接下来我们介绍几种常用的策略工具。

### 6.3.1 核心信息三角形

第一个工具是用来找定位和差异化的"核心信息三角形"。对应上述功能有内部和外部两种视角。

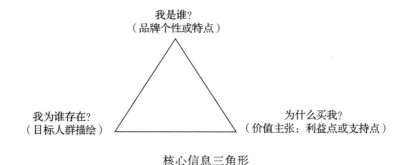

核心信息三角形

内部视角：

- 我是谁？揭示品牌个性特点。
- 为什么买我？揭示产品价值点。
- 我为谁存在？描绘用户人群。

通过这三个问题可明确品牌产品和用户的关联。

外部视角：

- 消费者；
- 产品力；
- 竞争者。

通过发掘这三个维度之间的流转关系，找出策略方向。其中，从消费者到竞品是"我们没有满足的消费者利益"；从消费者到产品是"我们满足了的消费者利益"；从竞品到产品，是"我们和竞品的差异"，通过这个差异，我们可以找到传播切入点，争取赢得消费者。

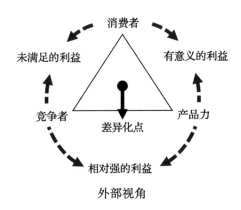

外部视角

从差异优点到传播切入点，需要揭示消费者自己身上潜藏的东西，而不是重复差异本身。这个潜藏的东西是消费者本身就有的，比如，年轻人对美好生活的追求，父母对子女的关爱等，而不是我们强加的。而这个选择和匹配，是产生精准策略的过程。

内部和外部两种视角帮助在策划形成中找准传播定位，并发掘出最值得传播的差异化内容。

## 6.3.2 SWOT 分析

第二个分析工具是"SWOT 分析"。SWOT 分别代表着优势、劣势、机会和危险四个方面。跟核心信息三角形工具相比,SWOT 更加强调业界发展趋势和内外部竞争环境,四个象限中的信息量也比前者更大。

SWOT 分析中的"优势"和"劣势"是从内部环境的视角来分析的,比如公司的产品或者品牌。在分析维度上,可以参考下图中列出的"QCOMS"的示例。如果不是大型的项目,你可以选择两三个强相关的维度来分析。

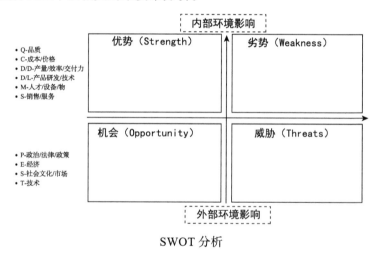

SWOT 分析

SWOT 分析中的"机会"和"威胁"是从外部环境的视角来分析的,因此需要从用户或者消费者视角来看这些内部的环境,或者进行行业标杆的比较。视角选定后,要保证分析客观,分析维度可以参考"PEST"的维度进行。如果项目不大,你也可以选择只分析其中两三个核心的要素。

分析完四个象限之后,我们需要从中寻找解决问题的方向；即如何发挥"优势"克服"劣势"，利用"机会"因素化解"威胁"。

如下表所示，我们可以采用的策略就是，把四个象限中各种因素匹配组合起来并找出最优组合。一般企业都会采用 SO 策略，即竞优策略。因为这样能够最大限度利用机会，而其他的策略，比如 WO 策略或者 ST 策略都是偏保守的策略，而 WT 是较为悲观的求生存策略。

SWOT 分析表

| SWOT | 优势（S） | 劣势（W） |
| --- | --- | --- |
| 机会（O） | SO- 进攻策略<br>最大限度地利用机会 | WO- 调整策略<br>恢复强势 |
| 威胁（T） | ST- 防守策略<br>严密监控竞争对手动向 | WT- 生存策略<br>战略转型 |

利用 SWOT 分析推导，可以帮助公关对内外部的话题进行筛选，从而设计出最优的传播角度和策略。

### 6.3.3 其他分析工具

除了核心信息三角形和 SWOT 分析这两大工具，在实际的策划过程中也可以根据需要，使用其他工具来分析。比如我们在第 2 章介绍的"核心信息屋顶图"，这也是一种完整剖析和梳理传播信息的工具，在制定策略时往往也会配合使用。

另外，著名的业务分析工具，如波士顿矩阵、GE 竞争力模型等，统计学工具，如线性回归工具等，也都可以用来分析和推导传播策略。

无论我们用哪个模型，都应结合调研的素材及项目目标。选择熟悉的工具，也是适合的做法。

除了上述工具的应用，我们在做策略时，还可以使用理论，把分析提到新的高度。比如马斯洛需求理论，对于做受众分层很有帮助；破窗理论，用于危机公关，告诉我们需要及时修复小问题，避免形成大危机；议程设置理论，用于设计阶段性传播话题，包括安排发布会、媒体采访、互动话题、深度文章等；定位理论（核心信息三角形就是基于定位理论设计的工具），用于分析和寻找卖点和传播点等。

在很多大公司，对于目标的设定、用户的调研、策略的推导等环节往往都不太重视。大家都习惯性跳过这些内容，直接进入创意的环节。其实这些都是必须认真思考的内容。对于创业公司而言，上述过程更加重要，因为只有经过上述思考流程，才能搞清楚：我们为什么需要做？我们怎么才能做好？

## 6.4 制定策略

运用工具和理论对流程做了提升之后，如何将策略制定出来？

首先，策略是调研和分析得出的结论，是方向而不是具体行动。这个阶段还没有到采取行动的时候。

策略提出的过程其实就是受众和企业交汇的结果。受众端，我们要找到他们最紧急和重要的需求；企业端，我们要从提出解决问题方向入手。

如下表所示，不同阶段的品牌和产品在策略方面有不同的侧重。

**在策略方面的侧重分析表**

| | 小品牌 | 大品牌 | 成熟品牌 |
|---|---|---|---|
| 当前需求 | 扩大知名度 | 提升美誉度和忠诚度 | 更新品牌认知 |
| 角色定位 | 声量领先者 | 心智领导者 | 创新变革者 |
| 内容侧重 | 产品服务<br>功能利益 | 生活方式<br>依赖追随 | 情怀记忆<br>新鲜惊喜 |

小品牌的需求是扩大知名度，而知名度来自较强的传播内容、较大的传播声量；小品牌的公关内容应该围绕产品服务、功能利益点来进行传播。

大品牌的知名度已经够了，不需要大声量去"喊"；大品牌的需求是进一步提升美誉度和忠诚度。所以它应该是和消费者"做朋友"，让消费者认可大品牌倡导的生活方式，让消费者感到品牌可靠、可依赖或可追随。在这个阶段，应尽量避免两种极端的做法：第一种是品牌高高在上，让消费者给品牌"下跪"（甚至对消费者有歧视性、绑架性的做法，如"不买××就是不爱国"）；第二种是品牌给消费者"下跪"（万般迎合讨好，甚至发毒誓）。

对于成熟品牌（老品牌）而言，品牌的角色定位应该是创新和变革者。他们需要让现有消费者增进对品牌的认知和新鲜感，让年轻人（下一代消费者）增强对品牌的认知。在内容的传播中，应该讲情怀，但更要创造新鲜感和惊喜。比如可口可乐推出的昵称瓶、歌词瓶，就让很多年轻人喜欢上这个品牌，也让常喝可乐的老用户耳目一新。

前面介绍的对调研、工具理论的梳理分析，都是"做加法"。到了制定策略环节，就要开始"做减法"了，即做"断舍离"。

我们还是以 SK-II 为例。经过梳理，用户对于 SK-II 品牌和产品的需求可以分为四类，分别为美白、安全、价格、被认可。

"美白""安全"已经有实验室数据和用户口碑支持的；根据 SK-II 的消费者画像，其用户基本都是中等收入以上人群，这说明用户有一定的经济能力，所以价格较高不是影响产品销售的原因。而最后一个需求"被认可"，是超越前三个的综合性需求：消费者花钱买 SK-II，变得更加美白不是最终目的，最终目的是要获得认可。如果美白后生活没有任何改变，那就犹如"锦衣夜行"，购买和使用产品也变得无意义。因此消费者的真实需求其实不是美白，而是美白之后，变成一个更好的自己，获得并保持工作上的被认可，和在生活中自己对自己的认可。因此，第四个需求才是 SK-II 需要向消费者重点传递的情感和信息点。

在 SK-II 传播时，我们将产品层面的价值（美白、安全和价值）都"舍弃"，筛选出社会层面的价值——"被认可"，这背后也有产品和品牌的原因。为了更好地做出"断离舍"，我们用"价格高低"和"产品驱动或营销驱动"，来对市场上的产品和品牌的传播策略进行分类。

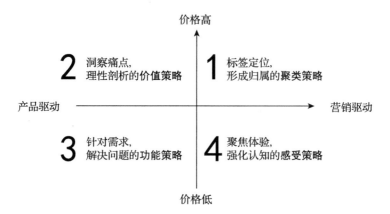

首先对于第一象限内"营销驱动 + 价格高"类产品来说，企业一般采用"形成聚类，寻找归属感"的策略，比如房产、汽车

等产品就适合使用这样的策略，让用户感觉自己是传播故事中的这类人，且喜欢像这样使用产品。前面的 SK-II 的案例，也属于这个情况。

对于第二象限内"产品驱动＋价格高"类的产品，建议采用"洞察痛点，理性剖析"的价值策略。比如公关咨询服务这类产品，我们必须深入调研、剖析客户的痛点，推导传播策略、定制传播方案。所有的环节都是围绕客户的需求来展开，因此传播也应该突出这些内容。

在第三个象限中，对于"价格低＋产品驱动"的产品，比如说洗衣粉、酱油这样的产品，我们直接传播产品场景下的使用效果即可：洗衣份可以给消费者带来衣物的清洁，而酱油则是给消费者带来美味。它们的背后是温和的配方和自然的原料。

第四个象限的"价格低＋营销驱动"的产品，比如可乐、奶茶，就必须走"聚焦用户的体验，强化认知"的策略路线。因此，这些产品一般不讲产品本身，而是从消费者的角度，找体验感、参与感和共鸣等。

以上四个象限的分类是可以进行灵活"跨界"的，同时价格的高低，是产品驱动还是营销驱动，也是相对于认知来区分的。通过不同象限的跨界使用，很多的产品和品牌甚至可以找到更加适合、新颖的推广策略。比如洗衣粉，如果是高端一点的洗衣粉或者洗衣液，就可以走聚类的策略，做面向家庭主妇人群的"精致生活"俱乐部。

这四个象限是给你提供一个参考模型，针对具体的品牌和产品，你需要再进行思考和适配。

在微信公众号"公关高手"里，回复"策略"，查看更多关于传播策略的举例。

在制定好内容策略之后,还需要制定媒体策略。根据时间、资源的不同,会有下面三种侧重点不同的策略。

(1)当时间紧、资源少的时候,可以做直接配比。根据媒体的定位,用自己现有的受众群与要合作的媒体口碑进行匹配,然后自己做一些调整和筛选,最后得出要去合作的传播媒体平台。

(2)可以通过媒体过往的数据来分析受众的特征,据此去做匹配。同时,企业还需要参考第三方的数据分析。最终大部分时候,媒体策略都是一个媒体组合的方式。

(3)做"小型测试"。比如你需要在北京进行媒体传播,测试就可以选择人均 GDP 和北京相仿的另一个城市(因为在一线城市进行传播价格昂贵,而非一线城市价格要低很多),比如说乌镇,来做一次全媒体(报纸、广播、电视、网络、手机端)传播。从中找到效果比较好的几个类别,再针对这些类别的媒体拉长时间进行第二次测试,最终获得效果最好的几个媒体和媒介渠道的排名。有一家做互联网金融的公司就是这么做的,结果测试时发现,在拓客、拉新这两个方面效果最好的媒体是交通广播电台。该公司在北上广深一线城市大力投放交通广播电台,效果也跟之前的实验预期基本吻合。这种策略的缺点是用时比较长,也需要一定的费用。

对于资深媒介公关来说,还会养成不定时"调研"一般朋友、远方亲友、陌生用户手机里装什么新闻信息 APP、平时看什么媒体的习惯。这些"职业习惯"有助于真实了解非周边人媒体消费的最新情况。

## 6.5 生产创意

除了稿件为主的内容生产外,从形式上看,公关的创意方向还包括海报、信息图、H5、短视频、事件、活动等。公关和广告、数字化营销等部门做出来的创意没有本质区别。同时因为营销走向融合，公关在这个过程中也需要扮演"融合者"和"先行者"的角色。

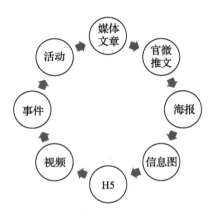

公关创意的其他方向

## 6.5.1 头脑风暴

通常，创意来自一次又一次的"头脑风暴"。如何正确地做头脑风暴？在头脑风暴之前，每个参与人应做充分准备，对项目背景有一定了解（如果你是头脑风暴的发起人，可以通过邮件，提前向参与者详细说明目标背景），带着想法来参加脑暴。

在做头脑风暴的过程中，如果你是组织者，要严格遵守三个规则：

**规则一：没有坏主意**。应该多鼓励奇怪的、夸张的观点，而且观点越疯狂越好。在执行这个规则时，最重要的就是不立刻做评判。不要有任何的暗示，只需要把所有的观点、创意都记录下来，等到会议结束后再评判，而不是立刻判定："这个不行"。当某人的观点创意被说"太不靠谱"时,你应该纠正批判方不要打断,并仍然记录对方"不靠谱"的点子。

规则二:**重数量而非质量**。为了达成这个目标,参加头脑风暴的每个人都必须发言,且提出观点、创意、想法,每个人至少提出两到三个。重视数量,能够保证大家全部参与并充分贡献思考和创意能力。

规则三:**拓展他人的观点**。参与者发表观点后,你应该基于这个观点做深入引导,而非否定观点。有一个专门的说法叫"Yes,And…",即当一个想法被提出来之后,用"是的"承接,用"然后"把他的想法继续往深里推,直到把这个观点变得完整。同时,在拓展他人观点时,要用平等的身份来对待,不应只听从上级的观点,当整个头脑风暴变成了围绕领导想法进行时,就失去了意义。

下面以某创业公司的一次头脑风暴会为例。创意的目标是:希望迅速提升公司知名度,让更多人知道这家公司,从而促进人才的招聘。

在头脑风暴中,有人建议请模特演员来办公室,拍宣传海报;有人建议拍一些有趣的办公室故事短视频;有人建议做公司开放日,邀请大众来参观……这些想法都没有立刻进行评判,且全被记录下来。同时,通过延展刚才几个围绕办公室的创意,大家发现营造一个好的办公环境能够吸引人才,就像硅谷的谷歌、Facebook等互联网公司的办公室福利经常会被网友追捧一样。那么如何有创意地秀福利?经过又一轮的讨论,产生了一个新奇的点子:告别枯燥,让员工骑马上班。

于是创意成型:在工作日上班高峰期,10位公司员工骑马出现在城市不同的繁华路段。(这是一个真实案例,事件当天就登上了热搜,武汉电视台也进行了报道。)

## 6.5.2 公关桥接

头脑风暴是为了做好特定目标,发动"群众"进行创意生产。在日常工作中,我们需要定期、大量地生产创意,可以用当期公关目标、洞察、策略和核心信息作为指导,独自完成内容和创意。具体的做法如下图所示:找到核心信息和议程话题的交集。这种手法称为"公关桥接"。业内三种常用的套路是追热点、玩跨界和进攻性公关。

公关桥接示意

下面我们分别介绍。

(1)追热点:热点可以分为三类。

- **固定热点**:年会、赛事、节庆。一般来说,公关部每年年初会制作一个"公关日历",把这一年已知的活动放入日历中。除了节庆等内容,我们平时积累的热词、热门话题,也可以在当年某段时期内再次调用。
- **策划热点**:由某次"现象级"策划造成的热点。但这种热点一般是策划的企业和媒体平台独家受益,别的公司很难借光。但我们可以做的是借鉴思路、积累灵感,在适当的时候"复制"一次成功。
- **实时热点**:我们可以在百度搜索风云榜、新浪微博热搜榜里看到实时热点,当然也包括刷屏的微信朋友圈。但这些热点的热度都是以分钟计算的，可能 30 分钟后，这个热点就过去了，换成新的热点，极少能够持续发酵，成为超级热点。

很多时候，"追热点"是否成功是运气和勇气相互作用的结果。比如 2018 年某燃具企业 H 针对其赞助的球队法国队策划了一个话题："若法国队夺冠，H 全额退款"，这个话题被网友批"没有诚意"，引起了一定关注，但结果连 H 自己也没想到，最终法国队真夺冠了。H 意外地成了球赛之外的最大热点。第三阶段，H 被迫临时启动退款流程，但过程中严苛的退款细则又一次遭到了吐槽，但热度也又一次随之提升。

回顾 H 世界杯热点之旅：从一开始去借世界杯的固定热点，后来变成自己策划的热点，最后变成被全国人民吐槽的实时热点。如果不考虑退款执行的瑕疵，H 算是借世界杯热点的大赢家。

（2）玩跨界：跨界的好处就在于通过合作，双方都能够拉高各自品牌的声量。下面以电影产品为例，如下图所示。

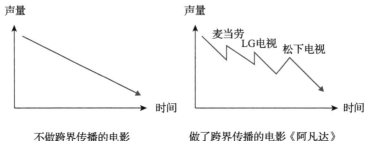

不做跨界传播的电影　　　做了跨界传播的电影《阿凡达》

如果不做持续传播，声量曲线就会像左图所示的一样随着电影档期逐渐往下走。而通过跨界传播之后会不一样，比如电影《阿凡达》通过跨界合作制造持续的传播话题：第一次跟麦当劳合作，在麦当劳的每个门店做联合推广；第二次和 LG 合作，传播震撼的视觉需要匹配更好的电视；第三次，和松下合作。一般来说，跨界中主导合作方是整体传播的"主控手"。对于电影《阿凡达》来说，第一次跨界合作进一步扩大了消费者认知，第二、第三次跨界合作强化了电影最大的特点：视觉效果。

那么主导合作的一方应该如何选择跨界对象？跨界合作中又应该注意什么？可以用三个原则来概括：

第一个原则是"**相关性**"。不同行业、不同品牌的跨界串联，是因为二者之间具有共通点，而不是生硬地捆绑在一起。但是，二者在功能性上的共通点不宜太多，也就是说两者之间没有直接的竞争关系。例如华为和三星的跨界合作是不成立的，因为他们都生产手机，而华为和保时捷的跨界联合就很合适。

第二个原则是"**以消费者为中心**"，要充分了解消费者，认真考虑是不是符合消费者的行为习惯，避免没有顾及消费者感受的情况出现。"以消费者为中心"还意味着双方必须要注重跨界方案的可持续性，在一段时间能够持续，能够使得策划的跨界主题充分产生"化学"作用。

第三个原则是"**明确责权**"。也就是说要明确合作双方的负责人和责权，同时还要明确双方品牌的传播计划、是否进行共同传播、合作期限、合作范围、传播费用怎么分摊、创意产出谁做、谁最后把关等。事先明确责权可以避免日后扯皮，也能够使后续的合作高效。

遵照上述原则，利用各自品牌的特点和优势，将核心元素提炼出来，与合作品牌进行融合，就可以形成新的品牌体验。比如网易云音乐和农夫山泉的跨界：网易云音乐拥有大量用户产生的高质量乐评内容，通过与农夫山泉合作，将精选的乐评印在4亿瓶农夫山泉饮用天然水瓶身，制成"乐瓶"。

如果从市场竞争的角度来看，农夫山泉、网易云音乐的跨界联合更有意义。这两者的产品在各自领域都处在红海市场：农夫山泉和怡宝、娃哈哈、恒大冰泉竞争激烈。而网易云音乐也在和QQ音乐、虾米音乐等争夺用户。跨界合作后，双方都产生了差异化的传播点，农夫山泉让用户感觉其不仅是"大自然的搬运工"，还是"好乐评的搬运工"，网易云音乐也因此获得更多下载量。通过跨界，两者互相促进，并在各自现有的市场和潜在市场，针对现有的客户和潜在客户获得了各自的突破，产生了1+1>2的效果。

下图所示这个案例是联想和中国载人航天的一次"跨界"合作。当时联想服务器品牌刚刚切换为ThinkServer，需要从0到1建立全新品牌。在服务器用户看来，产品"稳定"是刚需，因此，对"稳定性"要求最为严苛的中国载人航天，无疑是联想最理想的跨界合作对象。

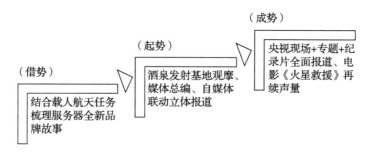

联想与中国载人航天的合作

整个传播策划分为三个阶段：

第一个阶段是"借势"：在火箭发射之前，梳理、包装联想服务器助力飞行器设计、火箭轨道计算以及模拟太空舱对接等内容，传播"联想服务器助力神舟载人飞船发射"的故事。

第二个阶段是"起势"：在发射当天，邀请核心媒体前往酒泉发射基地参观报道，让联想产品在载人航天中扮演的角色立体式传播出去。

第三个阶段是"成势"，这个阶段的策略是紧密围绕中央电视台关于载人航天的报道，积极争取把联想服务器的作用也体现在报道中，联想还积极参与央视《大国重器》纪录片的拍摄等。最后，为了延续声量，联想还再次借势当年热映的《火星救援》这部太空主题电影。

三个阶段、全面、多角度的传播，让联想服务器品牌被业务人员熟悉并认可，当期市场份额即达到全国第一。

值得一提的是，中国载人航天还和中国邮政做了"跨界"合作：双方合作成立"太空邮局"，采取"虚实结合"的经营模式，开展了"来自太空的祝福"等大型活动，获得了公众广泛参与。

### 6.5.3 进攻性公关策略

一家新成立的公司，如何快速提升知名度，迅速打开市场？"进攻性公关"是比较有效的公关策略之一。

2018年瑞幸咖啡刚成立，就给星巴克写了一封公开信。这封公开信指责了星巴克垄断店面资源，披露其要求供应商站队等所谓的不公平竞争。

星巴克一直没有回应公开信，面对瑞幸之后的多次"挑衅"，星巴克同样没有回应。星巴克深知，如果回应，就正中瑞幸的"激将法"。

可以看出，进攻性公关是小品牌对大品牌的"降维打击"。不管巨头是否理会，小品牌的知名度都会因此提升。小品牌缺乏知名度，通过挑战大品牌，或者挑战全行业，就满足了之前我们说过的故事"三要素"：行业的颠覆者（角色）、打破行业旧规则（场景）和让用户重新获得价值（意外）。

锤子手机成立的第一年，发布第一代产品，锤子创始人罗永浩在发布会上扮演了行业卫道士的角色，公然抨击他看到的手机行业阴暗面和潜规则。通过"进攻"整个手机行业，也给自己赢得了声誉，聚拢了更多粉丝。

小品牌"进攻"大品牌、"进攻"整个行业的现象比较常见，大品牌互相"进攻"也并不鲜见。互相"进攻"应扬长避短，用己之长攻敌之短。同时，大品牌还应注意不要把全部身家都压上去，以免因小失大。神州专车"进攻"滴滴，用的不是神州租车整个品牌，而是专车品牌。也尽量不要主动发起挑战，并注意不要殃及池鱼，让自家产品和品牌受到打击。在"交锋"过程中，无论对手怎么回复，都需要按照既定的策略进行，切忌被对方回复带偏。

当年的京东商城（后改名京东），是一家比苏宁电器小得多的公司。京东"进攻"苏宁后，牢牢占据了 3C 电商领域的龙头。京东上线图书品类，也如法炮制，开始"进攻"当当网，也获得了很好的效果。后来京东把目标对准阿里巴巴，刘强东多次亲自出马跟马云"飙戏"进行相互的"进攻"，如今电商业淘宝、京东的二元格局基本形成。

顺便说一下，淘宝当初在弱小时也是进攻性公关高手，最早在中国做电商的易趣，就是被淘宝进攻性公关打败的。

势均力敌的两个进攻性公关对手进行"互攻"，对双方品牌可能是促进的作用。比如宝马和奔驰，历史上多次精彩的进攻性公关交锋成为业界乐道的话题。

宝马和奔驰的进攻性公关可以用另一个词——"互撩"来形容。这种互撩在势均力敌的两个品牌中较为常见。2017 年感恩节，杜蕾斯从上午 10 点到晚上 11 点，在没有事先通知的情况下，每个小时推送一张感谢某某品牌的海报，撩遍了十几个品牌。同时，被撩的品牌有些回复也很精彩。通过这样的互动，杜蕾斯和被撩的十多个品牌，叠加了品牌影响，在更多人心中的美誉度得到了加强。

## 6.6　创意风控

好的创意也要符合故事三要素，即角色、场景、意外。但"擦枪走火"的创意给品牌带来的风险远大于好处。

某化妆品品牌推出一个活动，用"天下无三"（三，指小三，婚外情对象）的口号，在报纸上刊登整版广告，很快引爆公众对婚姻伦理和广告底线等问题的讨论。虽然该品牌短期获得了大量曝光，似乎达到"出奇制胜"的效果，但这个做法产生的道德争议和负面联想对品牌造成了更多负面的影响。如果任由事件发展，甚至增加推广资源，就会变成"扰民"，变成呼叫更多人来讨厌这个品牌。花钱买骂，是赔本且危险的买卖。

在新媒体时代，资源有限的创业公司热衷于采取新奇特的策划来打开知名度。在进行这些创意策划时，一定要进行风险评估。最好在做之前，还能进行一次小规模测试，确保内容正面可控。

在微信公众号"公关高手"里回复"风险"查看更多内容。

做完检视环节之后，创意策划的流程也就走到尾声了。我们再补充一点：一流的创意策划案并不能通过前面这种标准化流程来产生，那就像米其林级别的菜肴不会出现在快餐餐厅里一样。但麦当劳餐厅有一套完整的餐食生产标准和流程，因此也能够保证餐厅餐食的质量和品质稳定。从目标洞察到策略整理再到创意策划，这个过程就是创意的"标准化流程"，它可以保证我们交付的策划案符合企业对外传播的基准要求。

## 6.7 整合成型

前面的工作完成后，我们需要把所有内容整合成一个策划案。

策划案一般是PPT形式，遵循上述创意策划的流程，分三个部分把策划思路和行动方案展示出来。

除了前面提到的内容，策划案中还包括创意的执行节奏、效果预期、人员分工及预算等内容。

创意的执行节奏（如下图所示）可以利用时间轴的形式，把所有的事件都罗列出来，并将重点活动标识出来。对应时间表的每个事件，也可以继续细分，并对应列出传播话题、传播渠道等内容。

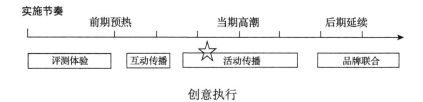

创意执行

为了让客户/领导心里有底，策划案的末尾我们还要进行效果（预期）描述。这个描述需要和前面制定的目标、传播内容相对应。

对于处于敏感时间的产品，还需要有风险提示。比如提出在策划执行期间，可能受到竞争对手抹黑的风险；在国家级大事件期间，若活动无法按计划召开，我们应怎么样去应对等。

为了保证执行的效果，在传播总览之后，还需要组织分工表，包括项目团队的负责人和成员。如果是乙方为甲方提供的方案，还需要做成人力架构的形式，包括工作人员的背景介绍，最好还要附上近期的成功案例。

在费用预算中，一般分成公关服务费、第三方费用及对应的税费，把所有的费用用 Excel 罗列、计算和调整之后，拷贝到 PPT 里面。注意，费用预算一定要用 Excel 等电子表格软件做，直接用 PPT 或 Word 制作容易出错。另外，如果策划规模比较大，则最好有两个以上的选择，这样领导或者客户能够根据自己的费用状况进行匹配。

## 6.8 方案汇报

做策划案是"台下十年功"，汇报方案是"台上十分钟"。很多时候我们花了很长的时间去做策划案，但是汇报提案后，上级或甲方却不满意，认为是"飞机稿"，无法执行，或者说方案虽然是不错，但是方向不对。那么怎么避免这些情况呢？

我们在做汇报的时候本质上是帮助客户/领导消除焦虑。通过摆事实、讲逻辑的方法，抽丝剥茧，让对方接受达成目标的方案。

正如了解用户才能做好方案一样，了解客户/领导才能做好汇报。同时，要明确方案是由谁来汇报，是客户经理、总监，还是甲方自己？

如果有时间，可以像新闻发言人一样进行彩排演练。如下表所示，对于我们经常需要面对的不同层级的人，关注点也不同。

**不同的关注点**

| 汇报对象 | 关注点 | | |
| --- | --- | --- | --- |
| 市场负责人 | 方案的逻辑 | 内容的深度 | 创意性 |
| 产品负责人 | 是否和用户匹配 | 卖点是否突出 | 是否容易懂 |
| 公司领导人 | 方案亮点 | 预期效果 | 预算 |

我们在做方案的时候，还要不断地向客户/领导求证、确认、讨论，了解对方内心的想法，并同步自己的观点和进展。因此一个好的方案实际上你和客户、领导共同创造的。这个时候，客户、领导已经同步了你的思路，对方案已经处于基本认可的状态。

在正式汇报时，因为对客户、领导已经有了上面的"预热"，他们会和你一起影响最终决策者（客户、领导的上级）。在一些质疑上甚至可以为你解释、替你背书。

汇报的水平高低可分为三个层次。

第一个层次没有提前沟通，完全凭借策划案"给客户、领导洗脑"，希望说服客户、领导当即认可方案。但是，在这种情况下，大多数客户、领导都会犹豫。

第二个层次是利用口才和专业性来完美演绎方案，客户、领导会被你的口才或专业性打动，但是"文无第一、武无第二"，客户还是有可能"不喜欢"。

第三个层次是因为之前就已经充分沟通过了，工作做在了汇报前，在汇报时自然信心满满，通过也是水到渠成。

尽管前期准备充分，但我们仍要重视方案汇报的现场环境，同时要尽量准备好激光笔、翻页器等辅助工具，带好笔记本电脑的转接口，以防投影机还是老式接口。

在现场利用演讲的技巧来做好汇报。下面我列出了汇报中（也是演讲中）关于"眼、手、口、耳"的一些注意事项。除此之外，在汇报时切忌"朗读"幻灯片，你要把自己想象成一个导游，带着大家一起参观汇报内容。

| 注意点 | 说明 |
| --- | --- |
| 眼 | 眼神交流：60%以上的注视应放在决策者上，但也应照顾现场的每个人 |
| 手 | 重点提示：大小、数量、趋势 |
| 口 | 音量、语气、语调、串联 |
| 耳 | 抓住重点，整理有利的要点 |

在汇报中，对于甲方或领导的批评，你要表现出自己的专业能力和谦逊的态度：既要坚持自己认为合理的观点，不是甲方、领导说什么就是什么，也要注意回应的态度和方式。对于甲方、领导的反馈，还应该用自己的话重复一遍，以确认修改方向不跑偏。

有的甲方、领导脾气大，对方案不满意时会严厉批评，此时应尽量避免正面冲突，可以利用新闻发言人常用"搭桥"的方式来缓和气氛，比如"我了解您的看法，但是我们能不能从另外一个角度来看这个创意呢？"

汇报时，还有一件事情非常重要，就是及时记录并把会议记录发出。可以发给客户、领导，及其他所有参会人和需要收到会议记录的人。在发完会议记录后，还需要把第二次汇报的会议通知也发出来，这段时间，你依然要记得和甲方、领导沟通，争取在会前形成一致意见，以求在第二次汇报时顺利通过。

在微信公众号"公关高手"里，回复"提案"，你将获得一个完整策划案PPT示例，以及我汇报该策划案的音频。

# 推荐阅读

### 中台战略：中台建设与数字商业

中台究竟该如何架构与设计？中台建设有没有普适的方法论？现有应用如何才能顺利向中台迁移？中台要成功必须具备哪些要素？中台成熟度究竟如何评估？中台如何全面为数字营销赋能？中台如何在企业的数字化转型中发挥关键作用？这些问题都能在本书中找到答案！本书全面讲解企业如何建设各类中台，并利用中台以数字营销为突破口，最终实现数字化转型和商业创新。

### 种子用户方法论

《种子用户方法论》在研究了跨越百年、涵盖近20个产业的创新、新产品的基础上，进一步追踪了人工智能、区块链、IOT时代，各类组织应用种子用户方法论及其工具进行的创新项目，针对"创新可控、新品风靡"给出了种子用户具体的行动步骤，帮助个人及组织实现从红海向蓝海的跨越。

### 私域流量

所有企业都应该立即着手构建自己的私域流量池，评判一个企业是否有未来的一个重要标准是它是否重视企业私域流量池的建设！这是一部讲解构建私域流量池方法论的著作，它系统讲解了如何从角色定位、用户获取、互动激活、销售转化、风险规避5个维度打造私域流量闭环；这也是一部经营私域流量池的实践指导书，是成功指导西贝等150余家企业成功构建私域流量池的经验总结。

# 推荐阅读

## 引爆用户增长

本书是用户增长领域的开创性著作,是作者在去哪儿、360、百度等知名企业多年从事用户增长工作的经验总结。宏观层面,从战略的高度构建了一套系统的、科学的用户增长方法论;微观层面,从战术执行细节上针对用户增长体系搭建、用户全生命周期运营等总结了大量能引爆用户增长的实操方法和技巧。书中对电商、团购、共享经济、互联网金融等4大行业的50余家企业(360、美团、滴滴等)的100多个用户增长案例进行了详细的复盘和分析,提炼出大量可直接复用甚至复制的用户增长方案。

## 引爆社群:移动互联网时代的心4C法则(第2版)

本书提出的"新4C法则"为社群时代的商业践行提供了一套科学的、有效的、闭环的方法论,第1版上市后获得了大量企业和读者的追捧,"新4C法则"在各行各业被大量解读和应用,累积了越来越多的成功案例,被公认为是社群时代通用的方法论。也因此,第1版上市后,获得CCTV、京东、中国电子商会、《清华管理评论》、罗辑思维、溪山读书会、等大量知名媒体和机构的推荐,还成为多家商学院的教材。

## 场景方法论:如何让你的产品畅销,又给用户超爽体验

这是一部有系统理论支撑、科学方法论指导的场景营销工具书,揭示了消费者主权时代产品畅销、长销且给用户提供超爽体验的商业逻辑和实操方法。在本书中,作者结合20余年的一线操盘经验,以星光珠宝、华诗雅蒂、大悦城、海底捞等多家著名企业的实践为蓝本,为期望在场景营销上向纵深推进的企业和从业人士提供全面、扎实、科学的战略引领、战术总结、工具提炼和案例复盘。从实践到落地,从方法到思维,手把手教你掌握场景营销的精髓和核心,读后即能用。